新时代

党政机关
标准化规范化
工作实务

王德　编著

办文

人民日报出版社
北京

图书在版编目（CIP）数据

新时代党政机关标准化规范化工作实务. 办文 / 王德编著. -- 北京 : 人民日报出版社, 2024. 12.
ISBN 978-7-5115-8475-5

Ⅰ. D630.1

中国国家版本馆CIP数据核字第20246LZ047号

书　　名：新时代党政机关标准化规范化工作实务：办文
　　　　　XINSHIDAI DANGZHENG JIGUAN BIAOZHUNHUA GUIFANHUA GONGZUO SHIWU：BANWEN
编　　著：王　德

出 版 人：刘华新
责任编辑：葛　倩
封面设计：观止堂

出版发行：人民日报出版社
社　　址：北京金台西路2号
邮政编码：100733
发行热线：(010) 65369527　65369846　65369509　65369510
邮购热线：(010) 65369530　65363527
编辑热线：(010) 65363486
网　　址：www.peopledailypress.com
经　　销：新华书店
印　　刷：北京博海升彩色印刷有限公司
法律顾问：北京科宇律师事务所　010-83622312

开　　本：710mm×1000mm　1/16
字　　数：380千字
印　　张：24
版　　次：2025年4月第1版　　2025年4月第1次印刷

书　　号：ISBN 978-7-5115-8475-5
定　　价：59.00元

前　言

在机关工作实务中，办文是围绕机关单位文书撰拟与文书处理而展开的一系列文字性工作。文字材料是实施决策、解决问题、推动事业发展的重要手段。在我国，无论在何种类型的机关工作，办文都是绕不开的内容。虽然，不同性质、不同级别的机关职能职责有所不同，工作内容也千差万别，但沟通上下、联络左右、协调各方、保障工作开展、推动事业发展，是其共同的目标与任务，而办文则是实现这些目标与任务的基本形式和基础手段之一。

办文是机关工作中基础性、常规性的工作，写材料是机关工作人员的看家本领和核心能力。通常讲，机关工作人员的首要工作是参谋助手工作，参谋助手工作的重要载体就是文字材料，即通过文字材料，把我们的意见和建议转变为领导机关的决策和部署，把个人的真知灼见转化为集体的决议和政策制度，通过“文以载道”的方式达到“以文辅政”的目的。

办文的过程，是机关工作人员研究现象、发现本质、提高工作能力和学识水平的过程；也是探索矛盾、总结规律、找寻解决问题方法与工作途径的过程。办文需要创造，创造需要智慧，智慧需要付出努力。曹雪芹在回顾《红楼梦》创作历程的艰辛时感叹：“字字看来皆是血，十年辛苦不寻常。”基于此，撰写和出版本书，就是为了帮助机关工作人员在公文办理、材料撰写等工作中，掌握基本动态，把握基本规律，熟悉基本方法，进一步提高工作质量和效率，更好地为机关工作服务，为社会发展服务。

目　录

目录

壹

第一章 15种常用公文的写作攻略

请 示
报 告
通 知
通 报
函
纪 要
意 见
决 议
决 定
命令（令）
公 报
公 告
通 告
批 复
议 案

按照《党政机关公文处理工作条例》规定的文种，机关常用的公文主要有15类，即请示、报告、通知、通报、函、纪要、意见、决议、决定、命令（令）、公报、公告、通告、批复、议案，下面我们将分别介绍。

请　示

一、概述

什么是请示?

请示是下级机关向上级机关或业务主管机关请求指示、批准的上行公文。

请示有什么特点?

★时间性强。请示事项一般是急需明确和解决的，否则会影响正常工作。

★方向特定。请示必须是下级机关向上级机关行文，该上级机关必须是请示机关的直接上级机关或者业务关联机关。

★目的明确。请示机关要求上级机关对所请示的内容作出明确表态。

★范围特定。请示所涉及的事项是请示机关在自己的职权范围内无法解决或处理的事情。

请示的适用范围有哪些?

凡是本级机关无权决定或无力决定的工作或事项，需要上级机关批准或提出意见方能办理的，都要通过“请示”的方式行文办理。主要有：

★上级机关明确规定，必须经过请示批准才能办理的事项；

★对现行方针、政策、法规、规章等不清楚，有待上级机关明确答复才能办理的事项；

★工作中遇到了新情况、新问题，无章可循、无法可依，需要上级机关作出明确指示才能办理的事项；

★某项工作虽然有章可循、有法可依，但因事情重大，为防止失误而需要请示上级机关批准；

★按上级机关有关规定，完成一项任务之后需要报上级审核的事项。

请示有哪些类型？

★求准性请示。即下级机关工作中，请求上级机关批准事项使用的公文。

★请求指示的请示。即对机构设置、人员编制、人事安排、资产购置等事项，向上级机关请示办理的公文。

★请求解决问题的请示。即呈报因工作中遇到无力解决的问题和困难，请求上级提供具体帮助的公文。

★解答性请示。即工作中遇到不好解决的问题，或对上级机关的政策理解存在疑点，或对某一问题本机关意见出现分歧、无法统一执行，请求上级回答使用的公文。

★批转性请示。即请求上级对拟发送下属机关或其他不相隶属的同级机关的指示、文件予以批准并转发的公文。

二、写作格式

标题	由发文机关、事由和文种构成，如《××市人民政府关于清理烟花爆竹的请示》；也可以直接由事由和文种构成，如《关于设立市人防办的请示》。请示本身就含有请求、申请的意思，所以，请示的标题尽量不要出现“申请”“请求”“要求”等词语。
主送机关	主送机关是负责受理和答复该文件的机关。每件请示只能写一个主送机关，不能多头请示。
正文	1.开头。交代请示的缘由，即“为什么请示”，包括依据、背景和缘由。要求是，原因客观、具体，理由合理、充分，有利于上级机关及时决断和批复。 2.主体。说明请求事项，即“请示什么问题”。要求是，事项单一，一事一请；内容具体、明确；条项、逻辑清楚。 3.结语。习惯性结语有“妥否，请批示”、“当否，请批示”、“以上请示，请予审批”或“以上请示如无不妥，请批转各地执行”等。
落款	一般包括署名和成文时间两项内容。

三、写作技巧

写请示要把握的问题很多，关键要通过恰当的表述，巧妙地解决“为什么请示”和“请示什么问题”的问题。也就是说，要特别关注陈述的技巧问题。同样一个请示，用这种方式讲未能得到预期的回复，换另一种方式就得到了批准，这就说明了陈述技巧的重要性。陈述技巧中，最重要的是对请示原因的表达。

★换位思考。从上级的立场出发，以求得帮助和支持。

★联系全局。无论本单位、本部门系统规模如何，上级主管部门在处理问题时，都会胸怀全局，通盘考虑。尽可能联系全局来说明请示事项的重要性、必要性和紧迫性。

★一目了然。陈述简洁明了是请示成功的关键所在。

四、常见问题

写请示必须具备哪些条件？

一是必须是下级机关向上级机关的行文；

二是请示的问题必须是自己无权作出决定和处理的；

三是必须是为了求得上级的批准。

写请示需要注意哪些问题？

1. 公文标题不要写成“请示报告”。

2. 不要在“报告”等非请示公文中夹带请示事项（报告中写“以上报告当否，请指示”不在此列）。

3. 必须事先请示，不能“先斩后奏”，事情办完再请示。

4. 必须一事一请，不能将许多事项放在一个请示中。

5. 必须向主管部门请示，不能越级请示。有特殊情况必须越级请示时，应同时抄送被越过的上级机关；也不要多方请示，如受双重领导的单位，要写明主送机关和抄送机关，由主送机关负责解决或答复，并抄送有关机关。

6.除领导直接交办的事项外，请示不要直接送给领导个人，或既写主送机关，同时又主送、抄送给领导。

7.不要在上报请示的同时抄送平级和下级机关。请示在未获批准之前，不得对下属单位发送。

8.请示事项涉及其他部门业务时，必须协商意见，意见不一致时，要在请示中注明。

9.请示语言要简明扼要，语气平和，语句谦敬，分寸有度。

10.为便于联系工作，请示要注明联系部门、联系人姓名和电话，该联系人一般为公文起草部门的负责人。

请示和报告有什么区别?

这两种公文都是上行文，都有陈述意见、反馈情况的内容。

★在时间上，请示写的情况是未解决的，属于将来时；报告写的情况是已做过的，属于过去时。

★在内容侧重点上，请示着重于请示批准；报告着重于汇报工作。

★在回复要求上，请示要求上级必须回复处理意见；报告则不必，上级可回也可不回。

五、写作范例

（一）请求指示的请示【范例1–1】

××省财政厅关于机关运行成本核算有关问题的请示

财政部××司：

你部财会〔××〕××号文《行政事业单位成本核算指引》（以下简称《指引》），我厅业已转发。据××、××等十多个地（市）政府反映，国家机关事务管理局和国家统计局正在组织地方政府的机关运行成本统计工作。

目前,《指引》只就单位性质的成本核算方法和要求作出了规定，但对于机关运行成本的核算和统计，没有作出具体规定，如何适用《指引》，请指示。

××省财政厅

××年××月××日

【讲析】

该文是下级单位在工作中遇到疑难问题时向上级单位的请示。标题由发文机关、请示事由和文种组成。主送机关是财政部××司，符合请示只能写一个主送机关、不多头主送的要求。正文由请示的缘由、请示的事项和结语组成。请示的缘由写得简明扼要；请示的事项写明疑问，要求上级机关给予明确的指示；结语规范、整齐。全文观点清晰，语言简洁，格式规范。

（二）请求批准的请示【范例1-2】

北京市××区国有资产管理公司关于将××区知春里××号楼房产及土地抵押的请示

××区财政局：

我公司按照××区政府规划，参与建设××金融街，目前工作正在进行，因资金周转出现问题，拟向中国××银行贷款1500万元。为完善贷款手续，现需将我公司所属××区知春里××号楼房产××平方米（房屋所有权证号：海全××字第××号）及土地××平方米（土地使用证号：××区国用××字第××号）作为贷款抵押物，给中国××银行北京中关村支行，抵押期2年。

妥否，请批复。

××年××月××日

【讲析】

标题属于规范化标题，由发文机关（北京市××区国有资产管理公司）+事由（关于将××区知春里××号楼房产及土地抵押）+文种（请示）组成。事由中的介词“关于”和“及”字结构把公文的主要内容限制住了，如此，可以使主送机关对公文内容的理解清楚明确，便于做出批复。

正文是公文写作的重要组成部分。请示开篇指出公司按照区政府的规划，参与建设金融街的工作。政府的规划具有行政权威性。按照政府规划参与建设工作，在某种意义上是政府行为的一部分，这是请示的背景，为提出请示缘由奠定了基础。而建设工作正在进行，资金周转出现了问题，势必影响工程进展，导致政府规划无法按期完成，所以需要资金的投入，这样顺理成章地引出请示的理由。以上行文，写清楚了请示的起因，交代了请示的背景和现实依据，阐明了请求的合理性和必要性。

交代请示缘由后，自然就可以提出请示事项：贷款。行文在此承接请示起因，提出贷款1500万元的事项。请示事项是请示缘由的具体化，是请示写作的落脚点，该请示事项写得简明具体，要求合理，情理明确，便于领导判断，给予批复。贷款需要抵押，请示中关于抵押物的交代清楚明确，使上级领导放心，便于批复。

该请示针对请示事项的具体内容及请示写作目的，选择了恰当的惯用语：“妥否，请批复”。全文请示起因、请示事项、请示要求相互呼应，整体性较强。

（三）请求批转的请示【范例1-3】

××省金融监管局关于批转全省银行系统防金融风险工作方案的请示

省委金融工委：

为提高我省银企系统防风险能力，切实防范化解系统性金融风险，根据中央金融工作会议精神和国家金融监督管理总局的统一部署，我局拟于今年下半年开始，利用一年左右的时间，在全省银行系统开展“防银企金融风险，保资本市场安全”专项活动。因活动涉及诸多方面，需要各级党委、政府和有关部门的支持和配合，现将我局制定的《全省银行系统防金融风险工作方案》呈上，该方案已经省委主要领导同志同意，拟请省委金融工委批转。

如无不妥，请批转各地银企系统施行。

附件：全省银行系统防金融风险工作方案

××省金融监管局

××年××月××日

【讲析】

这是一篇请求上级机关批转文件和方案的请示，内容短小精悍，行文逻辑流畅，没有啰唆和累赘的表达。标题采取了发文机关、事由、文种3要素齐全的表述方式，主送机关正确，根据与理由部分充分合理，依据有力，用词恰当。

六、病例解析

霞光北里社区关于请求增设便民早餐店的请示

星湖街道办事处、××主任：

根据《青山区人民政府关于推动社区“早餐工程”建设的决定》（青政〔2023〕68号）（已经规划部门批准），我区打算便民早餐店在2024

年1月1日开业，产权归霞光北里社区所有，聘请社区内的下岗职工承包经营。便民早餐店预算建设资金共计125万元，现已筹集资金85万元，还有四十万元资金没有着落，为此，要求街道给予支持解决。

另外，社区活动中心室外健身场的健身器械数量严重不足，难以满足居民健身需要，居民意见很大，故请顺便追加拨款十五万元用于购置健身器械。

此事关系到社区居民的切身利益，务必批准。

霞光北里社区

××年××月××日

【评析】

这则请示存在的错误主要有：

1.标题有两处错误："请求"二字多余，应删去；"增设便民早餐店"不准确，应改为"兴建便民早餐店所需资金"。恰当的标题应该是"霞光北里社区关于兴建便民早餐店所需资金的请示"。

2.主送机关犯了多头主送的错误，只能主送"星湖街道办事处"，应删除"××主任"。

3.正文中开业日期和款项，不能用汉字书写，应该统一修改为阿拉伯数字。

4.正文中"打算""没有着落""要求"等，属于口语或语气强硬，均属于用语不当，应分别修改为"决定""缺口""拟请"等。

5.正文违反"一事一文"的规定，应将"另外……"一段删掉。

6.结尾用语不当，"务必批准"语气强硬，应改为"妥否，请批准"。

报　告

一、概述

什么是报告?

报告是向上级机关汇报工作、反映情况、提出建议、回复上级机关的询问或要求使用的一类文种。

报告有什么特点?

一是叙述性。报告是用叙述的方式将有关工作情况和问题上报上级机关，报告中必须写清具体情况，便于上级机关掌握真实准确的信息，作出正确决策。二是总结性和已然性。报告是对已经发生过的事情的总结，是对有关工作情况进行分析、归纳、总结，而不是简单罗列事实。

报告的适用范围有哪些?

报告是下级机关呈送给上级机关的上行文种，中下级机关特别是基层单位和部门经常使用这一文种。

报告有什么类型?

按照行文的原因、目的与作用不同，报告可分为情况报告、工作报告、建议报告、回复报告、检讨报告、述职报告等。工作报告又可分为例行工作报告、专题工作报告和综合工作报告。例行工作报告主要用于定期向上级机关汇报本机关、本部门职权范围内的工作情况，最常见的是年度工作报告和工作总结报告等。专题工作报告则是在重要临时性工作完成之后或正在进行之中，专门就这一工作的完成之后或正在进行的情况进行汇报。凡是汇报一个单位、一个地区、一个系统全部工作情况的，属综合工作报告。综合工作报告不等于工作总结。综合工作报告是多方面工作的情况综合，主要表述工作的进展情况，不搞经验上的提炼，不作理论上的论述；

而工作总结，只是概略地表述工作情况，侧重于在事实的基础上拿出经验，提炼体会，升华认识。

二、写作格式

标题	标题有两种写法：一是事由+文种的形式；二是发文机关+事由+文种的形式。如“××分行关于××的报告”。有的报告内容紧急，则在标题“报告”前加“紧急”字样。
主送机关	主送机关要尽量少，一般只送一个上级机关。受双重领导的机关，则主送一个，抄送一个。
正文	正文分引据、主体、结语三部分。1.引据。概括说明全文主旨，即简明扼要地将一定时间内工作的有关情况，如依据、目的、总体行动及对工作评价等作概述，以标明行文主旨。通常用“现将有关情况报告如下”承上启下，起转下文。2.主体。是正文的核心，要叙述报告的具体内容。如果内容多、篇幅长，可采用分题式、分条式或两者结合的方法进行表述。反映情况型报告要以情况、原因、结论等为主；答复型报告要针对上级领导部门或业务部门所提出的问题、要求进行撰写，问什么答什么；总结型报告要以叙述成绩、做法、经验、体会、打算、安排为主，有所分析和归纳；呈报型报告主要用于下级向上级报送文件和材料，一般用一两句话说明报送文件或材料的根据或目的，以及与此有关的事项。3.结语。报告的结语比较简单，可以总结全文、展望未来，也可以采用模式化的套语收结全文，如“以上报告，请审阅”“特此报告，请审阅”“特此报告”，等等。
落款	一般包括署名和成文时间两项内容。

三、写作技巧

★把握规则。一般的报告常采用三段式表述。常见的结构有：情况—做法—问题（意见）；情况（做法）—问题—今后意见；情况—原因（责任）—下一步做法；情况—原因—责任及处理意见；情况—问题—建议等。三段式是一个基本写法，并非所有报告都必须用三段式，有的也可以用问题—建议二段式。

★突出重点。报告的内容要根据主题的要求来安排，分清主次轻重，重点的、主要方面的内容，安排在前面详细写；非重点的、次要方面的内容简略写；可写可不写的内容，就不写。既要有典型的事例，也要有面上的综合性情况，做到点面结合、说服力强。

★总结规律。写报告要用正确的立场、观点、方法对事实进行分析，从中总结出一些带有规律性的东西。这些规律性的东西，无论是成功的经验，还是失败的教训，对今后的工作都具有重要的指导意义，这也是报告的宗旨之一。

★提炼材料。报告的主题靠材料的提炼。提炼主题必须占有大量材料，并在此基础上进行分析研究，归纳出新颖的观点，形成主题。在此过程中，要有敏锐的眼光，发现新的有价值的材料，从新的角度去分析取舍材料，做到立意新，概括准，材料实，论述好。

★反映事实。报告的目的是帮助上级机关了解下情，作出正确的判断和决策。这就要求起草报告的人要深入调查研究，掌握第一手材料，去伪存真，去粗存精，分析归纳，得出科学具体的结论。

★压缩篇幅。报告一定要短小精悍。毛泽东同志提出："报告文字每次一千字左右为限，除特殊情况外，至多不要超过两千字。一次不能写完问题时，分两次写。或一次着重写几个问题，对其余问题则不着重写，只略带几笔；另一次，则着重写其余问题，而对上次着重写过的只略带几笔。综合报告内容要扼要，文字要简练，要指出问题或争议之所在。"①

四、常见问题

1. 报告与请示有什么区别？

报告与请示都是上行文，但两者有严格的区别。(1) 对上级要求不同。报告不要求上级批复，请示则要求批复。所以，写报告一定不要出现"以上报告当否，请批示"之类的话。(2) 行文时间不同。报告是事中或事后行文，

① 《毛泽东选集》第四卷，人民出版社1991年版，第1264—1265页。

请示是事前行文。（3）文种性质不同。报告属陈述性的上行文，而请示则是请求性的上行文。报告在内容上也不像请示那样有一文一事的要求，可以在一件公文中综合报告几件事情。（4）结尾用语不同。报告的结尾一般用"专此报告""特此报告""以上报告如有不妥，请批示"等词语，有的干脆不用，也就是说，对上级并无明确肯定的回复性要求。请示则一般用"可否（或妥否，或能否），请批示"，对上级的要求十分肯定。（5）法定效力不同。报告一般不提出建议或意见。如果确实需要提出建议或意见，可建议上级机关批转到有关部门贯彻执行。报告一经批准，便作为批转文件的附件下发，其权威性取决于批转机关。

2. 报告与通报有什么区别？

报告与通报虽然都是以陈述客观事实为主要内容的文种，但报告是向上级陈述情况，很少直接论理，可以用叙事过程中的陈述依据讲清道理。通报是向下级发布的文种，需要直接论理，结合典型事实，以叙事为主，适当引申道理来教育和引导读者。

五、写作范例

（一）工作报告范例【2–4】

××乡2023年政府工作报告[①]

××乡党委副书记、乡长×××

各位代表、同志们：

现在，我代表××乡人民政府向大会报告工作，请予审议，并请各位代表和列席同志提出宝贵意见。

---

① www.nkjx.gov.cn/nkqxxgk/c118059/202304/c02923076bdf40aeb3496eaabaa01041.shtml.

一、2022年工作回顾

2022年是党的二十大召开之年，也是极不平凡、极为不易的一年。在区委、区政府和乡党委的坚强领导下，在乡人大的监督支持下，全乡上下坚持以习近平新时代中国特色社会主义思想为指导，以学习宣传贯彻党的二十大精神为主线，紧紧围绕省委建设“六个江西”、市委“三大战略、八大行动”、区委“融入大湾区、建设新××、争当排头兵”发展战略，上下同心、锐意进取，高效统筹疫情防控和经济社会发展，全力“建设五彩新××、打造美丽后花园”，较好地完成了乡三届人大三次会议确定的目标任务，全乡各项事业取得了一系列令人欣喜的新成就，谱写了乡村全面振兴的新篇章！

——催人奋进的是，我们勇担重任、领潮争先，赢得了各级各界的广泛赞誉。市委××书记年初来到××调研，国家和省市部门、领导先后多次到我乡视察指导，国家和省级的多次督导检查均给予我乡充分的肯定和好评。全年共获得国家和省市级表彰、通报、表扬的集体或个人奖项十余个。承接区级各项重点工作现场会6次，在全区高质量发展考核总结表彰大会上获评二类乡镇优秀等次，并摘得6个创先争优单项奖。换届以来，连续两年蝉联全区乡村振兴流动现场会第一名，在全区乃至全市作出了表率、树立了标杆。

——让人振奋的是，我们攻坚克难、善作善成，保持了乡村振兴发展的强劲态势。锚定“后花园”定位，全力守底线、抓衔接、促振兴。扎实开展巩固脱贫攻坚成果工作，坚决守住了返贫底线，易地搬迁经验做法得到国家和省级调研组的高度评价。凝心聚力打造了大山脑茶旅庄园、江湾振兴带等高品质旅游点，在全区乡村振兴流动现场会中大放异彩、勇夺桂冠。成功招引省内唯一高端工作犬俱乐部、江口·渡高端民宿、五彩美食城等一大批优质项目，圩镇功能更加完善，乡村旅游全面发展、人气爆棚。

——令人自豪的是，我们日干夜干、锲而不舍，绘就了农业农村现代化的秀美画卷。坚决扛起“为国种粮”的使命担当，以前所未有的决心和毅力狠抓粮食生产工作，全乡早稻种植任务完成率居全区第一。抢抓时间，迎难而上，强势推进人居环境整治百日攻坚行动，以空前的举措和力度全面推进危旧土坯房“拆改建”工作，实现人居环境和住房安全双提升。积极推行“产业+旅游”发展模式，推动一二三产业融合发展，着力实现产业有更高效益，农民有更高收益。

——感人至深的是，我们提振精神、激扬状态，形成了比学赶超的生动局面。在乡党委的坚强领导下，常态实行清单、验收、督办工作机制，建立“四夜”工作制度，推动作风效能大提升。全体乡村干部始终保持艰苦奋斗、真抓实干的工作作风，各村担当作为、争先创优，广大党员干部冲在一线、干在前线，干事创业氛围日益“浓厚”，比学赶超斗志更加昂扬。如今，攻坚破难、苦干实干已成为××干部的鲜明特征，敢为人先、争创一流已成为××各项工作的最亮名片！

一年来，在区委区政府和乡党委的坚强领导下，全乡上下团结奋斗、拼搏进取、砥砺前行，各项事业发展开拓新局面。

一是脱贫攻坚成果底线持续巩固。坚决扛起主体责任，制定“1234”工作思路，全面推进“三落实一巩固”。聚焦“一收入两不愁三保障和安全饮水”关键指标，实行常态监测、动态清零，确保各项指标全面过硬。从严从细落实“三类人员”动态监测帮扶工作，做到精准识别、精准帮扶、精准退出，不断加大困难群众帮扶力度，全乡1284户脱贫户实现高质量稳定脱贫，56户监测对象的生活条件持续改善，牢牢守住了返贫底线。常态实行清单、验收、督办机制，扎紧扎牢责任闭环，推动工作有效落实，定期召开现场推进会，看成效、找差距、拓思路，营造争先恐后抓落实的良好氛围。高质量持续推进易地搬迁后续帮扶工作，强化两业帮扶，推进“三个全覆盖”，确保搬迁群众稳得住、有发展、能致富。

二是乡村振兴迈出高质量发展新步伐。紧扣“建设五彩新××、打造美丽后花园”发展定位，高起点、高标准谋划布局旅游点，全力打造更高品质、更有影响力的乡村旅游产业。党员领导干部挂帅，专班进驻，三个月内完成了征地拆迁、土地流转、项目建设等工作，成功打造大山脑茶旅庄园、××浮桥、江湾振兴带等高品质旅游示范点，跨江发展取得突破性进展，全域旅游建设实现质的飞跃。坚定贯彻区委“三强战略”，充分发挥项目龙头作用，以坚定决心、优质服务全力推进农业产业招商工作，分两批集中签约农旅项目30个，协议总投资1.72亿元，优鼎国际工作犬俱乐部、江口·渡高端民宿、五彩美食城、烫皮大厦、富春山庄等一大批优质农旅项目顺利落户××，推动圩镇功能更加完善，旅游业态更加丰富，为乡村全面振兴提供了有力的支撑。

三是农业农村现代化建设取得新突破。牢记“国之大者”，坚决守住粮食安全底线，采取“三落实三保障”举措狠抓早稻生产工作，全乡完成早稻种植面积7305亩，整治撂荒耕地2015亩，任务完成率居全区第一。全面完成2700余亩高标准农田建设，农业生产条件持续改善。强力推进危旧土坯房“拆改建”工作，把握重点、平稳推进，共拆除危旧土坯房4.084万m^2，拆除破棚烂厕5175m^2，改造提升411栋，整治老人住老房121户，住房安全更有保障，彻底改变乡村环境“土”的面貌。强势开展人居环境整治百日攻坚行动，召开现场推进会6次，村村过筛，组组过关，农村人居环境全面改善。积极推行“村集体+企业+农户”发展模式，大力推进土地规模化经营，打造了一批有生命力的现代农业产业，烫皮、茶叶、甜柚、腐竹、小龙虾等特色产业持续发展壮大，推出“蕉溪十三香”等特色品牌，产业发展水平全面提升。

四是社会综合治理取得新成效。坚决落实安全生产15条硬措施，压紧压实安全生产责任，开展消防培训4次、半专业队伍培训2次。实行每晚夜巡机制，常态开展森林防火、安全生产、防范诈骗等重点领域的排查整治和宣传巡逻，安全意识深入人心，全年未发生较大森林火灾和安全事故。深入推进法治乡村建设，打造圩镇法治公园和圳玄红色法治文化广场，开展普法宣传活动5次，全方位落实政务、村务公开，民主法治水平显著提升。圳玄村获评第九批“全国民主法治示范村”。扎实开展“双进双促”活动，探索制定“1333”工作思路，打造江口村区级示范点，凝聚区、乡、村三级力量为民办实事、化解矛盾纠纷、维护社会稳定，社会治理体系不断优化，全年各级信访件同比下降46.8%。高标准打造乡村两级新时代文明实践阵地，开展专题宣讲、“送戏下乡”、文艺汇演等活动20余次，大力弘扬主旋律。全面推广运用“美e分”乡村治理积分制，线上线下双促进，社会治理效能大大提升。

五是生态环境质量持续好转。坚持系统思维、标本兼治，坚决打好污染防治攻坚战，全面完成环保督察反馈问题整改销号。严格落实河长制、林长制工作责任，坚持加强水生态保护和农业面源污染防治，建设完善圩镇污水集中处理设施，常态开展河道巡查和治理工作，不断强化××水源地保护。我乡获评2022年度江西省卫生乡镇。持续推进松材线虫病疫木除治工作，高质量完成全乡79个疫情发生小班及主干道沿线的疫木除治任务，6月顺利通过省第三方评估验收。做好增绿文章，实施4000余亩低质低效林改造项目。坚持执行最严的耕地、林地保护政策，不断强化源头管控，严格规范审批农民建房和土地开发项目，实行乡执法队、包组村干部、生态护林员“三线巡查”机制，铁心硬手整治“两违”建筑，做到发现一起、整治一起，坚决杜绝一切违规占用耕地、破坏生态环境的不法行为，全年共依法拆除各类“两违”建筑22起，面积1360m^2，牢牢守住耕地保护红线。

六是人民生活更加幸福美好。聚焦群众“急难愁盼”，大力开展“我为群众办实事”活动，累计为群众办实事32件，涉及住房、就业、教育、医疗、交通等各方面。积极筹备成立了乡级奖教助学基金会，在全体乡贤及各界爱心人士的关心支持下，累计募集助学基金150余万元，目前已开展奖教助学活动5次，发放资金26万余元，对1名××籍考入北京大学的优秀学子奖励3万元，营造了尊师重教的良好风气，开启××教育事业高质量发展新篇章。持续加大社会保障力度，做到应帮尽帮、应保尽保，2022年全乡共有城乡低保568户，特困供养人员87人，全年发放低保金479万元，特困供养资金82.3万元，发放残疾人补贴资金63.1万元，临时救助资金20.3万元。面对来势汹汹的新冠疫情，乡党委政府勇担重任，从严从速落实疫情防控要求，团结带领全体乡村干部冲锋在前、日夜值守，铸就疫情防控的坚固防线，有力保障了人民群众的生命健康安全。

七是务实担当的干事氛围更加浓厚。全面掀起学习宣传贯彻党的二十大精神热潮，切实将思想政治行动统一到党的二十大精神上来，推进“五型”政府建设走深走实。坚持以群众满意为唯一工作标准，持续推进乡村两级服务中心规范化建设，制定窗口人员管理细则，坚持实行“错时、延时、预约”服务，落实政务公开和帮办代办制度，为群众办事提供最大便利；树牢过

“紧日子”思想，坚持把钱花在刀刃上，财政一般性支出只减不增，“三公”经费持续下降；落实基层减负要求，持之以恒改进会风文风，进一步精简文件，减少文来文往、过度留痕，让干部有更多精力投入实际工作；严格落实中央八项规定及其实施细则精神，完善机关管理制度，定期检查通报，进一步加强干部日常监督管理，营造艰苦奋斗、勤俭节约的良好风气，全力打造让党放心、人民满意的模范机关，干事创业的工作氛围日益“浓厚”。

各位代表！过去一年的历程充满艰辛，过去一年的成就来之不易。这些成绩的取得，是区委、区政府高瞻远瞩、正确领导的结果，是以××同志为班长的乡党委统揽全局、科学决策、坚强领导的结果，是乡人大有效监督、鼎力支持的结果，是广大干部群众团结奋斗、拼搏进取的结果，倾注了全乡人民的心血和汗水，凝聚了××社会各界的智慧和力量。在此，我谨代表××乡人民政府，向辛勤奋战在各条战线的广大干部群众，向各位人大代表，以及所有关心支持××经济社会发展的社会各界人士，致以崇高的敬意和衷心的感谢！

在肯定成绩的同时，我们也要清醒认识到，对照上级要求和人民期待，我乡经济社会发展还面临不少困难和短板：一是农业产业规划还不够科学，发展水平不平衡，带动村集体和群众增收还不明显；二是土地、资金等要素资源配置还不够精准，潜力挖掘不够有力，财政收支矛盾还比较突出；三是少数干部思想还不够解放，干事创业的劲头不足，主动担当作为的意识还有待加强。对此，我们一定直面问题，采取过硬措施，全力加以解决。

二、2023年工作安排

2023年是全面贯彻落实党的二十大精神开局之年，是“十四五”规划承上启下的关键之年，做好今年工作意义重大。总体要求是：以习近平新时代中国特色社会主义思想为指导，全面贯彻落实党的二十大及二十届一中、二中全会精神，深入贯彻习近平总书记视察江西和赣州重要讲话精神，认真落实中央、省委经济工作会议和省委十五届三次、市委六届四次、区委三届三次全会精神，坚持稳中求进工作总基调，完整、准确、全面贯彻新发展理念，更好统筹疫情防控和经济社会发展，更好统筹发展和安全，紧紧围绕省委建设“六个江西”、市委“三大战略、八大行动”和区委“融入大湾区、建设新××、争当排头兵”发展战略，抢抓机遇、顺势而上，加快“建设五彩新××、打造美丽后花园”，全力打造中国式现代化××场景！

（一）坚持责任不松、力度不减，坚决守牢巩固脱贫攻坚成果底线

始终将巩固脱贫攻坚成果作为底线任务、底板工程，保持工作定力，完善工作机制，持续压紧压实乡村两级主体责任。坚持实行清单、验收、督办机制，做到“季季有主题、月月有活动、周周有计划”，紧跟省市区工作步伐，压茬推进各项重点工作任务。常态开展防返贫排查研判工作，实行每周一调度半月一研判，抓实抓细“三类人员”动态监测帮扶，做到“应纳尽纳”“应帮尽帮”“能消则消”，坚决守住返贫底线。抓实易地扶贫搬迁后续帮扶工作，精准落实防返贫保险，优化完善过渡期帮扶政策，确保政策应享尽享。持续推进产业、就业、创业“三业”提升工程，拓宽农民增收致富渠道，确保脱贫群众和监测对象收入稳定可持续增长。坚持问题导向，实行常态排查、动态清零，不断强化“三保障”和饮水安全保障，确保各项指标全面过关、全面过硬。

（二）坚持锚定目标、笃行实干，奋力开创乡村振兴高质量发展新篇章

咬定建设全域旅游目标不放松，铆足干劲抓旅游、抓产业、抓项目，进一步做大做强做优，助推乡村全面振兴。**一是以景点建设为先导，提升后花园品质。**按照打造一个、成功一个，巩固一批、谋划一批的思路稳步推进景点建设。提升烫皮小镇、大山脑茶旅庄园和江湾振兴带营运水平，加快推动工作犬俱乐部、江口及蕉溪民宿常态化运营，加快释放带动效应，依托赛事经济打造若干个民宿集聚区；重点谋划推进集光伏新村、田园乐园、特色养生餐饮为一体的烫皮小镇三期及大山脑高速出口示范带建设；全力配合推动万亩果园乡村振兴带、大山脑露营基地等项目落地，进一步丰富“一日游、两日游”路线，打造全域大旅游。充分发挥旅游资源优势，加强旅游营销和活动策划，定期举办烫皮文化节、茶艺品鉴会、客家美食节、野外露营、篝火晚会等具有一定规模的旅游主题活动，进一步做强品牌、做活营销、做旺

人气，不断提升旅游吸引力和影响力。**二是以产业发展为核心，推动强乡富民。**做深做实农旅结合文章，大力引育新型经营主体，优化产业布局，发展壮大烫皮、茶叶、甜柚、葡萄、小龙虾、腐竹、苗圃等特色产业，打造一村一品，实现村村有特色、村村有产业。强化资源整合，依托圩镇烫皮大厦打造集产品展销、体验、电商直播、仓储物流为一体的农产品综合服务中心，提升农业产业整体竞争力；持续实施"招商、安商、护商"行动，花大力气招引更多优质经营主体，坚持开展"我为企业办实事"活动，打造一流营商环境；深化拓展"村集体+企业+农户"模式，完善利益链接机制，实现三方共赢。**三是以项目建设为龙头，筑牢发展支撑。**全力配合推进万亩果园乡村振兴带、105国道改道等重点项目落地；加快实施大山脑高速出口配套设施、赣桥出口4条配套公路等重大项目建设；推进2023年衔接资金项目落地，加速推动江口、蕉溪、圳玄等示范村建设，打通××一江两岸均衡发展的任督二脉，为推动××大发展打下坚实基础。

（三）坚持生态优先、统筹发力，全力绘就现代化乡村的绚丽图景

一是加快提升农业现代化水平。切实增强任务意识，早谋划、早部署、早落实，列出清单、挂图作战，做到任务落实到村，责任落实到人，面积落实到田块，加快工厂化育秧中心建设，大力引进培育种粮大户，想方设法保证粮食种植面积，坚决守住粮食安全底线。全力推进高标准农田建设工作，提前谋划，积极动员，加快落实土地流转，按时保质完成建设任务。大力发展油茶产业，加强宣传发动，积极对接引进经营主体，加快推进幸福村油茶产业融合示范基地建设。**二是多措并举守护绿水青山。**严格落实河湖长制，深入开展河道分类整治、面源污染治理，严厉开展河湖"清四乱"行动，更大力度推进浮石水源地保护，打造"水清岸绿"好生态。加大工业污染防治力度，强化对境内家具企业的日常监管，铁心硬手整治污染企业。严格落实林长制，坚决完成95个疫情小班的疫木除治任务，全面完成3275亩的低质低效林改造和公益林生态修复项目，不断改善林业生态。采取更硬举措加强耕地林地保护，重拳整治"两违"，坚决遏制新增违法用地。**三是努力打造更高颜值人居环境。**坚持"建"与"治"并举，持续推进农村土坯房"拆

建整”行动，下决心破除这一影响乡村环境的“顽疾”，全力实现住房安全和人居环境双提升。坚持重点整治与长效管护相结合，聚焦厕所革命、生活垃圾治理、污水治理等重点领域，实行每周调度、验收、通报机制，每月召开现场推进会，全面压实工作责任。加强乡村保洁员队伍管理，统筹发挥村民理事会、村民小组长、党员服务队的作用，常态开展“清洁家庭”评比活动，设立“红黑榜”，充分激发群众主体意识，营造干群共建共治共享的良好氛围。

（四）坚持以人为本、为民造福，全力提升人民生活的幸福品质

一是大力发展社会事业。深入实施惠民利民工程，坚持教育优先发展战略，着力完善教育配套设施建设，不断提升教学质量，凝聚社会各界力量发展壮大奖教助学基金，加大对优秀教师、优秀学子、贫困学子奖励和帮扶力度，不断浓厚尊师重教的良好氛围，推动教育事业高质量发展。深入实施全民参保计划，稳步提升全民参保率，加快社保卡居民服务“一卡通”应用。加大公共基础设施投入力度，进一步完善交通、水利及群众用水、用电、文体等设施建设，不断改善群众生产生活条件。**二是全力防范化解重大风险。**坚持依法治乡，依法维稳，推进法治浮石建设，加大法治普法宣传力度，增强法律法规在群众中的公信力；推进平安××建设，落实安全生产党政同责、一岗双责，聚焦消防、交通、自建房、森林防火、防灾减灾等重点安全领域，严格实行三线巡查机制，常态开展夜巡夜查，坚决保障群众生命财产安全。持续推进“信访积案清零行动”，完善矛盾纠纷排查调解机制，强化信访源头治理，落实属地责任，巩固治理重复信访、化解信访积案工作成果。**三是深化精神文明建设。**深入开展精神文明创建活动，常态化规范化运行乡村两级新时代文明实践阵地，杜绝重建轻管的现象，积极开展群众喜闻乐见的文化活动，大力弘扬社会主义核心价值观，抵制歪风邪气，努力形成强大的正能量和好风气。持续推广运用“××美e分”乡村治理积分制，建立积分兑换常态机制，强化示范带动，充分激发群众参与乡村治理的积极性和主动性，推动形成文明风尚。

（五）坚持党建引领、务实重干，全面加强新形势下“五型”政府建设

一是建设忠诚法治政府。坚持以习近平新时代中国特色社会主义思想武装头脑、指导工作，深刻领悟“两个确立”的决定性意义，坚决做到“两个维护”，不折不扣落实上级党委政府和乡党委决策部署。坚持依法行政，主动接受人大和群众监督，加大政务公开力度，推动政府工作规范透明运行，打造让党放心、人民满意的模范机关。**二是建设实干担当政府。**坚持把抓落实作为重中之重，大力发扬为民服务孺子牛、创新发展拓荒牛、艰苦奋斗老黄牛精神，完善工作推进机制，提高工作效能，确保各项工作落到实处。加强干部日常监管和责任压实，坚决整治“中梗阻”，严厉治理“怕慢假庸散”等作风顽疾，始终保持争先创优的精气神，树立实干创业的鲜明导向。**三是建设清正廉洁政府。**锲而不舍落实中央八项规定及其实施细则精神，持续纠治形式主义、官僚主义。牢固树立过“紧日子”思想，严控“三公”经费和一般性支出，把有限的财力用到促进发展和改善民生上。严格履行党风廉政建设主体责任，强化制度建设和常态监管，坚决查处侵害群众利益的不正之风，全力打造干部清正、政府清廉、政治清明的良好生态。

按照以上要求，2023 年重点办好以下十件民生实事：

一是全力抓好春耕生产工作。强化工作落实和跟踪问效，加快推进××乡水稻工厂化育秧中心建设，坚决完成上级工作任务，保障粮食安全。

二是启动大山脑高速出口连接线项目建设。推进高速出口至圩镇连接线建设，对高速出口至大山脑、至圩镇道路进行“白改黑”改造升级，进一步提升我乡交通设施水平，发挥高速出口交通优势。

三是打造大山脑高速出口乡村振兴示范带。做好大山脑高速出口周边配套设施建设及环境提升，实施房屋立面改造及绿化、亮化、美化工程，打造依托高速出口的乡村振兴示范带，提升高速出口的承载力和带动力。

四是推进 105 国道改道项目建设。配合做好征地拆迁、土地流转等工作，推动项目顺利落地，进一步完善我乡道路交通网络，畅通物流体系，带动圩镇和旅游经济带发展提速增效。

五是加快推进江口万亩果园乡村振兴示范带建设。启动甜柚博物馆、旅游公路建设，完善有关旅游配套设施，推动江口示范村建设上台阶。

六是巩固提升乡村旅游产业。推进大山脑茶旅庄园二期、烫皮小镇三期建设，加快推进优鼎国际工作犬俱乐部、江口及蕉溪民宿后续建设，确保尽快实现常态化运营，进一步丰富旅游业态，提升旅游品质。

七是抓好高标准农田建设。按照要求，对我乡未开展高标准农田建设的罗坳等6个村全面实施高标准农田建设，持续提升我乡农业产业现代化水平。

八是加快修复和改善林业生态。完成松材线虫病疫木除治任务，全面完成3275亩低质低效林改造和公益林生态修复项目，不断提升生态质量。

九是大力发展油茶产业。积极对接引进经营主体，努力扩大油茶种植面积，加快推进幸福村油茶产业融合示范基地建设。

十是推动圩镇建设提档升级。加快推进烫皮大厦旅游商贸综合体建设，进一步完善圩镇功能，发挥辐射带动作用，助力乡村全面振兴。

各位代表！新时代催人奋进，新征程任重道远。让我们更加紧密地团结在以习近平同志为核心的党中央周围，在区委、区政府和乡党委的坚强领导下，紧紧团结和依靠全乡人民，坚定信心、拼搏实干、奋勇争先，奋力谱写“建设五彩新××、打造美丽后花园”高质量发展新篇章，为全力打造中国式现代化××场景而团结奋斗！

【讲析】

本文是我国最基层政府、某乡乡政府乡长所作的年度工作报告。全文分为上一年工作回顾和下一年工作安排两大部分。突出特点是，回顾部分分为4大板块，分别总结了4个方面的显著变化、7个方面的主要成绩，分析了取得成绩的原因和面临的3个方面的主要问题。安排部分分为2大板块，布局了新一年全乡5个方面的重点工作和需要完成的10件民生实事。全文逻辑周延、结构紧凑、行文流畅、详略得当，既总结了工作、统一了思想、鼓舞了士气，又分析了形势、布局了计划、安排了实事，是一篇接地气、质量较高的报告。

（二）调研报告【范例2-5】

北京市党建引领“街乡吹哨、部门报到”改革情况的调研报告①

2018年11月14日，习近平总书记主持召开中央全面深化改革委员会第五次会议，审议通过《“街乡吹哨、部门报到”——北京市推进党建引领基层治理体制机制创新的探索》，对这项工作给予充分肯定。为深入总结这一经验做法，更好指导面上工作，中央组织部多次派人了解北京市开展党建引领“街乡吹哨、部门报到”改革（以下简称“吹哨报到”改革）情况。12月3日到12月10日，组织3个调研组，到北京市12个区的17个街道乡镇、20个部门站所、6个执法单位，深入街巷胡同和党员干部、社区群众，集中开展专题调研。

从调研情况看，北京市“吹哨报到”改革，认真贯彻习近平总书记关于党的建设和组织工作的重要思想、社会治理要求和对北京工作重要讲话精神，以加强党对基层治理的领导、提升党建引领基层治理水平为主线，以办好群众家门口的事、让群众生活更方便更舒心更美好为目标，以构建简约高效基层管理体制、打通基层治理“最后一公里”为重点，坚持试点先行重点突破、全域推进整体提升，着力破解长期困扰城市发展、城市治理的难题，取得重大突破和重要阶段性成果。这一经验做法，是完善体制机制、增强城市基层党建整体效应的创新实践，是发扬党的群众工作优良传统、走好新时代群众路线的成功范例，具有典型示范意义和借鉴推广价值。

一、基本做法

“吹哨报到”改革源自基层。2017年上半年，平谷区金海湖镇为根治金

① http://www.zuzhirenshi.com/showinfo/17493f66-fac9-4e7b-814f-becd021b189f.

矿盗采多年屡禁不止难题，探索了乡镇发现盗采线索及时上报，各相关执法部门30分钟内赶到现场综合执法的机制，效果很好。北京市委把这一探索总结提升为党建引领“街乡吹哨、部门报到”改革，从2018年初开始，在全市16个区的331个街乡中，选取169个街乡试点推广。市委抓住机构改革契机，完善基层管理体制，把党建和治理结合起来，在赋权、下沉、增效上下功夫，以“吹哨”反映群众诉求、发出集结令，以“报到”引领各部门响应、解决群众问题，形成了行之有效的做法。

1. 明责赋权优化职能，增强街乡“吹哨”能力。北京市委深刻认识到，街乡是城市治理的枢纽，许多基层治理难题需要街乡去面对和解决，但由于责大权小、权责不清，往往有心无力，特别是面对拆除违建、整治违法经营、治理开墙打洞和环境污染等“硬骨头”时，既没有执法权，又无法有效调度各执法部门，处于进退两难的尴尬境地。在市委的大力推动下，全市各级党组织统一思想、共同行动，推进“吹哨报到”改革，着力增强街乡统筹协调功能，以快速调动执法力量解决问题。一是为街乡明责，使其“吹哨”有据。全面取消街道招商引资、协税护税等职能。制定街道职责清单，明确党群工作、平安建设、城市管理、社区建设、民生保障、综合保障等6大板块111项职责，其中，街道作为主体承担的占24%，其他均为协助、参与，使街道集中精力抓党建、抓治理、抓服务。目前，正在拟定乡镇职责清单。通过理顺和明确职责，使街乡把该吹的“哨”吹到位。二是给街乡赋权，使其“吹哨”管用。为确保各有关部门闻哨而动，重点落实街乡对辖区需多部门协同解决的综合性事项的协调权和督办权、对有关职能部门派出机构负责人任免调整奖惩的建议权；强化街乡在年度绩效考核中的话语权，规定街乡对有关职能部门及其派出机构的考核结果占被考核部门绩效权重的三分之一。三是优化街乡内设机构，使其“吹哨”有力。启动街道内设机构改革试点，先行确定9个区的28个街道，按照“6办+1纪工委+1综合执法队+3中心”模式设置机构，变向上对口为向下对应，机构数量减少一半以上，职能更优化，运行更高效。目前，正按上述模式对全市所有街乡内设机构进行优化调整。

2.建立综合执法平台，推动执法部门到街乡“报到”。为解决基层执法力量分散、难以“握指成拳”等问题，“吹哨报到”改革整合执法机构和资源，推动执法力量下沉到街乡，完善综合执法实体化、常态化机制。全面推广石景山区“1+5+N”模式，在290个街乡建立实体化综合执法中心，以街乡城管执法队为主体，公安、消防、交通、工商、食药等5个部门分别派驻1—2人，房管、规划国土、园林、文化等部门明确专人随叫随到，人员、责任、办公场地相对固定，便于协同行动。执法中心主任由街乡主要领导担任，派驻人员由街乡负责日常管理。建立执法中心党组织，派驻人员中的党员全部将组织关系转入执法中心，增强组织凝聚力。需要多部门解决的复杂问题或突发事件，相关执法人员必须第一时间赶到现场，按照各自职责开展执法，直接解决问题。西城区什刹海街道综合执法中心，整合了公安、环保、城管、工商、食药等23个职能部门，成立以来依法关停违法开设的酒吧31处、拆除违章建筑1.1万平方米，根治了噪声扰民、非法经营、环境脏乱等一批长期得不到解决的“老大难”问题。

3.引导街乡干部深入一线，构建“吹哨报到”快速响应机制。“吹哨报到”改革注重推动街乡干部走进群众贴近群众，看清楚治理堵点，感受百姓痛点，使“吹哨”更快更准、更有针对性。一是推行街巷长制度。街巷长全面负责街巷环境整治提升、文明创建等工作。街长一般由街道处级干部兼任，巷长一般由街道科级干部和站所负责人兼任，除完成机关本职工作外，拿出足够时间深入一线，察民情听民意解民忧。街巷长姓名、职责、联系方式等向社会公布。建立日巡、周查、月评制度，督促街巷长及时发现解决违法建设、违规经营、堆物堆料、乱停车等问题。目前，已选派街巷长1.5万名，活跃在近5000条大街、1.4万余条小巷胡同，随时随地出现在群众身边，办好群众家门口的事。二是建立专职社区专员制度。社区专员承担社区建设指导工作，具体负责沟通协调、组织发动、检查督促，帮助社区协调解决困难和问题，是“吹哨报到”工作在社区的指导员、宣传员。社区专员主要从街道优秀正科级实职干部中选派，编制在街道、岗位在社区，首批已选派141名。三是健全民事办理制度。对在一线发现和群众反映的问题，分级分类办理，街乡层面能解决的现场解决，不能现场解决的上报区级指挥管理系统，确定责任部门，限时办结，并公示反馈、评价考核、跟踪问效。丰台区方庄街道在辖区223栋居民楼均建立微信群，所有街道社区干部、在职党员、居民群众实名入群，点对点回应诉求、解决问题，被誉为“掌上四合院”。2018年，海淀区依托“大城管”指挥系统，受理群众反映的问题30.3万件，同比增长14%，解决率为96.4%，提高了8个百分点。

4.拓宽“吹哨报到”参与范围，调动驻区单位和社会力量共建共治。“吹哨报到”改革除了要求执法力量到街乡“报到”外，还整合带动体制内其他单位和体制外力量，不断拓展“报到”服务的参与面。一是搭建共建平台。建立区、街乡、社区三级党建协调委员会，吸纳区域内有代表性的机关企事业单位、新型经济和社会组织党组织负责人参加，定期研究解决共同关心的重要事项。区、街乡党员领导干部担任下一级党建协调委员会主任，强化统筹权威和效能。朝阳区建立“一轴四网”区域党建机制，依托党建协调委员会和社区网格平台，党政群共商共治。二是创新共建方式。建立资源、需求、项目“三个清单”，实行属地和驻区单位双向需求征集、双向提供服务、双向沟通协调、双向评价通报“四个双向”机制，越来越多的中央和市直机关、企事业单位主动打开“院门”参与治理。石景山区广宁街道一声“哨响”，驻地的冬奥组委前来“报到”，与高井路社区结对共建，打造全市首个冬奥特色社区。三是推动在职党员“报到”为群众服务。组织71.7万名市直机关和市属企事业单位在职党员到居住地或工作单位所在社区报到，参与各类活动100多万人次，为民办实事6万多件。东城区统一组织在职党员到背街小巷、居民院落开展“周末大扫除”35次，改善了居住环境。四是用好新兴领域治理资源。坚持把党建做进去、把资源带出来，通过政府购买服务、公益服务品牌创建等方式，发挥新型经济组织和社会组织在基层治理中的作用。市工商系统根据街道党建和治理需要，把分散的“小个专”企业和商户拢在一起，为基层治理添砖加瓦。市司法局党委组织党员律师骨干，成立法律服务团和调解服务团，助力疏解整治促提升。

5.推动“吹哨报到”向社区延伸，激活基层治理“神经末梢”。北京市委认为，“吹哨报到”改革能否取得实效，关键在街道、基础在社区。推进改革中，注重把工作向城市治理“末端”延伸，提升社区综合服务功能，使社区真正成为精准了解反馈群众需求、精准投放服务资源、精准推动治理落地的基本单元。一是做实做优社区。开展社区减负行动，依法取消市直部门下派社区的工作事项150项、评比达标和示范创建项目31项，需社区开具的证明由15项减为5项，使社区能够集中精力搞服务。各区根据街道规模，每年为每个街道提供200万—2000万元不等的自主经费，支持社区服务群众项目。制定社区工作者管理办法，建立3级12档的职业体系，解除后顾之忧。二是提高社区服务水平。推广“离案式”、走动式工作法，社区工作者年入户率不低于90%，第一时间收集民情民意，为街乡“吹哨”提供需求信息和问题线索。推进社区服务站改革，将政务服务、市场服务、社会服务集中到服务站，一窗受理、集中办理。开展微心愿服务、爱心银行等活动。实施社区精细化治理计划，加强网格服务承载，把“报到”单位等各方面的服务资源集聚起来，对接和提供给千家万户。三是发动社区群众自我管理自我服务。健全党组织领导的居民自治机制，通过议事厅、恳谈会、理事会等听民声汇民意集民智，拓宽群众参与渠道。招募2.3万余名热心居民担任“小巷管家”，履行“每日巡、经常访、及时记、随手做、实时报”等职责。培育志愿服务品牌，涌现出“朝阳群众”“西城大妈”“石景山老街坊”等一批影响力大的群众组织。昌平区回龙观、天通苑社区共有80万居民，人口密度大，“脏堵污乱差”顽症长期无法解决，群众抱怨“回天”无力，社区发动群众人人出力，开展秩序维护、文化提升、环境整治等活动，参与群众5万余人次，社区面貌根本改变，群众称赞“回天”有术。

二、主要成效

北京市“吹哨报到”改革实施一年来，取得显著成效，试点地区人居环境明显改观，基层干部队伍面貌焕然一新，人民群众获得感幸福感安全感大大增强，赢得社会广泛赞誉。

1. 打通了城市基层治理“最后一公里”。通过“吹哨报到”改革，推动社会治理重心下移，把资源、服务、管理下沉基层、做实基层，健全基层治理体系，构建“四有四全”工作格局，即天上有网（即视频监控系统）、地上有格（即社区网格）、街巷有长、吹哨有响，党建引领全统筹、管理力量全报到、共商共治全程议、百姓呼声全响应，第一时间解决了基层治理的各类矛盾问题。特别是下沉执法力量，瞄准治理难点问题，开展综合执法，握指成拳、集中发力，事不完、人不撤，大大提升了街乡统筹指挥能力和部门行政执法、应急处置水平，力度空前、效果空前。东城区负责同志谈道，“一声哨响巧拨千斤”，全区多年积压、久拖不决的5273件基层治理案件，目前除87件正在处理外，其他均已解决。

2.办好了群众的烦心事操心事。通过“吹哨报到”改革，顺应群众美好生活新期待，建立健全服务群众快速响应、基层难题有效处置机制，一批私搭违建、乱停车、环境脏乱、老旧小区设施陈旧等老百姓身边的烦心事得到解决，一批菜市场、便利店、“口袋”公园、健身广场等便民利民设施相继建成，居民生活更为方便，老百姓真心认可。调查显示，80%以上居民对背街小巷环境整治表示满意，90%以上居民对开墙打洞、无证无照经营和老旧小区整治表示满意，95%居民对占道经营整治表示满意，12345热线接到表扬电话同比增长17%。西城区位于首都核心区，停车难问题由来已久，通过整合驻区单位资源，新增5000余个停车位，居民拍手叫好。朝阳区三里屯街道有一条存在多年的酒吧街，被多家外媒称为“脏街”，群众意见很大，街道党工委把“吹哨报到”的重点对准“脏街”整治，会同有关部门，采取治理开墙打洞、拆除违建、增设便民设施等措施，使“脏街”变成了“靓街”。

3.促进了中心工作和重点任务落实。聚焦习近平总书记提出的“建设一个什么样的首都、怎样建设首都”时代课题进行探索，通过“吹哨报到”改革，引导党组织和党员干部围绕首都高质量发展、疏解整治促提升专项行动和筹备冬奥会冬残奥会等中心工作建功立业，在治理交通拥堵、大气污染、防范重大风险等重点任务中献计出力，推动城市治理效能持续提升，为改善城市品质、建设国际一流的和谐宜居之都奠定良好基础。街道社区组织的85万首都治安志愿者，在“一带一路”国际合作高峰论坛、中非合作论坛北京峰会等重大活动中发挥了不可替代的作用。截至2018年11月底，推动疏解提升区域性专业市场和物流中心200多个，调整退出一般制造业企业600多家，拆除违建4800多万平方米。2018年北京经历了多次强降雨，房山区大安山乡发生新中国成立以来北京最大一次山体崩塌灾害，网格员在崩塌前10分钟提前发现并“吹哨”报告险情，相关部门迅速赶赴现场处置，拦截过往车辆和行人，未造成人员伤亡和车辆损失。

4.推动了党员干部务实亲民转变作风。通过“吹哨报到”改革，引领党员干部新时代新担当新作为，树立起了到一线解决问题、干事创业的鲜明导向。西城区开展“走千门进万户”活动，广大党员干部纷纷走出机关、进门入户，迈开腿、张开嘴，嘘寒问暖、搞好服务，收集各类意见建议5.2万条，解决问题3.9万件。东城区东四街道一位社区专员说，“以前是高跟鞋、小西装、办公楼里工作忙；现在变成了平底鞋、运动装、走街串巷服务忙”。不少居民提到，原来反映的好多问题没人管，现在干部就在身边，一声“哨响”，马上解决。市委组织部负责同志谈到，以前干部上门，群众爱搭不理，有的还满嘴怪话，现在笑脸相迎，主动打招呼，党群干群关系更加融洽，党组织的威信在联系服务群众中得到加强，人民群众更加自觉地热爱党、跟党走。

三、经验启示

北京市“吹哨报到”改革，开创性、示范性强，为党建引领基层治理体制机制创新、提升为民服务能力水平探索了新路径，有许多启示。

1.党建引领基层治理，必须充分认识推进城市治理现代化的重要性艰巨性，市委书记亲力亲为、高位推动。北京市委深入学习领会习近平总书记关于北京工作重要讲话精神，综合研判首都特点、城市治理现状和基层实践探索，把“吹哨报到”改革列为“一号改革课题”，制定工作方案，确定重点改革任务。蔡奇同志亲自谋划，50多次赴一线调研、听取意见，每月召开区委书记会进行点评，研究落实工作举措；各区委书记领衔改革，专职副书记具体负责；组织部门牵头，月通报、季调度；市级媒体加强宣传，推动改革不断深入。必须深刻认识到，城市治理现代化是城市建设发展的一场深刻变革，事关党的执政基础和人民群众福祉，面临不少新情况、新矛盾、新挑战，特别是党建引领基层治理，涉及动体制、动权力、动利益的难题很多，只有市委主要负责同志亲自上手，以上带下、强力推动，才能实质突破。这是北京经验最关键的一条，北京是这样，上海、杭州、武汉、深圳等地城市基层治理工作的成功经验也是如此。

2.党建引领基层治理，必须着眼管根本管长远，健全完善基层管理体制和运行机制。体制机制更带有根本性稳定性长期性。全国城市基层党建工作经验交流座谈会提出，要以街道社区党组织为核心，强化系统建设整体建设，不断提高城市基层党建整体效应。实现这一要求，关键是要健全完善街道社区党组织领导基层治理的体制机制。“吹哨报到”改革以街道管理体制改革为着力点，探索赋予街道相应的职责职权，推动职能部门力量在街道聚合，强化街道党组织领导核心作用，从体制机制上为街道党组织领导基层治理、统筹各方创造条件，实现一招破题、满盘皆活。同时，着眼打破条块分割的僵局、各自为政的困局，加强各领域党组织互联互动机制建设，整合各方面力量参与治理，点中了穴位、抓到了要害。实践证明，党建引领基层治理，根本在于构建简约高效的基层管理体制和共建共治机制，把街道社区党组织领导核心作用充分发挥出来，把各方面的力量充分激发出来，这样才能不断增强整体效应，实现治理效能最大化。

3.党建引领基层治理，必须坚持以人民为中心的发展思想，把服务群众、造福群众作为出发点和落脚点。习近平总书记指出，我们党是为人民办事的，为民的事没有小事，要把群众大大小小的事办好。“吹哨报到”改革，以市民最关心的问题为导向，建立健全服务群众响应机制，着力办好群众家门口的事。“哨声”就是群众的诉求，“报到”实质上是向群众报到、解决群众的问题，改革的全部工作都是为了群众。从这个意义上看，这一改革丰富了党的群众工作时代内涵。以人民为中心的发展思想不能成为一句空话，要落实到具体人、具体事、具体工作上，真正做到群众需求在哪里，党建工作就跟进到哪里，实现民有所呼、我有所应。

4.党建引领基层治理，必须运用科学方式方法，重点突破、循序渐进。

当前，城市基层党建、基层治理有关部署要求的“设计总图”已明确，如何结合实际落实落地，需要深入探索。各地区情况千差万别，要具体情况具体分析，选准切入点和突破口，编制“施工图”，既避免“老虎吃天无从下口”，又防止“眉毛胡子一把抓”。“吹哨报到”改革，抓住当前群众反映强烈、亟待解决的治理难题，发挥首都行政资源富集、善于集中力量办大事的传统优势，坚持问题导向和目标导向相统一、试点先行和全面推进相促进，短时间内见到明显成效，让党员干部和群众看到变化，提振了信心，坚定了决心。同时也要看到，党建引领基层治理是一项系统工程，也是复杂艰巨的改革任务，不可能一蹴而就，必须把握系统性整体性协同性，区分轻重缓急，讲究“时度效”，确定适合的路径和方法。既要有远景考虑和长期目标，又要有当下举措和“先期效果”，一步步扎实推进。

中央组织部组织二局

××年××月××日

【讲析】

调研报告是为了解决实际问题，有目的地对某个地区或某个单位的某种情况做深入调查，占有丰富材料，经过周密分析研究，写出能够揭示事物本质与发展规律的书面材料。本报告有三个显著特点，一是在选题上。体现了典型的政策性、针对性和应用性。围绕基层党建“最后一公里”问题，选取“街乡吹哨、部门报到”的典型做法，紧扣党委和政府工作大局，围绕现实需要，提供急需、有效的解决办法。二是在结构上。采取了分问题的写作技法，即基本做法、主要成效和经验启示。先交代了基本做法，从5个方面进行了全面介绍，这部分是读者重点关注和借鉴的内容；然后总结了工作的成效，从4个方面进行了归纳梳理；经验启示反映了4个方面的内容。结构清晰，层次分明，不拖泥带水、画蛇添足。三是在行文上。突出主线，表达准确、鲜明、生动。各级标题具有充分的信息量，只读标题就能了解全文思想。文字表达朴实、大方，让人看得懂、愿意看，引人入胜，特别是列举各街区的典型和鲜活做法，言之有物，资料翔实，具有很强的借鉴作用，是一篇很好的调研报告。

六、病例解析

有发文机关标识，“云南分公司”删掉

“消费”应在一行，“云南分公司”删掉

云南分公司关于职务消费管理工作自检自查的报告

有什么要求，什么文件精神，需要具体列示文件名和文件号

集团公司纪委办公室：

我公司于2016年1月根据上级单位要求及相关文件精神，遵循坚持源头控制与综合治理相结合，严格规范职务消费行为；坚持保障公务与厉行节约相结合，从严控制职务消费水平；坚持廉洁自律与监督管理相结合，切实加强职务消费监管的原则，制定了《云南分公司企业负责人职务消费管理办法》，并于2016年6月召开的云南分公司第二届第六次董事会通过。

公司的职务消费管理办法涵盖了公务用车管理、通信管理、业务招待管理、差旅管理、国（境）外考察管理、培训管理、预算管理、内部审核和监督管理等八大方面的内容，进一步健全了公司的激励约束机制，规范了企业负责人职务消费行为。

为进一步规范公务用车使用，公司于2016年10月制定了《云南分公司车辆管理规定》，确保公司公务用车的统一管理，高效使用。

截至目前，我公司未发生一起违反职务消费管理办法的情况。今后，我公司将继续严格执行职务消费管理办法的相关规定及要求，进一步加大职务消费管理力度，杜绝违规现象发生。

特此报告。

云南分公司

2016年12月20日

【错情分析和修改建议】

报告适用于向上级机关汇报工作、反映情况，答复上级的询问等。从结构来看，引据部分，要说明全文主旨，依据、目的、估计、评价，“现将有关情况报告如下”。主体部分，是正文核心，报告的具体内容。可采用分题式、分条式表述。区别工作报告、问题报告和答复报告。结语部分，可写可不写。比如：特此报告；专此报告；请审核；请审示；以上报告，如有不妥，请指正等。报告一般采用记叙为主的表达方式，按时间顺序、工作过程或问题的逻辑关系，概述工作内容及完成情况，避免罗列过多事例。重点突出，点面结合，既要突出中心工作进展情况及主要成绩，又要注重对面上工作情况进行概述，适当引用数据材料，增强说服力。坚持实事求是的态度，如实报告成绩和不足。

本报告是职务消费的自查报告，职务消费是一个涵盖面很广的话题。从文中看，至少涉及公务用车管理、通信管理、业务招待管理、差旅管理、国（境）外考察管理、培训管理、预算管理、内部审核和监督管理等8个方面。既然是自查自检报告，就需要对这些内容作出一一回应。

目前行文的第一、二、三段只交代出台了两个管理办法，一是《云南分公司企业负责人职务消费管理办法》，二是《云南分公司车辆管理规定》，介绍了办法涉及的主要内容，第四段说做了检查，没有发现问题。

该报告的主要问题是结构不完整，内容不全面，随意性大，完全不符合报告写作的基本要求，需要在结构和行文逻辑上进行彻底修改。具体说，报告应该写清楚4个方面的内容：一是自检自查工作开展情况，写清楚本单位领导如何重视，如何成立专门组织，如何落实人员和责任，如何分阶段开展工作等。二是自检自查发现的问题，写清楚8个方面的检查，在哪些方面发现了问题，哪些方面工作还有薄弱环节，哪些还需要改进等。即使没有发生一起违反职务消费管理办法的情况，总还是有工作的薄弱环节和需要改进的地方。三是问题整改情况。写清楚检查和发现的问题，是如何整改的，出台了哪些制度办法，开展了什么警示教育活动，组织了哪些专题行动等。四是下一步工作措施。写清楚下一步在规范职务消费问题上的一些打算和思路，以及要开展的近期、中期和远期的工作。报告分成5个部分来写，有情况、有分析、有整改、有措施、有打算，这样才能内容饱满，符合规范的体式和要求，读后使人收获良多。

通　知

一、概述

什么是通知？

通知是对下级机关发布、传达或转发其他机关公文，并要求下级机关周知和贯彻落实的公文文种。

通知的适用范围有哪些？

通知适用于转发上级机关和不相隶属机关的公文、批转下级机关公文、发布规章、传达要求下级机关办理和需要有关单位知晓或执行的事项。也就是说，下达指示、布置工作、传达有关事项，传达领导意见、任免干部、决定具体问题等，都可以用通知的文种。上级机关对下级机关可以用通知，平行机关之间有时也可以用通知。

通知有哪些特点?

★应用广泛。通知的适用范围最广、使用频率最高，不受内容制约。通知的作者不受机关性质、级别的限制，既可以用于布置工作、传达重要指标，也可以用于知照一般事项，如人事任免等。

★时效较强。通知要求办理的事项，都有比较明确的时限要求，受文机关要在规定的时间内办理完毕，否则，可能影响工作的进度。

★有拘束力。通知是用来发布要求下级机关办理或者需要有关单位知晓的事项，指示性强，具有一定的拘束力。

通知有什么类型?

根据适用范围的不同，通知可以分为以下几类:

1. 发布性通知，用于发布行政规章制度及党内规章制度。

2. 批转性通知，用于上级机关批转下级机关的公文，给所属人员周知或执行。

3. 转发性通知，用于转发上级机关和不相隶属机关的公文。

4. 指示性通知，用于上级机关指示下级机关如何开展工作。

5. 任免性通知，用于任免和聘用干部。

6. 事务性通知，用于处理日常工作中带事务性的事情。

此外，最为常用的是会议性通知和事项性通知。会议性通知是上级机关召开会议、通知有关单位和人员参加时采用的一类文种。会议性通知要求写得明确、具体。交代清楚会议时间、地点、材料以及其他有关事宜，如果这些事项交代不清，混淆错乱，就可能影响会议的正常进行。事项性通知是上级机关的有关事宜需要下级机关知道或办理时采用的一类文种，如庆祝节日，假期安排，裁撤合并机构，启用印章，报送有关材料等，这类通知要交代清楚通知事项，做到具体、明确。

二、写作格式

标题	1.一般由发文机关、事由、文种组成。如《中共中央办公厅 国务院办公厅关于厉行节约反对浪费的通知》。2.也可由事由、文种组成，如《关于2023年国家公务员考试有关问题的通知》。3.还有的直接用文种“通知”或“紧急通知”作标题。4.发布规章的通知，所发布的规章名称要出现在标题里，并使用书名号。5.批转和转发文件通知，所转发的文件内容要出现在标题中，但不使用书名号。如《国务院办公厅转发教育部等部门关于进一步加快高等学校后勤服务社会化改革意见的通知》。
主送机关	通知的发文对象比较广泛，主送机关较多时，要注意机关排列的前后顺序。如各省、自治区、直辖市人民政府，国务院各部委、各直属机构等。由于级别、名称不同，主送机关的称谓和排列要特别注意。
正文	1.通知缘由。主要用来表述有关背景、根据、目的、意义等。批转、转发文件的通知，根据情况可以在开头表述通知缘由，但多数以直接表达转发对象和转发决定开头，无须说明缘由。 2.具体事项。是通知的主体部分，所发布的指示，安排的工作，提出的方法、措施和步骤等，都在这一部分中有条理地表达。内容复杂的需要分条列款。 3.执行要求。发布指示、安排工作的通知，可以在结尾处提出贯彻执行的要求。
落款	一般包括署名和成文时间两项内容。

三、写作技巧

第一，明确为什么写。制发通知的目的是解决实际问题，首先要明确为什么写通知，通知的主要内容是什么。有的通知，不仅要提出问题，而且要分析问题，拿出解决问题的办法，如指示性通知；有的通知，内容比较简单，只提出问题和解决问题，如规定性、事务性通知；更有简单的，如批转性、转发性、发布性通知（不包括附件）及任免性、会议性通知等，基本只有解决问题的内容，而无提出问题，更少分析问题的内容。

第二，确定怎么写。明确为什么写后，要确定写作的范围和对象，针对什么问题，解决什么问题。通知是向下级机关发布的下行文，因而要体现对下级机关的领导与指导作用。拟写通知必须做到主题明确，结构严谨，既要讲任务、要求，又要讲方法、步骤。语言不能空泛，提出的措施切实可行，内容要与党和国家的大政方针保持一致，避免下级机关难以理解执行。

第三，选准结尾用语。一般情况下，如果通知的内容涉及全局性重大方针政策，必须照章办事的，结尾要用“请认真贯彻执行”“请依照执行”“请遵照办理”“请立即贯彻执行”等习惯用语。如果通知的要求只是根据某些或者绝大多数地区的特点，或者批转下级机关的报告，具有参考价值的，结尾可写“请参照执行”。

四、常见问题

第一，滥用。通知具有多种功能和作用，要严格认真对待，不可滥用。比如，下行文不可千篇一律使用通知，电视台、电台、报纸的广告宣传本应用“启事”“声明”的事项不可用“通知”。滥用通知文种，有损于通知的严肃性。

第二，实效性差。通知是要求下级机关周知和贯彻落实的公文，具有规范性和严肃性。因此，通知的发布必须讲求实效。根据事务的内容判断用通知的形式是否可以解决问题，是否解决了问题。如果发布的通知达不到解决实际问题的效果，则需要用其他的文种。

第三，语言赘述、逻辑不清。制发通知是为了解决实际问题，这就要求通知的主题明显、文字简明扼要、结构清晰，使人一目了然。主题明显，一般要开门见山，先用寥寥数语讲明制发通知的原因、依据和目的。结构清晰明了，要在结构层次的安排上有总有分，有辑有要，辑要清楚，内容独立。

五、写作范例

（一）发布性通知【范例2–6】

中共中央印发《中国共产党巡视工作条例（试行）》[1]

《中国共产党巡视工作条例（试行）》是贯彻落实党章关于党的中央和省、自治区、直辖市委员会实行巡视制度的规定，完善党内监督制度的一部重要党内法规。它的颁布实施，对于完善巡视制度，规范巡视工作，坚持党要管党、从严治党的方针，保证党的路线方针政策和中央重大决策部署的贯彻落实，促进党风廉政建设和反腐败斗争的深入开展，加强领导班子和干部队伍建设，具有十分重要的意义。

各级党组织要从推进党的建设新的伟大工程的高度出发，采取多种形式，深入学习宣传《中国共产党巡视工作条例（试行）》，切实增强党员领导干部接受监督的意识。各级党组织以及巡视工作机构要严格执行《中国共产党巡视工作条例（试行）》，认真履职尽责，充分发挥职能作用。被巡视党组织领导班子及其成员要自觉接受巡视监督，积极配合巡视工作，坚决纠正不符合中央要求的各种行为。

【讲析】

该通知简明扼要，文字不多，但十分精练。第一段说明发布条例的重要性，“它的颁布实施”后面，概括了六个方面的重大意义。第二段提出贯彻落实的要求，对“各级党组织”、“各级党组织以及巡视工作机构”以及“被巡视党组织领导班子及其成员”提出工作目标和要求。文字虽短，但管用实用。

---

① http://politics.people.com.cn/GB/101380/9638897.html.

（二）指示性通知【范例2-7】

农业农村部办公厅关于深入学习浙江“千万工程”经验的通知[①]

各省、自治区、直辖市农业农村（农牧）厅（局、委）、乡村振兴局，新疆生产建设兵团农业农村局、乡村振兴局：

为深入贯彻落实习近平总书记关于浙江“千村示范、万村整治”工程（以下简称“千万工程”）的重要指示批示精神，进一步学深学透、用好用活“千万工程”经验，扎实推进农村人居环境整治提升五年行动，建设宜居宜业和美乡村，全面推进乡村振兴，现就深入学习“千万工程”经验有关事项通知如下。

一、深刻认识学习运用浙江“千万工程”经验的重大意义。“千万工程”是习近平总书记在浙江工作期间，亲自谋划、亲自部署、亲自推动的一项重大决策。20年来，历届浙江省委省政府一张蓝图绘到底，持之以恒、锲而不舍实施“千万工程”，从“千村示范、万村整治”到“千村精品、万村美丽”再到“千村未来、万村共富”，探索出一条以农村人居环境整治小切口推动乡村全面振兴的科学路径，造就了万千美丽乡村，造福了万千农民群众，引领浙江乡村面貌发生历史性巨变，充分彰显了习近平新时代中国特色社会主义思想的真理力量和实践伟力。“千万工程”是贯彻落实习近平总书记关于“三农”工作重要论述的实践载体，充分体现了习近平总书记对“三农”的深厚感情、深谋远虑和深入思考。学习运用“千万工程”经验，是加快城乡融合发展步伐的重要举措、是继续推动美丽中国建设的内在要求、是全面推进乡村振兴的重要保障，对于实现中国式现代化具有特殊重要意义。要在回顾总结“千万工程”的实施历程、巨大成就中，更加深刻领悟“两个确立”的决定性意义，更加深刻感悟“千万工程”的重大政治意义、理论意义和实践意

---

① www.shsys.moa.gov.cn/gzdt/202306/t20230616_6430381.htm.

义，切实把这一宝贵财富学习好运用好，在“千万工程”经验指引下，更加扎实有力地全面推进乡村振兴、加快建设农业强国。

二、准确把握浙江“千万工程”经验的精髓要义。20年来，浙江按照习近平总书记重要指示要求，深入谋划推进、加强实践探索，推动“千万工程”持续向纵深推进，形成了一系列行之有效的做法：坚持生态优先、绿色发展；坚持因地制宜、科学规划；坚持循序渐进、久久为功；坚持党建引领、党政主导；坚持以人为本、共建共享；坚持由表及里，塑形铸魂。浙江“千万工程”之所以取得突出成效，最根本在于习近平总书记的战略擘画、关心厚爱和悉心指导。学习运用“千万工程”经验，要深刻把握蕴含其中的习近平新时代中国特色社会主义思想的世界观和方法论。必须坚持以人民为中心的发展思想，把实现人民对美好生活的向往作为出发点和落脚点；必须坚持以新发展理念为统领，全面推进乡村振兴；必须强化系统观念，着力推动城乡融合发展；必须大兴调查研究，从实际出发想问题、做决策、办事情；必须突出抓基层、强基础、固基本的工作导向，健全党组织领导的治理体系；必须锚定目标真抓实干，一张蓝图绘到底。要牢牢把握“千万工程”经验的精髓要义和理念方法，结合实际学好学透，不断转化为全面推进乡村振兴、加快建设农业强国的思路办法和具体成效。要充分借鉴运用“千万工程”经验，突出农民需要，始终坚持农民主体的基本立场，“群众要什么、我们干什么”，实现政府、市场、集体和农民等多方力量的最佳组合、最佳配置；突出软硬结合，坚持统筹推进的科学方法，物质文明和精神文明一起抓，“五大振兴”一起推，确保取得由外而内、形神兼备、可感可知可考核的成效；突出稳扎稳打，把握好循序渐进的节奏力度，树立问题导向，聚焦总目标分阶段解决好突出问题，久久为功求实效。

三、切实抓好“千万工程”经验学习宣传贯彻工作。今年是“千万工程”实施20周年。各级农业农村、乡村振兴部门要进一步提高思想认识，把学习“千万工程”经验作为当前重要政治任务、摆上突出位置，作为主题教育的生动教材，精心组织，周密部署，务实求效，把学习成果转化为解决问题、促进工作、推动发展的强大动力。扎实抓好学习培训。通过理论中心组、培训班、学习班、读书会等多种形式，分层次、全覆盖开展培训，推动把“千万工程”经验作为党校（行政学院）、干部学院“三农”干部教育培训的重要内容。有序组织实地调研。赴浙江实地调研要结合本地实际，多在基层调研中找办法，力求实效。做好对接，加强统筹，避免扎堆调研、多头调研增加浙江负担。深入开展研究阐释。围绕学习运用“千万工程”经验指导推动新时代新征程“三农”工作，聚焦工作推进中的堵点难点问题，确定一批研究选题，组织力量深入研究，形成制度性成果。务实做好宣传推介。会同有关部门，运用传统媒体和新媒体，采用文字报道、小视频等方式和手段，广泛宣传学习推广“千万工程”的典型经验，推介一批学习运用的典型案例，深化学习推广实效。结合实际贯彻落实。以“千万工程”经验为引领，聚焦全面推进乡村振兴未来5年重点干什么、怎么干，加强谋划设计，明确目标任务、工作打法和思路举措，把“千万工程”经验做法体现到巩固拓展脱贫攻坚成果、全面推进乡村振兴各项工作中。结合主题教育理论学习、调查研究、推动发展、检视整改，把习近平总书记关于“三农”工作的重要论述和实践要求学深悟透，切实贯彻到新时代新征程“三农”工作各领域、全过程，坚持新发展理念，因地制宜、分类施策，加快城乡融合发展步伐，持之以恒推进农业高质高效、乡村宜居宜业、农民富裕富足不断取得实实在在的新成效。

农业农村部办公厅

2023年5月26日

【讲析】

这是一则指示性专题工作通知，就深入贯彻落实习近平总书记关于浙江“千村示范、万村整治”工程的重要指示批示精神，提出具体工作要求。从深刻认识学习运用浙江“千万工程”经验的重大意义，准确把握浙江“千万工程”经验的精髓要义，切实抓好“千万工程”经验学习宣传贯彻工作3个方面，提出了具体要求。通知文字不多，但清晰明了，要求具体，指示性和可操作性强。

（三）会议性通知【范例2–8】

国家林业和草原局办公室关于召开2019年全国秋冬季候鸟保护工作电视电话会议的通知[①]

便函护〔2019〕263号

各省、自治区、直辖市林业和草原主管部门，内蒙古、大兴安岭森工（林业）集团公司，新疆生产建设兵团林业和草原主管部门，国家林业和草原局各有关司局、各派出机构、各有关直属单位：

为进一步加强秋冬季全国候鸟保护工作，严厉打击非法猎捕候鸟、滥食野生动物等违法犯罪活动，我局决定召开2019年全国秋冬季候鸟保护工作电视电话会议，李春良副局长出席会议并讲话。现将有关事项通知如下：

一、会议内容

进一步统一思想，压实责任，对秋冬季全国候鸟保护工作进行再动员、再部署。

二、会议时间地点

（一）会议时间：2019年10月18日15:00—16:00。

（二）会议地点：

1.主会场：国家林业和草原局主楼113会议室。

2.分会场：各省、自治区、直辖市林业和草原主管部门，内蒙古、大兴安岭森工（林业）集团公司及吉林、龙江森工集团，新疆生产建设兵团林业和草原主管部门，国家林业和草原局各派出机构，野生动物疫源疫病监测总站视频会议室。

---

① http://www.gov.cn/xinwen/201910/14/content_5439265.htm.

三、参加人员

（一）主会场：国家林业和草原局局领导、有关司局和有关直属单位负责同志及相关处室负责同志。

（二）分会场：各省、自治区、直辖市林业和草原主管部门，内蒙古、大兴安岭森工（林业）集团公司及吉林、龙江森工集团，新疆生产建设兵团林业和草原主管部门，国家林业和草原局各派出机构，野生动物疫源疫病监测总站负责同志及有关处室负责同志。

四、有关要求

电视电话会议系统调试时间定于2019年10月18日上午10:00—12:00（调试技术联系人：国家林草局信息办冯××，电话：1366137××××）。

特此通知。

联系人：国家林草局动植物司　周××

电　话：010—8423××××

国家林业和草原局办公室

2019年10月9日

【讲析】

这是一篇常见的知照性会议通知。通知缘由叙述简洁，但交代得很清楚，即对秋冬季全国候鸟保护工作进行再动员、再部署。通知事项对所发布的指示、安排的工作等，采取了有条理的表述方法，对时间、地点和参加人员，主会场和分会场的要求，讲得很明白。执行要求明确具体，不拖泥带水，如电视电话会议系统的调试时间、联系人的电话，清晰明确地告知大家，不产生歧义，是一篇质量上乘的作品。

（四）任免通知【范例2–9】

关于香港特别行政区区志光等人职务任免的通知[①]

国人字〔2022〕269号

香港特别行政区政府：

依照《中华人民共和国香港特别行政区维护国家安全法》的有关规定，根据香港特别行政区行政长官李家超的提名和建议，国务院2022年8月4日决定：任命区志光为香港特别行政区维护国家安全委员会秘书长，免去陈国基的香港特别行政区维护国家安全委员会秘书长职务。

国　务　院

2022年8月4日

【讲析】

该通知干脆利落，用一句话解决问题，依据什么规定，根据谁的提名，国务院什么时间决定，任命谁的职务，免去谁的职务，雷厉风行，不拖泥带水，具有很强的权威性。

① https://www.gov.cn/gongbao/content/2022/content_5707288.htm.

六、病例解析

中国大汉信息网络股份有限公司党委办公室

关于开展公司直属党组织专职书记和专职党务工作人员培训的通知

"书记"一词应在同一行；"培训"改为"培训班"；标题可改为：关于开展直属党组织"两学一做"专题培训班的通知

各直属党组织：

把党中央和国资委并列，不恰当

删除

为深入贯彻落实党中央、国资委关于加强基层党组织书记培训有关要求，切实提高基层党组织专职书记和专职党务工作人员能力和工作水平，有序推进中国大汉"两学一做"学习教育常态化制度化，党委办公室将组织相关人员进行培训。具体安排如下：

一、培训时间

内容过细，删除

2023年5月31日—6月3日。5月31日中午报到，6月3日中午返回。

二、培训地点

写出具体门牌号，目前有歧义

江西省吉安市井冈山民航大酒店。

三、人员范围

（一）公司直属党组织专职书记；

（二）公司直属党组织专职党务工作人员。

四、培训内容

标题是培训内容，内容却是培训形式

主要采用动员讲话、专家授课、经验交流、学习参观相结合的形式开展。

五、相关要求

这一部分属于注意事项的内容，不是相关要求的内容；内容太具体，应在报名结束，培训之前的会议须知中交代

（一）请填写报名回执（见附件）并于5月18日17:30前将电子版反馈至党委办公室。

（二）井冈山地处山区，气温偏低，山路崎岖，请培训人员自行配备合适的衣物，并在培训期间注意着装。

（三）培训不承担住宿和差旅费用，请培训人员自理。

（四）建议航班（北京出发）

这部分内容赘述

因北京至井冈山航班单日往返只有一班，本次会议建议全体参会人员预订CA1805航班前往井冈山，乘坐其他交通工具的参会人员请务必于5月31日12:30前到达井冈山民航大酒店。

航班信息：5月31日北京—井冈山CA1805 9:30—12:00

会务安排井冈山机场接机接站。

6月3日返程，10:30从民航大酒店发车，到达井冈山机场，请大家预订CA1806航班返程。

航班信息：6月3日井冈山—北京CA1806 12:55—15:30

六、注意事项

标题是注意事项，内容却是培训要求

1.学员须严格遵守学习纪律，自觉服从培训班各项日程安排；2.学员在培训期间不得迟到、早退、无故缺席。

七、联系方式

回执联系人员：黄叶峰

联系电话：（010）57650032　15718886617

电子邮箱：huangyf@travelsky.com

接机联系人员：徐向辉

在电话号码前，加上区号

联系方式：57650461　15611928123

附件：报名回执

党委办公室

2023年5月15日

附件：

报名回执

序号	姓名	单位（部门）	职务	航班号/车次	手机号码
1					
2					
3					
4					
5					

【错情分析和修改建议】

一个通知，要讲清楚3个方面内容，一是通知缘由，交代有关背景、根据、目的、意义等；二是通知事项，即所发布的指示，安排的工作，提出的方法、措施、步骤等，要有条理性地表述。三是执行要求，要明确具体，不拖泥带水。一个好的通知，行文目的一定很明确，针对谁，明确为什么、是什么、怎么写；措施一定切实可行，既要讲任务、要求，又要讲方法、步骤、措施，有利于明确执行；结构一定严谨清晰，采用自然段式或者条文式，排列有序，避免内容交叉。

目前这个通知的主要问题：标题表述不清晰；事由交代不精确；通知事项之间内容交叉，文不对题；执行性要求不具体。本通知属于报名的通知，应当简洁明快，不能混同于培训须知。修改建议：一是修改标题，把标题改成《关于开展直属党组织“两学一做”专题培训班的通知》。二是改导语，把开展培训的事由交代清楚，可以在目前的基础上，扩展相关内容。三是改内容，首先是调整7个标题，做到标题与内容一致，不能文不对题。四是压缩篇幅，把应该放到培训班须知里的内容删除，把主干东西留下，确保通知像个通知，不能成为培训须知。

通　报

一、概述

什么是通报？

通报是机关单位把工作情况、经验教训、典型事例以及具有典范、指导、教育、警诫意义的事件通知所属单位的公文文种。

通报的适用范围是什么？

通报是用来表彰先进、批评错误、传达重要情况的下行公文。通报可以将先进集体的先进事迹进行通报，号召大家进行学习；也可以对单位或个人的错误行为、违规事故进行通报，通报的发布范围一般是在机关或系统内部。

通报有什么特点？

★告知性。通报常常是把现实生活中的一些正反面的典型，或某些带有倾向性的重要问题告诉大家，让人们知晓、了解。

★典型性。无论是表扬好人好事，还是批评错误和歪风邪气，通报所针对的对象都是典型人物、典型事件和典型情况。

★教育性。无论是表扬还是批评，通报都有对下级机关或单位进行指导的作用。

★时效性。通报一般对人物、事件的情况作出及时、迅速的报道，这样能及时、迅速地传达，发挥应有的效用，时间久了，效果就不明显。

★政策性。与其他文种略有不同，通报，特别是表彰性通报和批评性通报，实效更强，政策要求高，影响大。

通报有哪些类型?

表彰性通报——用于表扬好人好事;

批评性通报——用于批评错误言行;

情况性通报——用于传达情况，周知问题;

指导性通报——用于传达上级指示精神。

二、写作格式

标题	1.一般由发文机关名称、被表彰或被批评的对象和文种构成，如《国务院办公厅关于对国务院第九次大督查发现的典型经验做法给予表扬的通报》; 2.也可以由被表彰或被批评的对象和文种构成，如《关于给不顾个人安危勇于救人的××同志记功表彰的通报》; 3.有少数通报的标题在文种前冠以机关单位名称，如《中共××市纪律检查委员会通报》; 4.有的通报标题只有文种名称。
主送机关	通报一般都有主送单位，少数普发性通报可以没有主送单位。
正文	正文由发布通报的原因、通报的事项、原因分析、处理结果和希望要求组成，一般由四部分组成。1.引言部分。主要概括通报的内容、性质、作用和要求。2.事实部分。表扬性通报写先进事迹；批评性通报写错误事实。做到事实清楚，概括精练。3.分析及处理部分。对先进事迹的先进性或错误事实的本质，进行恰如其分的分析，表扬性通报写出给予精神或物质奖励的决定；批评性通报写出处分决定。4.号召或要求部分。说明如何去做，或者发出号召。
落款	通报的落款要用发文机关的全称，如果标题中含有发文机关全称，落款可以不写。下发或者张贴的公报要加盖单位公章。

三、写作技巧

（一）情况通报。情况通报是一种常用的通报形式。一般由三部分构成。一是标题。包括三个组成部分，即发文机关、事由和文种类别，但有时仅写事由、文种类别或直接写“情况通报”。二是正文。一般分三步来写，首先介绍情况；其次分析原因，指出意义或者危害；最后提出要求。三是签署发文机关和日期。

1.开头。比较简短，主要是概述通报的内容，或叙述总体情况。叙述要注意三点：一是要概括，不能太具体；二是要简明，语言简洁明了；三是评价要中肯，不能夸大其词，要为下文写“存在的问题”打下伏笔。2.主要做法和成绩。是情况通报的核心部分。通常是摆事实，采用叙述写法，围绕“是什么”这一基本内容来叙述，把“怎么做”的具体方法措施写清楚，再把效果怎么样写出来就行了，不必议论，避免讲道理和说教。叙述技法是先总叙后分叙，总叙主要把面上的情况说清楚，分叙要选择比较典型的有代表性的事例加以印证。3.存在的问题。问题即工作中由主观或客观因素造成的失误，或者需要解决的矛盾。写作时注意，一是问题要点透，不模棱两可。二是措辞要恰当，不夸大或者缩小。4.今后的打算或要求。“今后的打算”是机关单位对今后工作的安排。“今后的要求”则是对主送单位的要求。写作时要结合实际，具体明确。

（二）表彰或者批评性通报。正文结构有三部分：第一部分，说明表彰或批评的原因，即写清先进事迹或错误事实的经过情况，要求用叙述的手法真实客观地反映事实。第二部分，对所叙述的事实进行准确分析，中肯评价，做到不夸大、不缩小，使人们能从好的人和事物中得到鼓舞，从错误中吸取教训。第三部分，对表彰的先进或批评的错误作出嘉奖或最后惩处。最后还要根据通报的情况，针对现实需要，发出号召或提出要求。

1.表彰性通报。对被表扬的单位来讲，主要是理解上级的精神，更上一层楼；对后进单位来讲，主要是学先进、找差距、定措施。表彰性通报重在教育比照，或先进示范，其标题格式通常如下“关于授予××称号的决定”或

“关于给予××表彰的决定”。标题中常常含有处置性动词，诸如授予、处理、给予等。正文部分一般包括以下内容：概述先进事迹，表明通报发出单位对通报事项的态度；指出先进单位或个人的主要做法经验，或叙述事情发生的经过并分析事件的意义；提出要求和希望，号召大家学习。

2.批评性通报。对一般单位主要是对照自己，防患于未然；对有类似问题或尚有隐患存在的单位主要是以儆效尤。批评性通报重在处置，奖功罚过，其标题格式通常如下“关于对××的处理决定”。正文要写清楚三部分内容，即发生了什么事？我们怎么看？我们怎么办？一般包括以下内容：叙述错误事实经过；表明通报发出单位对事件的态度及处理意见；分析错误或事故产生的原因与危害；提出要求，警示其他单位或个人。

四、常见问题

1.直述与转述问题。通报的写作与行文要区分直述与转述两种不同的表达方式。所谓直述，即由发文机关直接予以表达的通报，是单体行文；所谓转述，即由发文机关将下级的来文（如报告、简报、通报等）作附件，加写批语后以通报形式转发，是复体行文。直述式通报，以叙事为主，兼以说明；转述式通报，为了避免重复，主要是议说，很少叙事。

2.典型的呈现形式问题。通报用典型事实教育干部群众，不是正面的典型，就是反面的典型。因此，通报的事情不可以一般化，应该具有明显的代表性，给人以启迪或警醒。必须以事实说话，不能弄虚作假，否则难以让人信服。用典型来指导工作或者以典型为告诫，更容易提高认识，明确方向，推动事业进步。

3.表达的分寸问题。通报中的议论，必须是通报中典型事实的引申，褒贬的尺度、结论的分寸、今后的工作意见都是典型事实的引发，不能牵强附会。这种引申出来的议论与说明，或者说延伸出来的观点、意见、主张、结论，既不能过泛，也不能过狭。引发过泛，大而无当，缺乏针对性，失去通报的本意；引发过狭，削弱了以此类推的目的，也会失去通报的本意。

五、写作范例

（一）表彰性通报【范例2–10】

关于给予全市机关事务工作表现突出的集体和个人嘉奖的通报[①]

各县（市、区）人力资源和社会保障局、机关事务管理部门，市直有关单位：

近年来，××市机关事务部门紧紧围绕市委市政府中心工作，认真履行管理、服务、保障职能，高质量完成各项工作任务，出台实施5项地方标准和357项内部标准，在全市铺开标准化建设，先后被国家机关事务管理局确定为国家机关事务标准化第二批综合试点、标准化实训试点和标准化信息化“两化融合”试点单位，工作成果得到国家机关事务管理局高度肯定，在扎实推动机关事务数字化、标准化、法治化建设中涌现出一批爱岗敬业、勇于担当的集体和个人。

为鼓励先进，传承和弘扬优良作风，根据《浙江省行政奖励暂行办法》有关规定，经研究，决定对××市公务用车服务中心等15个集体、徐××等35名同志进行嘉奖。

希望受嘉奖的集体和个人，珍惜荣誉、再接再厉，努力在工作岗位上再创佳绩、再立新功。全市各级机关事务管理部门和广大干部职工要以受嘉奖的集体和个人为榜样，向先进学习、勇于创新，积极进取，努力提升我市机关运行保障现代化能力和水平。

附件：全市机关事务工作集体和个人嘉奖名单

××市人力资源和社会保障局　××市机关事务管理局

20××年××月××日

---

① https://hrss.wenzhou.gov.cn/art/2022/10/24/art_1229204115_4110929.html#:~:text=.

【讲析】

表彰性通报是表扬好人好事，提倡学习先进，让人们从中感受到榜样的力量，达到学习宣传教育之目的。该通报是某市人力资源和社会保障局和机关事务管理局联合印发的表彰性公文。全文分为三个自然段，第一段即情况介绍部分，通报了先进典型和经验的主要事迹或者主要业绩。第二段即决定部分，写明了表扬或表彰，给予什么鼓励，或评定什么奖励。第三段即号召部分，对受表彰的单位和个人提出了希望，对相关部门和人员提出了工作要求。该通报结构明确，行文简洁，文字精练，质量较高。

（二）批评性通报【范例2-11】

农业农村部　国家乡村振兴局
关于农村户厕问题摸排整改问题典型案例的通报[①]

农社发〔2022〕6号

各省、自治区、直辖市农业农村（农牧）厅（局、委）、乡村振兴局，新疆生产建设兵团农业农村局、乡村振兴局：

近年来，农业农村部、国家乡村振兴局坚决学习贯彻习近平总书记关于农村厕所革命的重要指示批示精神，全面落实党中央、国务院决策部署，在去年组织开展农村户厕问题摸排整改的基础上，今年组织开展了“回头看”，进一步从严从实抓好农村户厕问题的排查和分类整改，推进完善农村改厕工作机制。

近期，通过实地调研、群众举报等渠道，发现部分地区农村改厕及户厕问题摸排整改仍然存在不全面、不深入、不到位等问题。为发挥警示教育作用，现将山西省太原市尖草坪区等7个问题典型案例予以通报，请上述地区认真抓好整改。各地各级农业农村、乡村振兴部门要进一步提高思想认识，充

① www.shsys.moa.gov.cn/gzdt/202209/U020220921555962918215.pdf.

分汲取问题教训，推动农村户厕问题摸排整改“回头看”走深走实，加快建立长效管护机制，推进农村改厕工作不断取得实效。

附件：农村户厕问题摸排整改问题典型案例

农业农村部
国家乡村振兴局
2022年9月2日

【讲析】

该批评性通报标题言简意赅，直接就农村户厕问题摸排整改问题的典型案例，进行通报。主体部分，第一段交代了通报的背景、根据。第二段表达了三层意思，一是发生了什么事（“仍然存在不全面、不深入、不到位等问题”），二是我们怎么看（“为发挥警示教育作用”），三是我们怎么办（“予以通报”，要求“充分汲取问题教训，推动……整改‘回头看’走深走实”）。该结构符合一般通报的典型结构，画龙点睛，抓住要害，起到了通报情况、警示教育、惩前毖后的作用。

六、病例解析

表彰和奖励重复使用，删除“奖励”。

“表现积极”与“功臣”“功勋”词义重复。

××省人民政府关于表彰奖励“8·13”抢险灭火工作中表现积极的功臣单位和功勋人员的通报

标题可以修改为“关于表彰……有功单位及人员的通报”。

今年8月13日，××县××加油站因静电作用发生火灾，在周围群众及国家财产的安全受到严重威胁时，当地公安干警、武警官兵和消防干警奋勇当先，临危不惧，英勇战斗，谱写出了一曲可歌可泣的时代赞歌。有关医务人员和新闻工作者为抢救受伤人员、宣传报道英雄事迹做出显著成绩。他们的英雄事迹和模范行为受到了广大群众的高度赞扬，在全省引起强烈反响。为了表彰在“8·13”抢险灭火战斗中的有功单位和有功人员，××省人民政府决定：

事实不清楚，需要详细列出，才有说服力。

一、对××县公安局、武警××地区支队××县中队予以通报嘉奖。

二、给予省应急管理厅消防局、省消防总队、××地区消防支队、省消防总队政治部新闻电视工作站、省卫生厅医政处、省人民医院烧伤科、××县人民医院外科、××市第三人民医院外科、××电视台新闻部通联科各记功一次。

三、给予××、×××等各记一等功一次。

四、给予×××、××等各记二等功一次。

希望受表彰奖励的集体和个人牢记全心全意为人民服务的宗旨，戒骄戒躁，不断进取，为人民再立新功。

省政府号召全省人民向他们学习，学习他们临危不惧的大无畏精神、无私忘我的奉献精神和团结协作的集体主义精神，在党中央领导下，全面贯彻落实党的二十大精神和习近平总书记重要讲话要求，进一步解放思想，抓住机遇，按照省委××届××次全会的要求，为推动我省经济社会高质量发展而努力奋斗。

这一段与主题意思不符，属于张冠李戴叙述。正文结束后，没有附件，即缺表彰人员名单。

××省人民政府（章）

××年××月××日

【错情分析和修改建议】

该例文属于××省人民政府发的一则表彰性通报，重点存在以下几个问题。一是标题啰唆。“表彰奖励”“表现积极”“功臣单位和功勋人员”属于语义重复，需要精简和提炼，使用其中一个即可，建议修改为：关于表彰抢险灭火有功单位及人员的通报。二是事迹不明确。作为表彰缘由部分，先进事迹的介绍应该详细叙述事件的起因、发展和结果，比如事件的背景、时间、地点、有关人员以及事件的经过等。例文这部分的内容只简略交代了事件发生的时间、背景和相关人员，接着用较长的篇幅对相关人员进行评价和讴歌，没有具体叙述事件发生的经过和结果，看后使人不清楚受到表彰的单位和人员究竟做了什么、取得了什么具体成果，导致下文的表彰决定缺乏主要事实支撑，不足以让人信服。三是题文不对。表彰性通报的希望号召部分，主要是勉励被表彰者再接再厉，发扬成绩，号召广大群众学习先进。但是例文的此部分内容为“在党中央领导下，全面贯彻落实党的二十大精神和习近平总书记重要讲话要求，进一步解放思想，抓住机遇，按照省委××届××次全会的要求，为推动我省经济社会高质量发展而努力奋斗”，这些表述与学习先进的内容无关，明显文不对题，缺乏针对性。四是缺少要件。该文缺少附件，在表彰决定部分，也没有巧妙利用附件来进行，而是花费较大篇幅来罗列有功单位的名单，造成篇幅冗长，行文拖沓；此外，用“等”字将其余应受表彰的人员名单省去，后面又没有使用附件对其进行详细说明，使得表彰内容不完整，达不到以资鼓励和学习推广的目的。

函

一、概述

什么是函？

函是不相隶属机关之间商洽工作、询问和答复问题、请求批准和答复审批事项时使用的公文文种。函是法定公文中唯一一个平行文种，是应用写作实践中一种常用的文体。

函的适用范围有哪些？

函在现代社会中，已成为联系工作、传播信息、沟通思想、赢得理解和支持的重要手段。函在公务活动中的作用越来越大。在行文方向上，不仅可以在平行机关之间行文，而且可以在不相隶属的机关之间行文，其中包括向上级机关或者下级机关行文。在内容方面，除了不相隶属机关之间商洽工作、询问和答复问题外，也可以向有关主管部门请求批准事项，向上级机关询问具体事项，还可以用于上级机关答复下级机关的询问或请求批准事项，以及上级机关催办下级机关有关事宜，如要求下级机关函报报表、材料、统计数字等。

函有哪些特点？

★沟通性。函用于不相隶属机关之间商洽工作、询问和答复问题，发挥沟通协调的作用，充分显示平行文种的功能，这是其他公文所不具备的特点。

★灵活性。函的行文关系灵活。函是平行公文，除了平行行文外，还可以向上行文或向下行文，不像其他文种那样有严格的特殊行文关系的限制。在行文格式上，除了国家高级机关的函必须按照公文的格式、行文要求外，其他一般函灵活自便，如果不是存档需要，版头部分可以灵活处理。

★单一性。函的主体内容具备单一性特点，一份函只宜写一件事情，一般不能一函多事。无论是来函还是复函，都要遵循一事一函的原则。不能将想干的几件事放在一份函中叙述，这样会造成陈述的问题很难得到及时准确的答复。

★时效性。函有很强的时效性。特别是复函，更应该迅速、及时处理，以保证公务活动的正常进行。

函有哪些类型？

函在实际行文中形成了多种类型。从内容作用上看，主要有：

1. 申请函——向有关主管部门请求批准事项。

2. 商洽函——请求协助、商洽解决办理某一问题。

3. 询问函——如上级向下级询问工作情况或某一具体事情，下级向上级机关及主管部门询问有关方针、政策和工作中遇到界限不明确的问题等。

4. 答复函——上级答复下级询问或主管部门批复申请事宜。

5. 告知函——平级或不相隶属单位之间相互通知事情。

二、写作格式

标　题	一般有两种形式。1. 由发文机关名称、事由和文种组成，如《国家能源局综合司关于分布式发电管理办法征求意见的函》；2. 由事由和文种构成，如《关于征集社会主义新农村建设意见的函》。
主送机关	即受文并办理来函事项的机关单位。

续表

正　文	正文一般由开头、主体、结尾三部分组成。开头主要说明发函的缘由、目的、根据、原因等内容，然后用“现将有关问题说明如下：”或“现将有关事项函复如下：”等过渡语转入下文。复函的缘由部分一般首先引叙来文的标题、发文字号，然后再交代根据，说明发文的缘由。主体是函的核心部分，主要说明致函事项。内容单一，一函一事，行文要直陈其事。无论是商洽工作，询问和答复问题，还是向主管部门请求批准事项等，都要用简洁得体的语言把需要告诉对方的问题、意见写清楚。如果属于复函，还要注意答复事项的针对性和明确性。结尾一般用礼貌性语言向对方提出希望。或请对方协助解决某一问题，或请对方及时复函，或请对方提出意见，或请主管部门批准等。结尾通常应根据函询、函告、函或函复的事项，选择运用不同的结束语。如“特此函询”“请即复函”“特此函告”“特此函复”等。如属便函，可以像普通信件一样，使用“此致敬礼”作为结语。
落　款	一般包括发文机关名称和成文时间两项内容，要写明发文机关名称以及成文年、月、日，并加盖公章。

三、写作技巧

★要用简要的文字，将需要商洽、询问、答复、申请、知照的事项和问题交代清楚。

★用语讲究分寸。函主要用来协商、配合与互通信息，用语要讲究礼节，委婉得体，不使用告诫、命令性的词语。涉外公函或不相隶属机关之间的公函，还要使用尊称或者致意性词语。但不可过分，用语应当适度，掌握分寸。

★函主要用于说明有关事项和提出要求，必须行文郑重。

★要使用规范化格式，使用印有发文机关标识的文头纸，拟定标题，编制发文字号，适时立卷存档。

四、常见问题

1.表述不清。函是代表机关向外联系工作、商洽事情、请求帮助的公文，要想得到对方的理解、接受和支持，叙事首先必须清楚明白，行文表达说理有节，令人信服。能够引起对方感情上的共鸣，使对方千方百计地帮助解决问题。

2.篇幅过长。函不必详细叙述过程，更不必大发议论，要求字约意丰。在写作过程中，要注意推断对方见函后的心理特征，采用不同的写法。比如，答复函的写法，假若属于肯定性的，开头可以将答复的内容提出，再叙述其他有关事宜。如果属于否定性的，开头不宜将否定的内容提出，而是先简明、恳切地说明理由，最后表明否定态度，使对方理解和谅解，不致产生误解和反感。

3.语言赘述。函的写作，首先要注意行文简洁明确，用语把握分寸。无论是平行机关还是不相隶属机关的行文，语气都要平和有礼，不要倚势欺人或强人所难，也不必逢迎恭维、曲意客套。至于复函，则要注意行文的针对性、答复的明确性。

此外，平级或不相隶属单位之间行文可以用“函”，向有关主管部门请求批准事项可以用“函”。但在实际工作中，很多单位习惯使用通知、请示与批复等文种来代替函。从行文便捷性来看，为解决上述问题，可以更多地使用“函”这一文种。

五、写作范例

（一）答复函【范例2-12】

国家药监局综合司关于《医疗器械经营监督管理办法》第五十四条有关适用问题的复函[①]

（药监综械管函〔2020〕166号）

四川省药品监督管理局：

你局《关于适用〈医疗器械经营监督管理办法〉第五十四条有关问题的请示》（川药监〔2020〕8号）收悉。经研究，现函复如下：

根据《医疗器械经营监督管理办法》（原国家食品药品监督管理总局令第8号）第三十三条规定，医疗器械经营企业应当从具有资质的生产企业或者经营企业购进医疗器械。医疗器械经营企业违反上述规定，从个人或者其他单位购进医疗器械的，适用《医疗器械经营监督管理办法》第五十四条第（四）项规定予以处罚。同时，对于个人或者相关单位未依法取得医疗器械经营许可或者备案，从事第三类或者第二类医疗器械经营活动的，应当依法进行处理。

请你局加强对案件查办指导和法制审核，确保事实清楚、证据确凿、程序合法、适用相关规定准确，依法查处违法违规行为。

国家药监局综合司

2020年3月16日

① http://www.gov.cn/zhengce/zhengceku/2020-03/25/content_5495447.htm.

【讲析】

这是国家药监局综合司答复四川省药品监督管理局询问事宜的函。开头先交代复函的依据，即来函时间、文号，然后再针对来函所询问的事项进行回答。最后以“此复”结束全文。

（二）告知函【范例2–13】

关于《商务领域信用信息分类与基础数据项规范（征求意见稿）》行业标准征求意见的函[①]

有关行业协会、有关单位、有关企业：

2019年立项的《商务领域信用信息分类与基础数据项规范（征求意见稿）》行业标准已完成起草工作。为保证标准的科学性、严谨性、适用性，现公开征求意见，欢迎社会各界对标准内容提出建议和修改意见。

修改意见请填写在附件《行业标准征求意见反馈表》中，并发送邮件至起草单位联系人邮箱。意见反馈截止日期为2019年12月10日。

联系人：中国国际电子商务中心×××

电　话：010-51662601转×××

邮　箱：×××@ec.com.cn

市场建设司

2019年11月26日

【讲析】

这是一篇不相隶属机关之间征求意见，提出请求的函件。由两部分组成，第一部分提出了制发函的根据与理由以及商洽或答复的具体事项，即完成了

① http://scjss.mofcom.gov.cn/article/zq/201911/20191102916674.shtml.

行业标准起草工作，为保证标准的质量，现公开征求意见。第二部分交代了反馈时间和反馈方式。整篇函件直陈事项、言简意赅，用语谦和、分寸讲究，说明了主要事项、提出了工作要求，行文比较郑重。

（三）申请函【范例2-14】

甘肃省机关事务管理局关于申请拨款维修省府大院的函

省财政厅：

省府机关大院是五六十年代修建的，不少门窗破烂，漏水严重，急需维修。为保证省府机关正常办公，请拨给房屋修缮费50万元。

甘肃省机关事务管理局

××年××月××日

【讲析】

这是一篇请求批准的函，主要用于向平行或者不相隶属的主管机关请求批准有关经费、物资、编制等事项。本函简洁明了，第一句话说明原因，第二句话讲明目的和请求事项，具体而不含糊。

六、病例解析

落款有成文机关，删除"市委组织部"

正文中的主送机关明确，这里重复，删除

市委组织部关于请求技术研究所给予办公电脑化技术指导与协助的函

习惯性表达错误，改为"办公自动化"或者"电子政务"，下同

标题可改为"关于商情给予办公自动化技术指导与协助的函"

技术研究所：

无关表述，删除

最近，我们获悉贵所在办公电脑化的研究与运用方面取得重大进展，我们谨向你们表示祝贺，并提出如下要求：

请求

重复，删除

一、我们计划用一年时间基本实现办公电脑化，准备在近期举办两期办公电脑化学习班，希望从贵所聘请一位兼职教师，教授电脑操作知识与技术。

二、我们希望贵所委派一名至两名专业技术人员来我部协助完成与指导计算机的安装与调试工程。

指导与协助完成

工作

以上，请快速复函，我们当派人前去具体洽商。

平行行文不可用命令语气

此致

敬礼

公函不是私人信件，删除"此致敬礼"，标注上"联系人及联系电话"

市技术研究所应该是处级单位，干教科是科级单位，行文不对等，删除

市委组织部干教科

2018年3月3日

【错情分析和修改建议】

函是不相隶属机关之间联系、商洽、询问事宜，提出请求的公文。函的正文，一是要讲清楚制发函的根据与理由；二是商洽或询问（答复）以及请求批准的具体事项；三是致敬性语言的结尾。如，特此函告，为盼，为荷等。公函的写作要注意直陈事项、言简意赅；用语谦和、讲究分寸；说明主要事项、提出要求；正式公文、行文郑重。

本文是典型的商洽函，但从行文看，语气生硬，态度强硬，赘述过多，不切要害。主要的错误点：一是标题不规范，使用了生造词“办公电脑化”，发文机关可以删除，事由可以简化和规范。二是正文第一段，是多余的无关表述，可以删除。而且使用“提出如下要求”，也不是平行机关行文的口吻。三是结束语“请快速复函，我们当派人前去具体洽商”，更显得强硬和无理。“此致敬礼”又是私人信件的写法，非正式函件的使用方法。

修改方法：第一段要写清楚函由，即函请的主要事由，这就是“我们计划用一年时间基本实现办公自动化”，为了顺利实现这一目标，近期要举办两期培训班。第二段要写清楚函请的主要事项，一是聘请兼职教师，教授电脑操作知识；二是委派技术人员，安装与调试计算机。第三段是致敬性的结尾，要使用“妥否，请函复”等。

纪　要

一、概述

什么是纪要?

纪要是用于记载、传达会议情况和议定事项的公文文种，是各级党政机关和企事业单位常用的公文之一。

纪要的适用范围有哪些？

纪要可以适用于上级机关、下级机关以及平级机关。就基本特征而言，纪要是一种实录性公文，是在对会议讨论的事项加以归纳、整理的基础上，将会议内容反映出来的公文文种。除了能够起到通报会议精神的作用外，上报上级机关的纪要往往还能起到反映情况、汇报工作的作用；下发下级机关的纪要，往往具有统一认识、指导工作的作用；抄送平行机关或不相隶属机关的纪要，则能起到交流信息、沟通情况、知照事项的作用。

纪要有哪些特点？

★纪实性。纪要必须是会议宗旨、基本精神和所议定事项的真实概要纪实，不能随意增减更改内容，任何不真实的材料都不得写进会议纪要。

★内部性。纪要是记载会议情况和议定事项的内部文件，可以印发参会单位和其他单位，但不向社会公开。

★指导性。纪要要求与会单位和相关部门依据其内容开展工作，落实会议精神，具有指导作用。

★概括性。纪要必须条理化，眉目清晰，精其髓，概其要，以精练的文字高度概括会议的内容和结论。既要反映与会者的一致意见，也可兼顾其他有价值的看法。分类别、分层次归纳概括。

纪要有哪些类型？

1.工作会议纪要。侧重于记录贯彻有关工作方针、政策，及其相应要解决的问题。如《全国机关事务工作会议纪要》。

2.代表会议纪要。侧重于记录会议议程和通过的决议，以及今后工作的建议。如《江西省第一次盲人聋哑人代表会议纪要》。

3.座谈会议纪要。内容比较单一、集中，比如，侧重于工作的、思想的、理论的、学习的。如《京津冀一体化座谈会纪要》。

4.联席会议纪要。指不同单位、团体，为了解决彼此有关的问题而联合举行会议，在此基础上形成的纪要。侧重于记录两边达成的共同协议。

5.办公会议纪要。对本单位或本系统有关工作问题进行讨论、商定、研究、决议的文字记录。

6. 技术鉴定会议纪要。为鉴定某一物体或者某一技术给出的结论性材料。

7. 科研学术会议纪要。

二、写作格式

标　题	有两种格式：1. 会议名称+纪要，即在“纪要”两个字前写上会议名称。如，《山东省政府法制工作会议纪要》。会议名称可以写简称，如，《郑州会议纪要》。2. 把会议的主要内容在标题中表述。如，《关于落实习近平同志批示开展厉行节约反对浪费的会议纪要》。
发文编号	文号写在标题的正下方，由年份、序号组成，用全角标出，如，“〔2024〕3号”。正规严肃的办公会议纪要对文号一般有要求，或者标注期次，如“第××期”“第××次”，写在标题的正下方。会议纪要的时间可以写在标题的下方，也可以写在落款处。
正　文	正文开头要对会议作出概述，介绍会议的背景、时间、地点、原因、目的、参加会议的人数和议题。主体部分着重记录会议的主要内容即讨论情况、会议决定的主要事项、会议取得的成果、今后工作的要求以及贯彻落实会议的措施。具体写法如下：1. 发言记录式。发言记录式就是按照会议的发言顺序，将每个发言人的主要意见归纳整理出来。2. 分类式。就是按照内容加以归纳分类。每一类要有一个中心，用小标题或数字标明。3. 综合式。就是将前两种形式综合在一起使用。这种形式既可以反映出会议的重点，又能反映在具体问题上个人看法的不同。
落　款	纪要的结尾要提出希望和号召，有的是以会议名义向本地区或本系统发出号召，要求贯彻执行会议精神；有的是突出强调贯彻落实会议精神的关键举措，指出核心问题；有的是对会议作出简要评价，结合提出希望要求。

三、写作技巧

★讲究结构。综合性会议纪要可以采用“横式”结构，归纳成几个问题并列说明；也可以采用“纵式”布局，一环套一环递进表述。专题性或专业性会议纪要，多采用“分条列项”结构。即在开头介绍总体情况后，用一段文字交代会议的中心议题、主要活动情况及总的评价；然后在内容上并列写几个段落，每个段落之前标序号、提旨要，一目了然。不能写成“流水线”或者“会议日志”。

★突出中心。即会议所集中解决的几个主要问题，形成纪要的中心，切不可面面俱到。会议讨论中产生的不同意见，一般不纳入纪要，而应根据会议宗旨，集中反映符合会议中心要求的多数人的一致意见，可采用“会议听取了”“会议讨论了”“会议研究了”“会议认为”“会议决定”等提法，加以集中概括；对有分歧的意见，除学术性的研究会议纪要外，一般不写入“纪要”。

★关注用语。上报的会议纪要，使用对上的语气，如“会议讨论了以下几个问题”“会议考虑”等；下发的会议纪要，则可用“会议决定”“会议要求”“会议强调”“会议号召”等。写作过程中，要注意条理化和理论化。所谓条理化，就是对会议讨论的意见，分类归纳，层次清晰；所谓理论化，就是对会议讨论的意见，尽力给予理论上的概括，提纲挈领，画龙点睛。

★客观实在。会议纪要来源于会议记录，会议记录必须依据会议的实际内容，不能随心所欲地增减或者更改，更不能添枝加叶。在写作过程中，如果感到有的地方必须有所增减时，要经机关主要领导同意，必要时还应该在一定范围内征求意见。

四、常见问题

1.文种不清晰。会议纪要与会议决议、会议记录、会议简报、会议公报等，同属会议文件，都是会议的直接产品，但有一定的区别。会议决议是按照法定多数表决通过的，而会议纪要是由会议主持机关审定制发的；决议的内容比较原则，而纪要要求详尽具体。会议记录是完成纪要写作的客观原始材料之一，经过筛选、整理的会议记录才能写入纪要。会议简报主要用于反映会议动态、沟通情况，所载内容只具有参考性，不像会议纪要还具有指挥执行的作用。会议公报是报道会议的核心内容，是纪要的要点，仅用于党和国家高层次会议。

2. 材料不真实准确。会议纪要必须对材料进行整理、归纳、提炼、分析，围绕会议主旨精心安排相关内容。因此，纪要必须反映会议的真实情况，不能掺杂非与会者的意见和看法，不能超出会议谈及的内容，记录者不能将自己的个人观点写进去。

3. 条理不清晰。会议讨论过程中，与会者的发言一般都是根据会议的情况即兴而发的，逻辑性和条理性不是特别清晰，重复的语句也时有发生，因此，记录人一定要对与会者讲话进行概括，准确地领悟和反映其中的含义。在拟定纪要的过程中，要反复对照会议记录，确保与会议精神保持一致。

4. 主题不突出。纪要是与会者共同意志的体现，落款应是全体与会单位，故不写落款，不加盖公章。因此，会议纪要不可能把会议的所有意见特别是不同意见全部纳入，必须根据会议的中心，分析各种意见，找到能够集中反映符合会议中心的多数人的意见，突出主题，抓住中心。

五、写作范例

（一）办公会议纪要【范例2–15】

泰和县人民政府工作会议纪要

泰和县人民政府办公室××××年××月××日

10月26日下午，吉安市公路局××局长、泰和县政府××副县长及市公路局、县政府办、县公路局等部门领导在泰和宾馆召开会议，听取了县政府和县公路局对安保工程和配套两个景观建设情况的汇报，并就泰和县安保工程和两个景观建设的有关问题进行了讨论研究。现将会议有关精神纪要如下：

一、安保工程原则上一次性建设，不分期进行。

二、两个学校和附近民房拆迁、路面拓宽暂缓进行，在不影响学校和民房拆迁的情况下，路面可以改造的要尽量改造，在民房前加隔离栏。

三、关于安保工程12.68亩土地的征地和地面构筑物补偿款问题。市公路局同意补偿30万元，其余不足部分由泰和县政府负责，项目由市公路局统一实施。

四、关于两个景观建设问题。市公路局建议泰和县重新考虑选址。景观点建设尽量同旅游相协调配套，在原设计投资总额24万元的基础上，为提高档次，泰和县政府要求两个景观点投资总额增加16万元，市公路局原则同意投资总额控制在40万元内，工程预算列入安保工程省养路段的项目招标范围，单独列支。两个景观建设由县公路局负责实施。建设启动资金争取在下月中旬同征地款一并解决。

参加会议人员：（略）

【讲析】

例文是常见的办公会议纪要。第一段讲的是会议基本情况，下面四个自然段是会议决定事项。分别列条标出，逻辑清晰，便于掌握和落实。这种会议纪要使用的是特定的纪要格式，单体行文，不加盖印章。

（二）专题会议纪要【范例2-16】

全省消协组织工作会议纪要

11月22日，省消协召开全省消协组织工作会议，听取各市消协去年工作汇报及今年工作打算，各市市场监管局分管领导、消协负责人参加会议并作发言交流。

会议指出，过去一年，全省各级消协组织积极有效履行法定职责，助推消费环境优化，强化消费者权益保护，各项工作取得新成效，为营造安全放心的消费环境作出新贡献。

省消协副会长、省市场监管局党组成员、副局长××在总结讲话中强调，全省各级消协组织要认真贯彻落实省消协第三届理事会第四次会议精神，主动担当作为，强化组织建设，全面提升履职能力，凝聚各方面力量，共同形成消费维权的合力。构建省、市、县分级负责，上下贯通的消协组织体系，加强与市场监管部门的协同联动，将行政执法与社会监督有机结合，为消费者权益保护提供坚强后盾。各市县市场监管部门要切实加强对消协工作的支持与指导，充分发挥消协社会组织和联系消费者的职能优势，鼓励和引导消费者自觉参与消费维权工作，建设消费维权“人人有责、人人尽责、人人享有”的社会共治格局。

【讲析】

专题会议纪要是专门记述会议研究、讨论的情况与成果的一种会议纪要。其主要特点是，就某一领域、某项工作或者某个专题事项进行研究、部署或者讨论，归纳比较集中统一的思想认识、行为措施或者工作要求。本纪要是全省消费者协会组织的一次专题会议，总结去年的工作，安排部署新一年的任务，行文简洁，观点鲜明，要求具体明确。

六、病例解析

中国行政管理学会，是国务院办公厅代管的一级学会，平时研究的问题比较多，因此标题要写清楚是全体会议还是理事会、常委理事会，第几届，关于什么事项的会议纪要

中国××××学会会议纪要

时间：2017年9月10日

地点：综合楼会议室

时间、地点等表述，要改写成一个自然段，即某年某月某日，在什么地点，由谁主持，研究和讨论了什么问题，现纪要如下

参加人员：常务副会长王江和，副会长张二公，李四关，办公室主任郭达，副主任万二能，活动中心主任陆号等。

位置不对，参会人员一般置于文尾；人数不多的纪要，要把全部参会人员列上

加上谁主持会议，会议的情况等

▲会议非常热烈，在团结友爱的氛围中进行，讨论和决定的主要会议内容：

删除

文学描述性语言，不适合做纪要，也属无关表述

一、确定了学会的办公地点。根据2017年8月2日会议决定，王江和、张二公同志对学会办公地点进行了考察，经过比较，认为综合楼二十号比较合适。会议决定，从即日起，行政管理学会搬到这里办公。

要明确具体时间

改为阿拉伯数字

应用书面语表达

四项内容三项提炼小标题，第二项也要提炼小标题

二、学会与研修大学商定，由研修大学提供办公室、办公座椅、电话和必要的办公经费。

增补是严肃性工作，目前是常务副会长主持会议，无此职权，需通过常务理事会审议，全体会议审议通过

三、增补了学会副会长。为便于开展工作，建议增补王三为学会副会长，负责学会的后勤保障和日常管理，先开展工作。

四、研究了今年学术会议和常务理事会安排。

删除

二〇一七年九月十三日

【错情分析与修改建议】

会议纪要的一般结构：开头部分，简要介绍会议情况，会议根据、目的、时间、地点、参会人员、议程、主要活动、结果等。正文部分，采取条项式写法，把讨论问题和决定事项分项分条写出，会议讨论了几个问题，就写几点。结尾部分，可以不单独写结尾，也可以对会议作出基本的评估，发出号召，提出希望。

这篇会议纪要的主要问题，一是标题问题，在上文的批注中做了交代；二是时间、地点、参加人员的排列和位置问题；三是“会议非常热烈，在团结友爱的氛围中进行”等无关表述的问题；四是正文内容中，一、三、四采取的是小标题的概括方式，建议第二个问题，也使用小标题方式，可以概括为“确定了学会的后勤保障事项”；五是口语化表述的问题，如行文中的“从即日起”“搬到这里”等。

修改建议：一是改标题，可以改成“中国行政管理学会第××××届常务理事会会议纪要”；二是改导语，把目前的时间、地点、主持人、研究的问题等

合并成一个自然段；三是改正文，主要是提炼第二部分标题，修改正文中的口语化表述；四是改结尾，把参加人、列席人、缺席人或请假人，标注在文尾。

意　见

一、概述

什么是意见？

意见是上级机关针对当前主要工作和亟待解决的重大问题，向下级机关提出见解和处理办法时使用的公文文种。一般情况下，“意见”只有建议性质，是指来自下级的，一经上级机关批转或批准，即从建议性转化为指导性和约束性，如《国务院办公厅转发财政部关于加强政府债务管理的通知》。另一种出自上级机关的“意见”，其本质含义已不再是参谋建议的性质，而具有指示要求性质，是指导工作的硬性要求。

意见的适用范围有哪些？

意见文种一般在以下情况使用。一是对重要事项提出指导性见解；二是对一个阶段的工作提出原则性要求；三是对带有全局性的问题提出处理办法和政策性措施。意见既可以用于向上行文，又可以用于向下行文；既有报告请示的作用，又有指导指挥的作用。意见作为上行文，类似于请示，可向上级机关汇报提出对某个重要问题的见解和处理意见，如上级机关认可，可批转贯彻执行，但适用范围没有请示广泛，只限于对重要问题提出见解和处理办法。意见作为下行公文，类似于指示，可对下级机关布置工作，明确处理问题的办法。但指示只提出原则和要求，具有方向性，而意见提出具体的处理办法，具有可操作性。

意见有什么特点？

★指导性。意见作为正式公文，要求下级结合实际，遵照贯彻执行，其最大特点是政策指导性较强，既要符合党的路线、方针、政策，又要结合具体实际情况，理论和实际相结合。

★针对性。意见的制发往往针对工作中亟须解决的问题或者必须克服的倾向，提出的问题必须急需、及时，提出的见解、办法必须对症下药，不能放空炮。

★可操作性。意见是上级机关对重大问题所持的观点、见解、看法、态度，意见中提出的办法，应有法可依、有据可查、界限清楚，并且具有较强的可操作性，管用实用。

二、写作格式

标　题	可以由发文机关名称、事由和文种组成，如《国务院关于加快振兴东北老工业基地工作的意见》；也可以由事由和文种组成，如《关于进一步加强党管人才工作的意见》。
主送机关	直接下发的意见，要标注主送机关；批转性意见，主送机关已标注在批转通知中，不再标注。
正　文	由开头、主体和结尾三部分组成。1.开头部分。通常写明提出意见的依据、背景、目的，即因为何种情况而提出意见，不必面面俱到。文字根据具体情况可长可短，最后以“现提出以下意见”“特制定本实施意见”等过渡性语句转入下文。2.主体部分。要写明解决问题、处理工作的办法和措施。把对重要问题的见解或处理办法一一写明。如果内容繁多，可列出小标题作为各大层次的标志，小标题下再分条表述；如果是内容较为单纯集中的工作意见，主体部分直接列条即可，不必再设小标题。3.结尾部分。通常以提出号召、希望、督查要求为结尾。局部性意见大多没有专设的结尾，而是自然结束正文。
落　款	注明发文机构的全称和发文日期。直发性意见，一般在文后署名和标注成文日期；转发性意见，通常不在文后落款，而将发文机关名称置于标题之下。

三、写作技巧

★选题要合适。要深入调查研究，掌握第一手资料，针对实际情况，提出具有时代特点和本行业、本部门特征的问题，同时也要符合党和国家的方针政策。

★见解要明确。意见要能反映有关机关或部门对问题的看法和认识，主张做什么，不主张做什么，要清清楚楚、一目了然。

★办法要具体。意见一般要写明解决问题、处理工作的要求和措施，各项要求和措施都应写得实实在在、清清楚楚，并且要切实可行。

★语气要缓和。意见是就贯彻执行上级精神提出带有宣传、引导、说明、阐释意义的指导性文件，不应用命令性的强制口气。

★表达要恰当。意见中较多地使用说理的写法，但说理要求简明，不能写成论文或宣传材料。

四、常见问题

1. 与其他文种的区别问题。一是与请示的区别。向上行文，凡要钱、要物、要机构、要编制等问题，要用“请示”而不能使用“意见”。“意见”与“请示”的本质区别在于它向上级要的不是“人、财、物”等“硬件”，而是“政策”“办法”等“软件”。二是与指示的区别。向下行文，凡属阐明工作指导原则，不过多地讲道理、教办法时，应用“指示”而不用“意见”。三是与通知的区别。虽然也是工作中的重要问题，但不需做较多理论分析，且对下级规定性较强、要求性很具体的，应用“指示性通知”而不用“意见”。四是与函的区别。不相隶属机关之间相互行文，对涉及某一重要问题所提的见解和处理办法，如供对方参考而不需要回复时，应用“意见”，反之，用“函”。

2. 内在结构问题。意见的内在结构必须是“提出问题—分析问题—解决问题”，三个“问题”相互衔接，缺少其中任何一个“问题”，都不符合意见写作的内在结构。同时，意见所给出的解决问题、处理工作的办法和措施要观点鲜明，符合党和国家有关方针政策；又切合实际，不超出受文机关的能力范围。

3.行文语气问题。由于意见的行文方向不同，用语也截然不同。上行的意见，要使用下级对上级汇报见解、陈述办法的语气，用语婉转，注意对上级机关的尊重。如“我们考虑”“我们认为”“我们建议”“我们意见”“请”“敬”“望”等。下行的意见，则更多使用一些带有祈使语气表示肯定或带有禁止语气以示否定的指令性语句。平行的意见，要使用平等协商的语气，多用商量、谦恭的语句，争得对方的理解和支持。

五、写作范例

（一）直发性意见【范例2-17】

关于2018年全县干部教育培训工作的安排意见

根据市委文件精神，现就进一步落实大规模培训干部、提高干部素质的任务，对我县干部培训工作作出如下安排意见。

一、指导思想。2018年全县干部培训工作的指导思想为：深入学习贯彻党的十九大精神，以习近平新时代中国特色社会主义思想为指导，以制度建设为保证，以改革创新为动力，围绕干部素质和能力建设……

二、加强领导，强化管理。

（一）大力提升对培训工作的重视程度。各乡镇党委、县属各单位要把干部的教育培训作为一项重要工作来抓，积极配合……

（二）切实加大对培训工作的管理力度。严格培训制度，切实做到年初有审报、培训有安排、办班有总结，加强教学、参训、考核等方面的管理……

三、创新方式，丰富内容。

（一）要不断创新培训的方式方法，切实提高教育培训的实效性。继续探索和完善课堂集中培训、专题辅导讲座、基地现场教学、组织专题研讨、赴外考察学习“五位一体”的干部教育培训模式……

（二）要不断丰富培训内容，充分调动起干部学习的兴趣和积极性。转变以往干部在学习培训当中的被动消极心态……

（三）要在培训中突出能力培训。对党政领导干部培训要重点突出……对各站所的技术人员要重点突出……对村组干部、包村干部要注重……

中共××县委员会

××年××月××日

【讲析】

直发性意见，是用于上级机关或有关主管部门阐述和说明开展某项工作的基本思想、原则、要求，并对工作进行原则性指导的意见。本意见是县委2018年关于干部培训教育的指导性文件，从指导思想和具体工作措施方面，提出了有针对性的意见，内容集中，表述清晰，条理清楚，可操作性也强。

（二）转发性意见【范例2-18】

××市人民政府批转市公安局关于检查整改火险隐患的几点意见

各区、县人民政府、各委、局，各直属单位：

市人民政府领导同志同意市公安局《关于检查整改火险隐患的几点意见》，现转发给你们，望遵照执行。

××市人民政府

2017年5月17日

××市公安局关于检查整改火险隐患的几点意见

市政府:

为了及时发现和整改火险隐患，有效防止火灾事故的发生，根据《中华人民共和国消防条例》的规定，现就各机关、团体、学校、企业、事业单位认真做好火险隐患的检查整改工作提出以下意见:

一、火险隐患的检查整改工作，要按照“谁主管，谁负责”的原则进行。

二、实行火险隐患登记报告制度。……

三、各单位对自查发现和上级主管部门与公安消防监督机关检查发现火险隐患的，采取定项、定人、定时间的方法，逐项明确整改责任和措施，认真进行整改。

四、各主管部门应积极指导和监督所属单位自查登记上报制度和整改措施的落实。

五、各级公安消防监督机关对各单位的自查自改工作情况，要加强监督检查和指导。其责任是:……

××市公安局

2017年5月10日

【讲析】

转发性意见，是上级机关转发下级机关提出的有关工作的指导性文件，具有直发性意见的同等效力。本意见市政府制发了转发通知，正文采用了市公安局拟制的文件，结构合理，逻辑层次清晰，具有很强的可操作性。

决　议

一、概述

什么是决议?

决议是《党政机关公文处理工作条例》中新增的正式公文文种。是党政机关将重大的决定、决策提交会议讨论，表决通过并正式发布，要求相关组织和个人严格遵照和贯彻落实的具有号召性、指导性和法规性的公文。

决议的适用范围有哪些?

决议和决定同属决策性文件，就其反映的内容来说基本是相同的。区别在于，决议必须产生于法定的会议，它所要贯彻的决策事项，是某个特定会议集体讨论并通过的。决定则不然，有的产生于法定的会议，有的是由领导机关直接作出。其界限主要在：机关主要领导或领导班子几个人研究决定的重要事项，使用“决定”为宜；集体会议研究决定下来的重要事项，使用“决议”为宜。一般来讲，凡属号召性、指导性的重大事项，用“决议”为妥；凡属具体规定性事项，用“决定”更好。

决议有哪些特点?

★权威性。决议是经过会议讨论通过才能生效并由领导机关发布的公文，是领导机关意志的反映。决议的内容事关重要决策事项，一经公布，必须坚决执行，任何组织和个人都不能违抗。

★规范性。决议需要经过某一级机关或组织机构的法定会议对某一议题进行集体讨论，由多数表决通过，然后形成正式文件，并以会议的名义公布。

★针对性。决议的内容主要是针对某一重大事项，具有极强的针对性。决议表述的观点和对事项的评价都具有指导意义。

★长期性。决议用于经会议讨论通过的重大决策事项，决议的内容往往都具有一定的战略意义，在时效上具有长期性。

决议有哪些类型？

1.审议批准性决议。包括审议批准文件、组织、财务预决算、法律、法规等。

2.方针政策性决议。着眼于从宏观，特别是路线、方针、政策上统一人们的思想认识，以确定大政方针。

3.专门问题性决议。是会议就有关专门问题所做决定后发布的。例如《中共中央关于增强党的团结的决议》。

4.公布号召性决议。主要用来宣布某一法规，或者从宏观上提出号召，要求人们贯彻执行。主要是一些群众性大型会议，以发表决议的形式，号召有关群众认真贯彻会议的精神，反映会议成员的集体意志。如2021年11月《中共中央关于党的百年奋斗重大成就和历史经验的决议》。

二、写作格式

标题	多数采取完全式标题，由发文机关、事由和文种组成，如《中国共产党第十八次全国代表大会关于〈中国共产党章程（修正案）〉的决议》。
题注	题注要居中并加括号，放在标题的下一行。内容包含通过日期和通过会议的名称，如××年××月××日××大会通过。
正文	开头部分通常由决议的生效时间、决议的写作依据、会议召开所取得的成果组成。主体部分可将大会所作出的决议分条分段阐述。结尾部分通常前后呼应，同时运用号召性的语言加深读者的印象，鼓舞士气，有利于决议的贯彻和落实。
落款	由于日期一般都在题注中列出，所以落款不需要再写日期，只需加盖发文单位的公章，该决议即可生效。

三、写作技巧

1.要把握会议主旨。决议产生于会议，是会议成果之一，体现会议的中心思想及结论性意见，表达会议参加者的肯定与否定态度。写好决议，必须吃准会议主旨，了解会议背景、形式及目的，理解会议所要解决的基本问题，掌握会议的肯定性意见及其他看法、意见与要求。决议必须明确表达会议群体的肯定与否定态度。其肯定与否定，是由法定生效人数来决定的，不能因为对某一问题有少数人持不同意见就出现“多数人认为”“少数人认为”这种写法。

2. 要掌握表达分寸。一般文件不要求都有号召性的结尾，但决议不同。一些重要问题的决议，结尾都有号召性文字。这段文字写好了可以起到两点作用：一是头尾照应，加深认识，给读者完整的印象；二是鼓舞群众士气，循此前进，有利于决议内容的宣传贯彻与执行，必须字斟句酌，审思明辨。

3. 要提高写作效率。决议时限性很强，即使是一些大型工作会议，事先可拟出提交会议讨论的决议稿，但也要受会议实际情况的制约，会期内可能有不断的修改、补充与调整，所以，要求写作人要敏捷、及时掌握会议情况，把握大多数人的意见。

四、常见问题

1. 中心问题。决议是大会讨论、表决通过的，是与会代表集体意志的体现。好的决议必须把握会议中心思想，从了解会议的背景、目的和形势出发，全面掌握会议中各种意见和看法，不以偏概全。

2. 表述问题。使用夹叙夹议的办法。在每段开头，通常用“大会（会议）认为”“大会（会议）通过”“大会（会议）强调”“大会（会议）号召”等，使层次鲜明，条理清晰，结构严谨，逻辑性强。

以第三人称进行表述。会议召开的时间、名称，对议题的认识、看法和立场要叙述清楚，明确的观点更有利于决议的贯彻和落实。

3. 时效性问题。有些决议时限性很强，有的大型会议的决议可以事前拟写，提交会议进行讨论，最后的定稿，也需要在会议期间进行不断的修改、调整和完善。

五、写作范例

（一）方针政策性决议【范例2-19】

全国政协十三届一次会议关于政协章程修正案的决议①

（2018年3月15日政协第十三届全国委员会第一次会议通过）

中国人民政治协商会议第十三届全国委员会第一次会议审议并通过政协第十二届全国委员会常务委员会提出的《中国人民政治协商会议章程（修正案）》，决定这一修正案自公布之日起生效。

会议认为，中共中央决定对政协章程进行适当修改，是从新时代坚持和发展中国特色社会主义、加强社会主义民主政治建设的战略高度作出的重要部署。政协章程的修改，坚持以习近平新时代中国特色社会主义思想为指导，充分体现中共十九大提出的重要思想、重要观点、重大判断、重大举措，集中反映自2004年修改政协章程特别是党的十八大以来人民政协事业创新发展的理论成果、实践成果、制度成果，对于坚持中国共产党的全面领导，坚持和完善中国共产党领导的多党合作和政治协商制度，推动新时代人民政协事业蓬勃发展，具有重要意义。

会议认为，人民政协是政治组织，必须旗帜鲜明讲政治，首要的是坚持中国共产党领导，坚决维护以习近平同志为核心的中共中央权威和集中统一领导，牢牢把握正确的政治方向。会议同意，将科学发展观、习近平新时代中国特色社会主义思想同马克思列宁主义、毛泽东思想、邓小平理论、“三个代表”重要思想一道确立为人民政协的指导思想……

会议认为，党的十九大作出中国特色社会主义进入了新时代的重大政治论断，提出我国社会主要矛盾已经转化为人民日益增长的美好生活需要和不

① http://www.chinanews.com/gn/2018/03-15/8468751.shtml.

平衡不充分的发展之间的矛盾，确定了把我国建设成为富强民主文明和谐美丽的社会主义现代化强国的宏伟目标。会议同意，政协章程据此作出相应修改……

会议认为，做好人民政协工作，必须坚持人民政协性质定位。党的十八大以来，习近平总书记就人民政协的性质、地位、职能、作用等提出一系列新理念新思想新论断，中共中央对人民政协工作作出一系列重大决策部署，为新时代人民政协事业发展提供了根本遵循。会议同意，在政协章程中增写人民政协是国家治理体系的重要组成部分，是具有中国特色的制度安排……

会议认为，社会主义协商民主是我国人民民主的重要形式，是我国社会主义民主政治的特有形式和独特优势，是实现党的领导的重要方式……

会议认为，统一战线是中国共产党夺取革命、建设、改革事业胜利的重要法宝，是实现中华民族伟大复兴的重要法宝。会议同意，在政协章程中增写致力于中华民族伟大复兴的爱国者，各民主党派是中国特色社会主义参政党，非公有制经济人士、新的社会阶层人士等是中国特色社会主义事业的建设者……

会议认为，政协委员是人民政协工作的主体，要按照党的十九大部署加强委员队伍建设。会议同意，在政协章程中增加委员一章，把已有相关内容和新的工作实践成果汇集起来，对委员的条件、职责、权利、义务、产生、管理、退出等作出明确规范。作出这样的修改完善，有利于建设一支懂政协、会协商、善议政和守纪律、讲规矩、重品行的政协委员队伍。

会议同意，在政协章程中增加会徽一章。这有利于维护会徽尊严，增强会徽使用的规范性和严肃性。

会议要求，人民政协各参加单位、各级组织和广大政协委员，要更加紧密地团结在以习近平同志为核心的中共中央周围，在习近平新时代中国特色社会主义思想指引下，高举爱国主义、社会主义旗帜，自觉在宪法和法律的范围内活动，自觉以政协章程作为共同的行为准则和开展工作的基本依据，学习章程、遵守章程、贯彻章程、维护章程，认真行使权利，积极履行职责，为推进新时代人民政协事业发展努力奋斗！

【讲析】

这篇决议，由10个段落组成，使用“会议认为”“会议同意”“会议要求”做提领语，段落清楚，逻辑清晰，结尾号召语部分，落地有声，提振士气。

（二）审议批准性决议【范例2-20】

关于2022年中央和地方预算执行情况与2023年中央和地方预算的决议[①]

第十四届全国人民代表大会第一次会议审查了国务院提出的《关于2022年中央和地方预算执行情况与2023年中央和地方预算草案的报告》及2023年中央和地方预算草案，同意全国人民代表大会财政经济委员会的审查结果报告。会议决定，批准《关于2022年中央和地方预算执行情况与2023年中央和地方预算草案的报告》，批准2023年中央预算。

【讲析】

这篇例文属于审议批准性决议。由于内容单一，既不是“分条列项式”，也不是“两段式”，而是“篇段合一”的写法。全文只有一段文字，用“会议审查了”“同意”“会议决定”三个关键词表达全文内容，清晰明白。

① https://finance.sina.com.cn/jjxw/2023-03-14/doc-imykutui5210046.shtml.

决　定

一、概述

什么是决定？

决定是各级机关单位对重要事项作出决策和部署使用的带有指挥性和约束性的公文。

决定的适用范围有哪些？

决定在加强领导、统一行动、提高效率上，起着重大的作用，是重要的带有指挥性和约束性的公文。所谓“重要”，即遇到重要问题及重要事项、重大行动而需作出安排及决策时才使用“决定”这一文种。一般性问题，或一般性事项与活动不宜采用“决定”这一文种。决定也适用于表彰先进和批评不正之风、变更和撤销下级机关不适当的决定事项。

决定有哪些特点？

决定与其他公文相比，是一种使用相对比较少的文种。因为一般决定所涉及的事项或者工作必须是重大或者重要的。如果不是重大或者重要的内容，就使用别的文种。在具体操作时，除了要注意与决议的区别外，还要注意与通报的关系。决定与通报都适用于表彰、表扬、批评、传达重要情况和对重大问题作出安排，但决定与通报相比，层次更高。通报主要起到告知作用，而决定既有告知作用，也可以作为存档文件来管理。

决定有哪些类型？

1. 方针政策性决定——用来统一对某一方面或某类带有普遍性重大问题的认识，确定大政方针，如《中共中央关于加强党同人民群众联系的决定》。

2. 部署指挥性决定——用来部署某一重要工作或安排某一重要活动，如《中共中央 国务院关于打击经济领域中严重犯罪活动的决定》。

3.决策知照性决定——用来解决具有特殊意义的重要事项，如《中共中央关于接收宋庆龄同志为中国共产党正式党员的决定》。

4.表彰处分性决定——按照有关政策、章程、规定给予有功人员或有过人员的表彰或处分的正式书面决定。[①]

决定还可以细分为以下几种：

1.公布性决定——是一种在会议上直接公布某个议案的具体内容时使用的公文。

2.部署性决定——是机关为部署全局工作，或采取某种重大举措而使用的一种公文。

3.任免性决定——是对机构设置和人事任免作出安排的决定。

4.指导性决定——是对重要事项或重大行动作出决策或安排，并要求机关各部门和下级机关或有关单位贯彻执行的指令性公文。

5.处置性决定——处理、布置并告知具体内容的决定。

二、写作格式

标　题	多数采取全标题方式，由发文机关、事由和文种组成，如《中共中央关于深化文化体制改革推动社会主义文化大发展大繁荣若干重大问题的决定》。也可以直接由事由和文种组成，如《关于加快西部地区工业发展的决定》。有的标题下面会标明文号或“××年××月××日××会议通过”的字样，并用括号括住。
主送机关	根据受文单位的具体情况而定。
正　文	正文一般由开头、主体、结尾三部分组成。开头部分阐述作出此项决定的依据、能达到什么目的、意义和影响。主体部分写决定的事项，是决定的核心部分，要求条理清晰、层次分明。结尾部分单起一个自然段，对相关组织和个人提出希望和要求。
落　款	要写明作出此项决定的机关全称，如果标题中已有发文机关的名称，落款就不需要再写。

① 张保忠主编：《最新公文写作技巧与范例全书》，中国时代经济出版社2011年版，第65页。

三、写作技巧

1. 要做好调查研究。在起草决定之前，要就决定所涉及的问题，认真查找有关法律条款和政策规定，并广泛听取意见。在此基础上深思熟虑，考虑作出的决定是否切合实际情况，能否解决实际问题。

2. 要做到观点鲜明。决定作出之后，要求下级机关正确执行，不得有误，因此，在决定中所提出的看法必须十分明确，这样才便于理解和执行。

3. 要恰当使用语言。语言的运用要注意不能含糊，更不能使用有歧义和有可能引起别人误解的语句。

四、常见问题

1. 内容问题。决定所包含的内容，必须以党和国家的方针政策、相关的法律法规作为依据。决定的起草者必须实事求是，一切从实际出发，抓住问题的主要矛盾，作出合理准确的判断和决策。

2. 详略问题。决定的内容要根据不同类型来处理，总体要求是安排合理、详略得当。比如，决策知照性决定应该用较多的篇幅交代决定的依据和原因，部署指挥性决定则只需要用部分文字说明原因，而把大篇幅放到决定的具体内容中。

3. 表达问题。决定的语言表达具有决断性，不能使用带有商议性的语言，或者模棱两可的语言，以免产生歧义和误读，不利于相关组织和单位贯彻执行。

五、写作范例

（一）任免性决定【范例2–21】

关于王力宏等同志职务任免的决定

县人民政府：

依照《中华人民共和国地方各级人民代表大会和地方各级人民政府组织法》第四十四条第十款的规定，根据××县人民政府县长×××的提请，江油县第十六届人民代表大会常务委员会第十五次会议审议决定：王力宏同志任××县人民政府办公室主任；免去刘李晟同志××县人民政府办公室主任职务。

××县人大常委会

××年××月××日

【讲析】

任免性决定是对机构设置和人事任免作出安排的决定。本决定由县人大常委会作出，事由、背景及过程交代清楚，简洁明了。

（二）决策知照性决定【范例2–22】

第十三届全国人民代表大会第一次会议
关于国务院机构改革方案的决定

（2018年3月17日第十三届全国人民代表大会第一次会议通过）[①]

第十三届全国人民代表大会第一次会议听取了国务委员王勇受国务院委

① http://www.xinhuanet.com/politics/2018lh/2018–03/17/c_1122551771.htm.

托所作的关于国务院机构改革方案的说明，审议了国务院机构改革方案，决定批准这个方案。

会议要求，国务院要坚持党中央集中统一领导，精心组织，周密部署，确保完成国务院机构改革任务。实施机构改革方案需要制定或修改法律的，要及时启动相关程序，依法提请全国人民代表大会常务委员会审议。

【讲析】

例文属于决策知照性决定，针对国务院机构改革这一具体事宜，采用“篇段合一”结构形式表达，文字简短，用“听取了……审议了……决定批准……”“会议要求”衔接，一气呵成，明白畅快。

（三）处置性决定【范例2-23】

某省广播电视厅关于对李某私自购买淫秽录像带错误的处分决定

李某，男，某省电视台文艺部副主任。2008年7月李某担任某电视剧剧组制片主任。在离省拍摄外景期间，在外景地从一外商手中购买淫秽录像带20盘，花费公款1500元。当日被当地海关查获，并被罚款3000元。李某身为国家新闻干部，无视中共中央、国务院关于严禁淫秽物品的规定，擅自动用公款，私自购买淫秽录像带，问题性质严重，影响很坏。鉴于本人能够认识所犯错误，表示悔改，经省广播电视厅决定，给予李某撤销行政职务的处分。

【讲析】

对于处置性决定要把握它的独特写法。首先用一段非常简明的文字指明李某犯错误的性质，然后写处分的决定事项，即经省广播电视厅决定，给予李某撤销行政职务的处分。内容复杂的，在讲明所犯错误性质之后，还要概括其所犯错误的具体事实。

命令（令）

一、概述

什么是命令？

根据《党政机关公文处理工作条例》的规定，命令（令）适用于公布行政法规和规章、宣布施行重大强制性措施、批准授予和晋升衔级、嘉奖有关单位和人员。命令与令，是一类当中的两个文种，基本特点是一样的，但又有细微差别。公布令、任免令、嘉奖令、通缉令等较多用“令”，发布重大军事活动与行政措施等又较多使用“命令”。

命令的适用范围有哪些？

一般来说，除根据国家法律规定有权使用命令（令）的机关及首长外，其他机关及其负责人不能用命令（令）；除某些实行准军事化管理的特殊行业如铁路、民用航空等企事业单位外，其他单位和人员不能滥用。地方各级政府除处理特别重大的紧急事务如抢险救灾，可以破例使用命令（令）来实施指挥外，一般日常性工作中不得随意使用。

命令有哪些特点？

★高度的强制性。命令（令）是以国家宪法和法律为依据，对重要的行政工作进行决策指挥的工具，一旦发布，不管下级机关是否同意，都必须遵照执行。命令（令）的强制性大大高于其他下行公文，表现为执行上的不可动摇，受令者不准在行动上有任何变通。

★高度的权威性。发布的机关级别高，权力大。根据法律规定，国家主席、全国人大常委会委员长、国务院总理及各部部长、各委主任及县级以上地方各级人民政府可以使用命令。各种法律、法令和行政法规，一般都通过命令的形式加以颁发、公布，即法随令出。

★高度的严肃性。古人讲“慎乃出令，令出准行”，所以命令（令）必须要求明确，态度鲜明，主张什么、反对什么，要求做什么、不允许做什么，等等，都必须作出不容置疑的表述，不能有丝毫的含糊，以便使受令者迅速理解并执行。

命令（令）体现了至高无上的权威性，所以对命令（令）的使用一般都很审慎，发布和执行命令（令）都是极其严肃的事情，不可轻发，否则会失去“令行禁止”的威力。

命令有哪些类型？

1.动员令——凡国家最高机关和领导者，用于发布全民、全军总动员，应对紧急事态或完成某一特大使命。

2.任免令——用于任免国家工作人员职务的命令（令），以国家主席令任免的工作人员是经过全国人大常委会决定的部长级以上干部；以国务院令任免的工作人员只能是副部长级干部。地方人事任免一般不用“命令（令）”的形式，而由“任免通知”“任免决定”代之。

3.公布令——用于公布法律、法令和行政法规（如条例、规定、制度、守则、办法等）。

4.嘉奖令——用于表彰、嘉奖作出突出贡献的有功单位和个人，其中通令嘉奖是对国家行政机关工作人员奖励的六种方式中的最高奖赏，由国务院部门，省、自治区、直辖市人民委员会授予。

5.宣布令——用于宣布规定某一特定范围人员具体行为的命令（令）。

6.赦免令——用于特赦在押罪犯的命令（令），根据宪法规定，全国人大常委会决定特赦，国家主席发布特赦令。

7.撤销令——用来撤销本级机关或下级机关不适当决定时的文种。

二、写作格式

标　题	可以由发文机关或人员职务、事由和文种组成，如《云南省人民政府2012年森林防火命令》；也可以由发文机关或人员职务和文种组成，如《中华人民共和国主席令》；还可以由命令（令）的性质和文种组成，如《任免令》。
发文编号	命令（令）的编号不按照年份编排，而是从领导人上任开始到任满离任止，采取从1号开始的流水编号。国家机关的命令（令）编号也是如此。
正　文	正文由开头、主体和结尾三部分组成。开头部分要交代发令的缘由、背景和目的。主体部分则根据命令（令）的性质写出不同的内容。结尾部分通常用号召性的语言加深读者的印象，使命令（令）得到更好的执行。
落　款	落款写明发令机关的全称或发令人的职务和姓名，标明发令日期。

三、写作技巧

★要做到语言简洁。命令（令）的发布者都是级别较高的党政机关或职位较高的个人，内容多与重大事项的执行和法律法规的实施相关，因此，必须用精练的语言拟写命令（令），不能拖泥带水。

★要做到要求具体。命令（令）必须要求明确，态度鲜明，主张什么、反对什么，要求做什么、不允许做什么等，都必须作出不容置疑的表述，不能有丝毫的含糊，以便使受令者迅速理解并执行。

★要做到结构严谨。在拟制命令（令）从开头、过渡、转折到结尾，要层次清晰，结构合理，逻辑严谨，表达时要抓住重点，直奔主题。

四、常见问题

1.文字问题。命令（令）体公文担负着统一行动的使命，以指挥千军万马，篇幅一般都非常短小，语言要特别精确。一是精练，言简意赅、文约事丰，使用一些意义凝练的“浓缩”式语言。二是明确，所言之事环环相扣，规定具体，比如，投入的力量、组织手段、协同关系等。

2. 结构问题。令与禁、行与止是辩证的统一。在命令（令）的内容与结构处理上，要明确可以做什么，不应做什么。马上做什么，采取什么措施。申明不能做什么，是为了廓清和突出应该做什么；申明应该做什么，又要以不能做什么作为保证和铺垫。

3. 文势问题。文势就是文章的气势。命令（令）是负载时代重大历史使命内容的文种，本身所蕴含的气势显得非常强烈。语言的情调、声调，句子的长短以及句式、成语、警句以及辞格的运用等，都体现着命令体公文的气势。因此，在行文过程中，必须以开头、过渡、转折、收合、结尾以及文字的详略安排等，营造一种排山倒海的气势，不作阐发说明。

五、写作范例

（一）动员令【范例2-24】

向全国进军的命令[①]

（一九四九年四月二十一日）

各野战军全体指挥员战斗员同志们，南方各游击区人民解放军同志们：

由中国共产党的代表团和南京国民党政府的代表团经过长时间的谈判所拟定的国内和平协定，已被南京国民党政府所拒绝。南京国民党政府的负责人员之所以拒绝这个国内和平协定，是因为他们仍然服从美国帝国主义和国民党匪首蒋介石的命令，企图阻止中国人民解放事业的推进，阻止用和平方法解决国内问题。……在此种情况下，我们命令你们：

① 张保忠主编：《最新公文写作技巧与范例全书》，中国时代经济出版社2011年版，第142页。

（一）奋勇前进，坚决、彻底、干净、全部地歼灭中国境内一切敢于抵抗的国民党反动派，解放全国人民，保卫中国领土主权的独立和完整。

（二）奋勇前进，逮捕一切怙恶不悛的战争罪犯。不管他们逃至何处，均须缉拿归案，依法惩办。特别注意缉拿匪首蒋介石。

（三）向任何国民党地方政府和地方军事集团宣布国内和平协定的最后修正案。对于凡愿停止战争、用和平方法解决问题者，你们即可照此最后修正案的大意和他们签订地方性的协定。

（四）在人民解放军包围南京之后，如果南京李宗仁政府尚未逃散，并愿意于国内和平协定上签字，我们愿意再一次给该政府以签字的机会。

中国人民革命军事委员会主席　毛泽东

中国人民解放军总司令　朱　德

【讲析】

该命令是毛泽东同志起草的一篇具有重大历史意义的军事动员令。文势排山倒海，逻辑十分严密，语言庄重有力，堪称中国现代公文史上命令体公文的巨篇。全文由两大层次组成：一是“令”的缘由；二是“令”的要求。缘由部分，开门见山，把发布命令的根本原因一语道出“……拒绝这个国内和平协定”，原因是“企图阻止……”用排比句，以强化语势。要求部分共四条。分别针对不同的对象，给出了措施和办法，这四条体现了严密的逻辑顺序，用语坚定、庄重，体现了排山倒海的文势。

（二）宣布令【范例2-25】

朱总司令命令冈村宁次投降[①]

（一九四五年八月十五日十五时）

中国解放区抗日军总司令朱德将军，致南京日军最高指挥官冈村宁次急令如下：

南京冈村宁次将军：

（一）日本政府已正式接受波茨坦宣言条款宣布投降。

（二）你应下令你所指挥下的一切部队，停止一切军事行动，听候中国解放区八路军、新四军及华南抗日纵队的命令，向我方投降。除被国民党政府的军队所包围的部分外。

（三）关于投降事宜，在华北的日军，应由你命令下村定将军派出代表至八路军阜平地区，接受聂荣臻将军的命令；在华东的日军，应由你直接派出代表至新四军军部所在地天长地区，接受陈毅将军的命令；在鄂、豫两省的日军，应由你命令在武汉的代表，至新四军第五师大悟山地区，接受李先念将军的命令；在广东的日军，应由你指定在广州的代表，至华南抗日纵队东莞地区，接受曾生将军的命令。

（四）所有在华北、华东、华中及华南之日军（被国民党军队包围的日军在外），应暂时保存一切武器、资材，静候我军受降，不得接受八路军、新四军及华南抗日纵队以外之命令。

（五）所有华北、华东之飞机、舰船，应即停留原地；但沿黄海、渤海之中国海岸的舰船，应分别集中于连云港、青岛、威海卫、天津。

（六）一切物资设备，不得破坏。

（七）你及你所指挥的在华北、华东、华中及华南的日军指挥官，对执行

---

① 张保忠主编：《最新公文写作技巧与范例全书》，中国时代经济出版社2011年版，第144页。

上述命令应负绝对的责任。

中国解放区抗日军总司令　朱德

【讲析】

这份“宣布令”的写法是无开头、无结尾，把发令的缘由、总的要求及具体事项等，平等分列成七条，直接予以申明，指定冈村宁次遵照执行。这七条是按照先总括后具体的逻辑顺序依次排列的，从而使命令的条目清晰、明确，斩钉截铁，不容置疑。

公　报

一、概述

什么是公报？

公报是公开发布重大事件或重要决定事项时使用的文种。

公报的适用范围有哪些？

适用于向国内外宣布重要事项或者法定事项。

公报有哪些特征？

★级别高。公报的发布机关级别很高，或者是以中央的名义，或者是以国家的名义，或者是以中央政府的名义。

★权威大。公报所涉及的内容，不是重要决定、重大决策就是重大事件，这就决定了其具有很强的权威性和庄严性。

★时效强。公报的内容都是新近发生的事件或新近作出的决定，是人民群众关心、应知而未知的事项，要求制发迅速、及时公布。

★公开性。公报是公之于众的文件，无须保密，一般也没有主送机关、抄送机关，而是普告天下、一体周知的文种。

公报有哪些类型？

公报一般分为会议公报、事项公报、联合公报等类型。会议公报是用以报道重要会议或会谈的决定和情报的公报，一般用于党中央召开的会议。事项公报是党政机关的高级领导机关用以发布重大情况、重要事件的文件。联合公报是一种有特殊用途的公报，用以发布国家之间、政党之间、团体之间经过会议达成的某种协议。公报以新闻形式发表，称作“新闻公报”；以党和国家机关名义直接发布重要事项和重要会议的，称作“发布公报”“会议公报”；两个或两个以上的国家、政府、政党将会谈中达成的协议以正式文件的形式共同发表出来，称作“联合公报”。此外，还有一种公报是专门用来刊登党和国家以及政府重要文件的，如《国务院公报》《江西省政府公报》等。

二、写作格式

标　题	有三种形式。1.由召开会议的名称和文种组成，如《中国共产党第二十届中央委员会第二次全体会议公报》；2.以文种直接构成标题，如《新闻公报》；3.联合公报，由发表公报的双方或多方国家和地区的简称、事由和文种构成，如《中美联合公报》。会议性公报多在标题的下方居中加括号加标题注，包含召开会议的时间和会议的名称。
正　文	正文开头要对公报的核心内容进行概括性陈述，交代重大事件发生的时间、地点。会议性公报要介绍会议的名称、时间、地点和参加人数等，联合公报要说明公报形成的原因，何时、何地、何人举行了什么会议。写法有三种形式：1.分段式，每段说明一层意思或一项决定；2.序号式，多用于内容复杂、问题头绪较多的公报；3.条款式，多用于联合公报。
落　款	会议公报在标题和题注中表明了会议的全称和公报生效的时间，一般没有落款。联合公报则要在正文之后写明双方签署机构的全称或签署人的职位，标明签署的时间和地点。

三、写作技巧

★主旨突出。很多公报特别是会议性公报，内容繁多，因此，拟定公报必须抓住公报的主体思想，突出主旨，把写作重点和篇幅放在观点阐述上。

★真实有效。准确严肃的公报所涉及的内容都是重大事件、重要会议和重要决定，要充分保证公报的真实性和有效性。

★语言得体。公报的语言要经得起推敲和检验，语气严肃庄重。

四、关键提示

1. 文种使用有特殊要求。公报是党和国家高级机关用来公布重大事件、重要会议、重要消息及重要决策的，有时国家统计部门用来公布国民经济和社会发展的重要情况。地方一般机关不宜使用公报来公布地区性会议及事项。

2. 把握与公告的区别。公布重要会议、重大事件、社会及经济方面的重要情况等多用“公报”。公布重大事件，如国家领导人员的变动情况多用“公告”。公告文字一般都很短，而公报则不然，如人口普查情况的公报、国民经济发展和国家计划执行结果的公报等，不但文字较长且内容非常具体。

3. 紧扣会议中心议题。有些会议公报，统计情况公报的内容比较多，必须注意重点明确，主旨突出。事关重大的核心内容写到醒目之处，即首要的段落上，给读者以深刻印象。发布重大事件的公报，应当采用篇前撮要的写法，给读者以开门见山的感觉。发布国民经济和社会发展情况的公报，不能简单罗列情况和数字，而要通过多层次、多角度的对比分析，得出鲜明的结论。

五、写作范例

（一）联合公报【范例2-26】

中华人民共和国和美利坚合众国
关于建立外交关系的联合公报[①]

中华人民共和国和美利坚合众国商定自1979年1月1日起互相承认并建立外交关系。

美利坚合众国承认中华人民共和国政府是中国的唯一合法政府。在此范围内，美国人民将同台湾人民保持文化、商务和其他非官方关系。

中华人民共和国和美利坚合众国重申上海公报中双方一致同意的各项原则，并再次强调：

——双方都希望减少国际军事冲突的危险。

——任何一方都不应该在亚洲—太平洋地区以及世界上任何地区谋求霸权，每一方都反对任何其他国家或国家集团建立这种霸权的努力。

——任何一方都不准备代表任何第三方进行谈判，也不准备同对方达成针对其他国家的协议或谅解。

——美利坚合众国政府承认中国的立场，即只有一个中国，台湾是中国的一部分。

——双方认为，中美关系正常化不仅符合中国人民和美国人民的利益，而且有助于亚洲和世界的和平事业。

中华人民共和国和美利坚合众国将于1979年3月1日互派大使并建立大使馆。

一九七九年一月一日

① 张保忠主编：《最新公文写作技巧与范例全书》，中国时代经济出版社2011年版，第167页。

【讲析】

这是一份外交联合公报。此类公报有两种写法，一是摘要报道双方或多方会谈的情况和结果，表明彼此的立场和观点。二是除报道会谈一般情况外，重点写明双方共同关心的国际问题或双边问题的原则立场和所取得的一致性意见，以及达成的协议。联合公报一经签署发表，双方应严格遵守。

（二）新闻公报【范例2-27】

金砖国家外长联大会晤新闻公报

（2019年9月26日，美国纽约）①

1. 2019年9月26日，金砖国家外长在第74届联合国大会期间举行例行会晤。2020年金砖国家主席国俄罗斯主持会议。

2. 外长们就联合国议程上的政治、安全、经济、金融、可持续发展等领域全球和地区问题以及金砖国家合作进行了深入交流。外长们支持继续就共同关心的问题开展合作，包括通过常驻联合国代表团定期会晤等。

3. 外长们认识到2020年是联合国成立及第二次世界大战结束75周年。外长们重申支持增强全球治理包容性、代表性和参与性，加大新兴市场和发展中国家参与全球决策。

4. 外长们重申致力于世界和平与稳定，支持联合国的核心作用和《联合国宪章》宗旨和原则，尊重国际法，促进可持续发展、民主、人权和法治。

5. 外长们回顾2005年世界首脑会议成果文件，重申需要对联合国包括其安理会进行全面改革，使之更具代表性、效力和效率，增强发展中国家代表性，以应对全球挑战。中国和俄罗斯重申重视巴西、印度和南非在国际事务中的地位和作用，支持其希望在联合国发挥更大作用的愿望。

6. 外长们欢迎第74届联大特别关注可持续发展问题，并举办气候行动峰

① http://new.fmprc.gov.cn/web/wjbzhd/t1704260.shtml.

会和可持续发展目标峰会，以及关于健康和发展筹资的高级别会议。外长们重申支持2030年可持续发展议程，呼吁为按时落实该议程而加倍努力。

7.外长们强调需要更加有效的国际行动应对气候变化，重申金砖国家致力于根据各国国情，全面落实根据《联合国气候变化框架公约》原则，包括“共同但有区别的责任”、各自能力等原则达成的《巴黎协定》。外长们敦促发达国家向发展中国家提供支持，包括履行援助承诺和转让技术，这是气候行动的最关键动力。

8.外长们重申支持多边主义和以世界贸易组织为核心的多边贸易体制。外长们强调有必要尽快加强……

【讲析】

这是一份报道金砖国家重大事件的新闻报道，此类公报具有新闻的报道性，必须遵循新闻写作的一般原则与要求，做到时间新，即最近发生的事情；内容新，发生了富有新意的事实。本公报用最准确、简练的文字，把金砖国家外长们开会达成的协议，写得清清楚楚。本公报结构简约，文字精练，达到了传递消息、凝聚共识、精诚团结、共担责任的效果。

公　告

一、概述

什么是公告?

公告是行政公文的主要文种之一，是党和国家机关向国内外宣布重要事项或者法定事项使用的文种。

公告的适用范围有哪些?

适用于向国内外宣布重要事项或者法定事项，公布依据政策、法令采取的重大行动等。公告宣布的是重大事项和法定事项，发文权限制在高层行政机关及其职能部门。具体来说有国家最高权力机关（人大及其常委会），国家最高行政机关（国务院）及其所属部门，各省、自治区、直辖市行政领导机关，某些法定机关，如海关、税务、铁路、人民银行、检察院、法院等。其他地方行政机关一般不能发布公告，党团组织、社会团体和企事业单位不能发布公告。国家领导人的选举结果、人造卫星的发射、军事演习的活动范围等都以公告的形式对外宣布。地方党政机关也可以使用公告，但基层党政机关一般不能使用。

公告有哪些特点？

公告有公开性、广泛性、重大性、庄重性等特点。

★公开性。公告采用公开张贴或报纸刊登、电台广播及电视传播等形式发布，与其他文种显然不同。

★广泛性。公告内容受众越多越好。其他公文多数是在特定的范围内运行，有的甚至划定限制阅读的范围。

★庄重性。公告是党和国家机关使用的，其内容一部分是为了告知，更多的是用来规范人们的行为，要求人们不但要知晓，而且要严格遵守与服从。

公告有哪些类型？

公告一般有发布性公告、知照性公告、提示性公告、事项性公告、强制性公告等类别。

二、写作格式

标　题	一般由发文机关、事由和文种组成，如《中共中央办公厅关于海外联谊工作的公告》；也可以由事由和文种构成，如《破产公告》；还可以直接以文种构成。
发文编号	公告在标题下往往要单独编号，如“第一号”“第二号”等。
正　文	一般由开头、主体和结尾构成。开头部分写明公告形成的原因、依据、背景情况。主体部分要交代时间、地点，直陈重大事项、宣布人事任免、公布法律法规等。结尾部分通常以“特此公告”等习惯用语结束。
落　款	用发文机关的全称，以个人名义发布的要在姓名前加职位名称。如果标题中含有发文机关全称，落款处可以不写。发布日期要写在发文机关全称的下一行，如果题注中含有发布日期，落款处可以不写。一些重要的公告在日期后可以加标发布地点。

三、写作技巧

★文字要严谨。公告宣布的是重大事件，是代表国家立法、行政机关和有关部门行使职权，对象是国内外人士和有关机构，所以行文必须缜密严谨，无懈可击；简明扼要，言简意赅。

★修辞要简单。公告一般是客观叙述，少加议论。不过多地陈述意义和细节，不说俏皮话，更忌讳夸张、比喻等修辞手法。直截了当地陈述重大事项、宣布人事任免、公布法律法规，用概括性语言将事项的中心意思阐述清楚即可。

★语言要庄重。公告通常是以国家机关的名义发布，代表党和国家的立场和态度，因此，拟定公告时语言一定要庄重严肃，用词准确，毫无差错。

四、常见问题

1. 篇幅问题。公告是短小公文，要短之又短。不能写长，否则，长篇大论不仅违背“告”的本意，而且难以把握，当然也就难以执行。篇幅短，就必须文字简要，直陈其事，不绕弯、不兜圈。

2. 层次问题。尽量采用分条列项的写法，一条是一个独立的含义与要求，内容多时可以在条下以自然段的形式列项。同时，还要注意用语明确，做到过目即明，不含糊其词，防止出现歧义。

3. 滥用问题。公告原则上只能是党和国家的高级机关才能使用，基层机关和行政主管部门应尽量使用通告，企事业单位内部也可以使用通告。目前有些事项，如公共汽车改变行驶路线、单位迁新址、商场开业、幼儿园扩招等，都使用“公告”，这是滥用的表现。

4. 界限问题。公告与通告的区别主要表现在所宣布告知的事项。公告重于通告，告知事项的范围公告大于通告，公告发布机关多是党和国家的高级机关，通告则没有这方面要求。另，从发布方式看，公告一般采用社会周知的发布方式，如电台、电视台等，通告既可以用上述形式，也可以在内部范围发布。

五、写作范例

（一）知照性公告【范例2-28】

中华人民共和国中央人民政府公告①

（一九四九年十月一日）

自蒋介石国民党反动政府背叛祖国，勾结帝国主义，发动反革命战争以来，全国人民处于水深火热的情况之中。幸赖我人民解放军在全国人民援助之下，为保卫祖国的领土主权，为保卫人民的生命财产，为解除人民的痛苦和争取人民的权利，奋不顾身，英勇作战，得以消灭反动军队，推翻国民政府的反动统治。现在人民解放战争业已取得基本的胜利，全国大多数人民业已获得解放。在此基础上，由全国各民主党派、各人民团体、人民解放军、各地区、各民族、国外华侨及其他爱国民主分子的代表们所组成的中国人民政治协商会议第一届全体会议业已集会，代表全国人民的意志，制定了中华人民共和国中央人民政府组织法，选举了毛泽东为中央人民政府主席，朱德、刘少奇、宋庆龄、李济深、张澜、高岗为副主席，陈毅、贺龙……为委员，组成中央人民政府委员会，宣告中华人民共和国的成立，并决定北京为中华人民共和国的首都。中华人民共和国中央人民政府委员会于本日在首都就职，一致决议：宣告中华人民共和国中央人民政府的成立，接受中国人民政治协商会议共同纲领为本政府的施政方针，互选林伯渠为中央人民政府委员会秘书长，任命周恩来为中央人民政府政务院总理兼外交部部长，毛泽东为中央人民政府人民革命军事委员会主席，朱德为人民解放军总司令，沈钧儒为中央人民政府最高人民法院

① http://news.xinhuanet.com/ziliao/2004-12/15/content_2336968.htm.

院长，罗荣桓为中央人民政府最高人民检察署检察长，并责成他们从速组成各项政府机关，推行各项政府工作。同时决议：向各国政府宣布，本政府为代表中华人民共和国全国人民的唯一合法政府。凡愿遵守平等、互利及互相尊重领土主权等项原则的任何外国政府，本政府均愿与之建立外交关系。特此公告。

中华人民共和国中央人民政府主席　毛泽东

【讲析】

这是向全世界宣告中华人民共和国诞生和中央人民政府成立的庄严公告。全文划分为两部分：一是交代缘由和背景，即国民党反动政府已被推翻。二是公告事项内容，即政协第一届全体会议召开，制定了组织法，选举了委员会，宣告共和国诞生；确定了重要人事任命事项，确定了内政、外交重大方针等。篇幅短小，但结构严谨，层次清晰，全世界受众容易把握。

（二）事项性公告【范例2-29】

中共中央办公厅 中共中央对外联络部公告①

在中国共产党召开第十八次全国代表大会期间和习近平同志当选为中共中央总书记后，许多国家政党、政府、民间团体及其领导人，驻华使节、友好人士以及旅居国外的华侨华人，香港特别行政区同胞、澳门特别行政区同胞和台湾同胞等，向大会、向中共中央、向新当选领导人发来贺电函，表示热烈祝贺和良好祝愿。中共中央办公厅、中共中央对外联络部受中共中央和习近平总书记的委托，谨表示衷心的感谢。

2012年11月26日

① http://www.gov.cn/jrzg/2012-11/26/content_2275769.htm.

【讲析】

事项性公告是专门针对某一事项发布的广而告之的告示。本公告实际上是礼节性感谢公告。第一句话交代事由背景，即诸多国家和部门及个人发来贺电函；第二句话，两个部门受委托，表示感谢。文章短小精练，干脆利落，没有多余的话。

通　告

一、概述

什么是通告？

通告是用来公布应当遵守或周知的事项时使用的一种公文。这种公文，除了在公共场所张贴之外，还经常利用报纸、广播、电视等手段作公开宣传。

通告有哪些特点？

★规范性。通告所告知的事项常作为有关方面的行为准则或对某些具体活动的约束限制，具有行政约束力甚至法律效力，要求被告知者遵守执行。

★事务性。通告常用于水电、交通、金融、公安、税务、海关等主管业务部门办理工作，内容具有专业性、事务性特点。

★广泛性。通告告知和适用范围广泛。不仅在机关单位内部公布，而且向社会公布。内容涉及社会生活的各个方面，各级机关、企事业单位、社会团体都可以使用。

通告有哪些类型？

事项性通告——在一定范围内针对某项业务活动或工作制发的通告类型。

法规性通告——在一定范围内公布政策法规或带有政策法规性质事项的通告等类型。

二、写作格式

标　题	有以下四种形式：1.由发文机关、事由、文种组成，如“……关于……的通告”；2.由事由、文种组成，如“关于……的通告”；3.由发文机关、文种组成，如“……的通告”；4.直接用文种，如“通告”，情况紧急的用“紧急通告”。
事　由	主要阐述发布通告的背景、根据、目的、意义等。通告常用的特定承启句式“为……，特通告如下”或者“根据……，决定……，特此通告”。
事　项	通告事项是通告全文的核心部分，包括周知事项和执行要求。首先要做到条理分明，层次清晰。如果内容较多，可采用分条列项的方法；如果内容单一，可采用贯通式方法。其次要做到明确具体，需清楚说明受文对象应执行的事项，以便于理解和执行。
落　款	结语用“特此通告”或“本通告自发布之日起实施”表达。

三、写作技巧

1.标题。通告标题样式较多，国家行政机关以及大单位一般都冠以发布单位名称和内容，使人一目了然，便于执行。有的标题只有发布单位，不体现内容；还有的则只写“通告”两字。

2.正文。一般包括通告的缘由、通告事项、执行通告事项的要求等内容。缘由要有理有据，事项要阐明中心，执行要明确具体。

3.落款。标题有发布单位的，后面则无落款；标题没有发布单位的，落款则注明发布单位。发布通告时间，写在标题之后、内容之前，也可写在落款的后面。

四、常见问题

1.政策不熟。拟写通告，要有政策观念，以政策衡量通告事项，确保不与现行政策抵触，更不能搞土政策和土办法。

2. 业务不通。通告经常用来处理一些专业性公务，要使用专业词汇与术语。写作时，要注意尽量选择大多数人熟悉的行业用语。

3. 内容不准。通告的要求一定要具体，给人以深刻的印象。关键之处务必准确无疑，这样才能使受文者明白要领。

4. 结构不清。通告一般可以张贴、见报，也可以用文件形式下达。全文结构要严密，层次要清楚，有逻辑性，文字要明白确切，语气要肯定庄重，以便理解或遵守。

五、写作范例

（一）法规性通告【范例2-30】

国家药监局关于发布
《药物临床试验机构监督检查办法（试行）》的通告[1]

2023年第56号

为进一步加强对药物临床试验机构的管理，规范药物临床试验机构监督检查工作，国家药监局组织制定了《药物临床试验机构监督检查办法（试行）》，现予发布。

本通告自2024年3月1日起实施。

特此通告。

附件：药物临床试验机构监督检查办法（试行）

国家药监局

2023年11月3日

① https://www.gov.cn/zhengce/zhengceku/202311/content_6913985.htm.

【讲析】

本通告属于法规性通告，由4句话构成。第一句话表述了目的、根据与事项，第二句话说明了通告的实施时间，第三句话是习惯性结语，第四句话是附件。简洁明了，掷地有声。

（二）事项性通告【范例2-31】

工业和信息化部关于电信服务质量的通告[①]

（2018年第4号）工信部信管函〔2018〕400号

为推进电信服务质量持续改善，根据《中华人民共和国电信条例》相关规定，现将2018年第三季度电信服务有关情况通告如下：

一、电信服务基本情况

（一）行业稳步发展，服务能力显著提升。截至第三季度末，全国电话用户总数达到17.3亿户，其中移动电话用户15.5亿户。“宽带中国”战略稳步推进，宽带提速效果日益显著。固定宽带用户达到3.96亿户，其中，光纤接入（FTTH/O）用户3.48亿户，宽带用户持续向高速率迁移，100Mbps及以上接入速率用户总数2.43亿户，占比达61.4%。移动宽带用户12.9亿户，占比达83.7%，其中4G用户保持稳定增长，总数达到11.5亿户。全国行政村通光纤比例达到96%，贫困村通宽带比例超过94%，已提前实现国家“十三五”规划提出的宽带网络覆盖90%以上贫困村的目标。

（二）网络安全畅通，服务水平保持稳定。第三季度，全国电信网和互联网运行平稳，通信服务质量整体稳定，电话接通率、互联网可接入率等符合《电信服务规范》指标要求。通信行业周密部署，圆满完成中非合作论坛北京峰会等重大活动通信保障任务，及时妥善应对四川、甘肃、安徽、广东、陕

① http://www.miit.gov.cn/n1146295/n1652858/n1652930/n4509627/c6471882/content.html.

西等地地震和气象类突发事件，共投入应急通信保障人员21.7万人次、抢修车辆7.9万台次、油机12.7万台次，快速抢修恢复受损通信设施，累计恢复基站9.6万站次、光缆8250公里，保障抗灾救灾指挥及党政军等重要部门通信畅通，迅速恢复灾区的通信服务，有力保障了公众通信网络整体平稳运行。

（三）互联网在经济社会各领域深度应用取得成效。工业和信息化部、国家发展和改革委员会印发《扩大和升级信息消费三年行动计划（2018—2020年）》，深入贯彻落实《国务院关于进一步扩大和升级信息消费持续释放内需潜力的指导意见》，大力推动信息消费向纵深发展，壮大经济发展内生动力。工业和信息化部印发《推动企业上云实施指南（2018—2020年）》，推动企业利用云计算加快数字化、网络化、智能化转型，推进互联网、大数据、人工智能与实体经济深度融合。截至第三季度末，移动互联网接入流量累计达466亿吉比特，同比增长201.9%；智能手机出货量2.87亿部，同比下降16.8%。

二、电信用户申诉举报情况

（一）电信服务申诉情况。第三季度，工业和信息化部及各省（自治区、直辖市）电信用户申诉受理机构共受理电信用户申诉18533件，同比上升7.5%，环比上升6.5%；季度百万用户申诉率为8.8人次，同比下降0.3人次，环比上升0.3人次（详见附件1、2）。网络质量类申诉占比24.7%，环比上升3.4个百分点；用户服务类申诉占比38.7%，环比上升0.1个百分点；收费争议类申诉占比36.7%，环比下降3.5个百分点。各级申诉受理机构按照《电信用户申诉处理办法》相关规定，对用户申诉进行了处理和调解，有效维护了电信用户合法权益。

（二）垃圾短信举报情况。第三季度，12321网络不良与垃圾信息举报受理中心受理垃圾短信举报115692件，环比上升28.6%。其中，点对点类垃圾短信举报27065件，环比上升75.8%，占举报总量的23.4%，被举报率为14.1件/百万用户；端口类举报42860件，环比下降16.5%，占举报总量的37.0%，被举报率为16.1件/亿条；疑似伪基站垃圾短信的举报45767件，占举报总量的39.6%。从内容看，商业广告营销类占比82.2%，较上季度有所上升，主要涉及商品零售营销、金融保险推销等；涉嫌违法犯罪类占比17.8%，主要涉及欺诈、非法经营活动等。相关电信企业已将发送垃圾短信的号码及端口进行处置，内容涉嫌违法犯罪的已提请公安部门处理。

（三）不良手机应用举报情况。第三季度，12321网络不良与垃圾信息举报受理中心共接到不良手机应用有效举报144793件次，同比下降26.35%，环比上升12.66%。通过行业自律，联合应用商店、安全检测厂商对其中存在问题的358款不良手机应用进行了下架处理。

（四）诈骗电话号码用户举报情况。第三季度，12321网络不良与垃圾信息举报受理中心共接到诈骗电话号码举报14707件次，环比上涨27.68%。相关电信企业已对上述举报号码进行了逐个核实处置，对存在违规的进行了内部追责处罚，对涉嫌违法犯罪的通报公安机关。

三、电信服务监管情况

（一）第三季度，工业和信息化部发布《工业和信息化部关于进一步规范电信资费营销行为的通知》(工信部通信函〔2018〕276号)，切实规范电信资费营销行为，探索方便简捷资费套餐新模式，解决用户关注的资费热点问题与诉求，维护用户合法权益。

（二）第三季度，工业和信息化部等十三部门印发《综合整治骚扰电话专项行动方案》，决定自2018年7月起在全国范围内组织开展为期一年半的综合整治骚扰电话专项行动，着力整治骚扰电话扰民问题，切实净化通信服务环境。

（三）第三季度，工业和信息化部动员部署2018年秋季校园电信业务市场规范管理工作，并就近期媒体曝光的校园电信业务营销违规问题，会同江苏省通信管理局约谈相关企业，要求其高度重视，严格落实《关于规范当前校园电信业务市场经营行为的通知》(工信部信管函〔2015〕420号）等文件要求，切实保障校园用户合法权益。

（四）第三季度，工业和信息化部组织对48家手机应用商店的应用软件进行技术检测，发现违规软件53款，涉及违规收集使用用户个人信息、恶意

"吸费"、强行捆绑推广其他应用软件等问题（详见附件3），已责令下架。工业和信息化部组织对62家互联网企业65项互联网服务进行抽查，发现12家互联网企业存在未公示用户个人信息收集使用规则、未告知查询更正信息的渠道、未提供账号注销服务的问题（详见附件4），已督促整改。

工业和信息化部、各省（自治区、直辖市）通信管理局依据《中华人民共和国电信条例》等有关规定，对检查发现的问题及侵害电信用户合法权益的行为进行责任追究，问责督办25件次，查处违规电信企业36家次。

（五）第三季度，工业和信息化部组织基础电信企业继续对虚假"+86"国际来电进行拦截，累计拦截4270万次，有效遏制了境外虚假诈骗电话的呼入。同时，组织企业运用短信、闪信等各种技术手段，对疑似诈骗电话进行提醒，第三季度累计发送风险提示6.27亿次。

（六）工业和信息化部组织开展了2018年第一次智能手机证后监督检查，共抽查了15款智能手机，重点检查产品获得进网许可证前后一致性、落实《移动智能终端应用软件预置和分发管理暂行规定》要求等内容。抽查发现6款智能手机在进网前后一致性、预置应用可卸载等方面存在较多问题（详见附件5）。工业和信息化部根据《电信设备进网管理办法》等相关规定，已责令有关企业进行整改，采取有效措施维护用户合法权益。

（七）第三季度，工业和信息化部对12321网络不良与垃圾信息举报受理中心通讯信息诈骗用户举报情况、省际诈骗电话防范系统问题号码防范处置情况、涉嫌诈骗电话号码用户标记情况进行了通报，组织三家基础电信企业和相关移动通信转售企业对通报号码进行了核查处置，督促相关企业开展整改问题和违规追责，并按照安全责任考核标准对22家省级基础电信企业进行考核扣分。

四、经营及消费提示

（一）经营提示

1. 各企业要严格贯彻落实《工业和信息化部关于进一步规范电信资费营销行为的通知》（工信部通信函〔2018〕276号）文件要求，推出符合用户需求的资费方案，进一步规范资费营销行为，切实保障用户的知情权、选择权等合法权益。

2.各企业要严格贯彻落实《综合整治骚扰电话专项行动方案》的要求，切实落实企业主体责任，加强语音通信业务和资源管理，严控骚扰电话传播渠道；全面提升技术防范能力，提升骚扰电话拦截能力，防范电话扰民。

（二）消费提示

1.工业和信息化部提醒广大用户，通过正规渠道办理电信业务，认真了解所办业务资费、收费情况，结合自身需求选择适合的产品。定期查看消费账单，如有不清楚的问题及时拨打电信企业客服电话进行查询。

2.工业和信息化部呼吁社会各界广泛参与，群策群力防范治理电话营销扰民，共同营造清朗的通信环境。广大用户受到电话营销骚扰时，可通过电话、网站或手机应用等途径向12321网络不良与垃圾信息举报受理中心进行举报。

附件：（略）

工业和信息化部

2018年11月5日

【讲析】

这是一篇用来公布应当周知电信服务质量事项的通报，具有规范性、专业性和广泛性的特点。事由部分，即导语阐述了发布通告的背景、根据、目的、意义等。正文分为3部分，基本情况部分肯定了3个方面的工作，申诉举报部分列举了4个方面的情况，监管情况部分讲了7个方面的问题，正文行文做到了条理分明，层次清晰。执行要求部分，即经营及消费提示说了4点内容，做到明确具体。总体上讲，该通报“缘由”有理有据，“事项”能阐明中心，“执行要求”明确具体。全文结构严密，层次清楚，有逻辑性，文字明白确切，语气凝练庄重，便于理解和执行。

批　复

一、概述

什么是批复?

是答复下级请示事项时使用的文种。

批复的适用范围有哪些?

批复与通知不同，通知是上级机关主动下发的，批复是根据下级机关的请示而发的。批复与请示是对立统一的一对文种。一上一下，一来一往，缺一不可。

批复有哪些特点?

★指示性。批复是上级机关答复下级机关请示事项的文种，上级机关要对下级机关请示的事项作具体的分析、回答，作为下级机关办事的依据，对下级机关具有明显的指示作用。

★被动性。只有下级机关有请示，上级机关才有批复。也就是说，批复是针对请示而作出答复的文种，被动性很明显。先有请示后有批复，批复属于被动行文。

★及时性。批复既是上级机关指示性、政策性较强的公文，又是对下级单位请求指示、批准的答复性公文，不管同意与否，必须及时给予答复，以免下级无所适从。

批复有哪些类型?

按内容不同，批复分核准性的、指示性的和答复性的三种。

二、写作格式

标　题	多采用批复机关、表态词、请示内容和文种的完全式标题，如《国务院关于同意将山西省太原市列为国家历史文化名城的批复》；也有的采取由批复机关、请示内容和文种组成的标题，如《国务院关于全国抗旱规划的批复》。批复的编号通常在标题下一行居中标识。
主送机关	主送机关一般只有一个报送请示的下级机关，顶格写在标题的下行，并加冒号。
正　文	一般由开头、主体和结尾构成。开头部分通常是引语，写清楚下级机关所请示的问题，引述来文所请示的事项，并点出批复对象。主体部分根据政策、相关法律法规和实际情况，对下级机关的请示作出明确的答复。结尾通常有“特此批复”“特此函复”。
落　款	落款写在正文的右下方，写清批复机关的全称和批复日期。

三、写作技巧

★态度明确。批复要对下级机关的请示表明态度，无论是同意还是不同意，必须态度明确，不能模棱两可，含糊其词。

★理由充分。无论是否同意请示的内容，作出怎样的批复，都要有充分的理由。批复前要对下级机关请示的问题进行全面了解，掌握情况，必要时还要进行调查研究，以政策、法律法规为依据。

★用词准确。批复是指令性公文，用词庄严准确，不能使用协商性的语言，以免产生歧义。批复请示时，要从实际情况出发，认真思考，周密决定。

★针对性强。批复是针对下级的请示而制发的文种，内容必须与请示的内容相对应，不能答非所问。

四、常见问题

1. 行文对象问题。批复的行文对象是来文请示的单位，中间转报的请示，批复时应行文给转报的机关，不可越过转报机关将批复主送给被转报的单位。当批复的内容具有普遍指导意义拟抄送给其他下属单位时，也只能抄送直属下一级机关，不宜扩大。

2. 结构形式运用问题。核准性和答复性的批复，多采用“篇段合一”的形式，即通常只有一段文字，一段就是一篇。指示性的批复，先写一个独立的开头，用非常简明的文字说明批复的缘由和依据，表明态度；然后再分条列项地进一步提出要求。

坚持一文一事一批。即一份批复针对一份请示。如果一个单位的数份请示或数个单位同一内容的请示是在同一次会议上审批的，也应坚持一文一事的原则，分别批复，分别行文。也就是说，有一份请示就应该有一份批复。

五、写作范例

（一）核准性批复【范例2–32】

国务院关于《前海深港现代服务业合作区总体发展规划》的批复[①]

国函〔2023〕144号

广东省人民政府、国家发展改革委：

你们关于报请审批《前海深港现代服务业合作区总体发展规划（送审稿）》的请示收悉。现批复如下：

---

① https://www.gov.cn/zhengce/content/202312/content_6920087.htm.

一、原则同意《前海深港现代服务业合作区总体发展规划》(以下简称《规划》)，请认真组织实施。

二、《规划》实施要以习近平新时代中国特色社会主义思想为指导，深入贯彻党的二十大精神，坚持稳中求进工作总基调，完整、准确、全面贯彻新发展理念，加快构建新发展格局，着力推动高质量发展，统筹发展和安全，深化改革开放、强化制度创新，在“一国两制”框架下先行先试，聚焦现代服务业这一香港优势领域，加快推进与港澳规则衔接、机制对接，进一步丰富协同协调发展模式，探索完善管理体制机制，打造粤港澳大湾区全面深化改革创新试验平台，建设高水平对外开放门户枢纽，在深化深港合作、支持香港经济社会发展、高水平参与国际合作方面发挥更大作用。

三、广东省人民政府要切实加强对《规划》实施的组织领导，强化对前海深港现代服务业合作区改革发展中重大问题的指导和协调，加强对实施情况的检查督促。深圳市人民政府要明确工作分工，落实工作责任，制定年度工作计划和专项推进方案，优化资源要素配置予以重点保障，把《规划》各项任务落到实处。前海深港现代服务业合作区要切实履行主体责任，全力做好《规划》实施各项工作，及时总结提炼好的政策措施和做法，形成可复制可推广的经验。

四、国务院有关部门要结合各自职能加大政策保障和指导支持力度。国家发展改革委要加强统筹指导和督促服务，协调解决前海深港现代服务业合作区改革发展中遇到的困难和问题，重大事项及时向党中央、国务院请示报告。

国务院

2023年12月10日

【讲析】

这是一份核准性批复，正文由4部分组成。第一部分开宗明义，同意报审的规划；第二部分表述实施规划的注意事项；第三部分列明了规划实施过程中，广东属地的三个责任主体，即广东省人民政府、深圳市人民政府以及前海深港现代服务业合作区的职责任务；第四部分表述了国务院有关部门特别是国家发展改革委的配合实施责任。批复采取段落式结构，简单明了，字数不多，管用实用。

（二）否定性批复【范例2–33】

上思县人民政府关于那琴乡兴建砖瓦厂的批复

那琴乡人民政府：

你乡××年××月××日《关于兴建砖瓦厂的请示》（那乡发〔2018〕16号）收悉。经研究，现答复如下：

进入新时代以来，农村盖房使用砖瓦量确实明显增加，各乡纷纷兴建了砖瓦厂。据调查，我县已经有60%的农户盖了新房；约20%的农户近年内不拟盖新房，砖瓦需求量相对趋于缓和。其余拟盖房户所需砖瓦的数量，我县现有砖瓦厂完全可以满足。因此，凡申报新建砖瓦厂的请示一律不予同意，以免供过于求，出现新的问题。

上思县人民政府（印）

××××年××月××日

【讲析】

这是一份否定性批复，第一段援引来文依据。第二段先说理由，再下结论，理由充分，结论让人折服。

议　案

一、概述

什么是议案？

议案是由具有法定提案权的国家机关、会议常设或临时设立的机构和组织以及一定数量的个人，向权力机构提出进行审议并作出决定的议事原案。

议案的适用范围有哪些？

议案适用于各级人民政府按照法律程序向同级人民代表大会或者人民代表大会常务委员会提请审议事项。

议案有哪些特点？

★固定性。议案的内容、行文和制发机关具有固定性。人民政府所提议案的内容，必须属于该人民代表大会或常务委员会职权范围内的有关事项。只能由各级人民政府向同级人民代表大会或其常务委员会行文，不能向其他部门单位行文；议案的制发机关只能是各级人民政府，政府的职能部门无权制发。

★必要性和可行性。议案的事项必须具有必要性和可行性。提交人大审议的事项，必须是重要事项且符合人民群众的意愿和要求，议案中提出的方案办法措施也必须是切实可行的。

★时间性。议案的提出有期限限制。各级人民政府的议案，应当而且必须在同级人民代表大会或其常务委员会举行会议规定的限期前提出，否则不能列为议案。超过期限提交的议案作“建议”处理，或移交下次人大会议处理。提交大会审议的议案，必须限期审议表决或提出处理意见。

议案有哪些类型？

1.按提出议案的职权范围和主体来划分，有全国人民代表大会议案，全国人民代表大会常务委员会议案，县级以上地方各级人民代表大会议案，县级以上地方各级人民代表大会常务委员会议案，乡镇人民代表大会议案。

2.按议案的处理方式来划分，有列入大会议程的议案和未列入大会议程的议案。

3.按议案的内容和作用来划分，可以分为法律案、地方性法规案、罢免案、质询案、计划预算案以及其他重大事项案。

二、写作格式

标　题	有两种写法，一是由发文机关、事由（提请审议事项）、文种三部分构成，如《国务院关于提请审议〈中华人民共和国劳动法（草案）〉的议案》；二是由事由和文种两部分构成，如《关于提请审议修改后的国务院机构改革方案的议案》。议案标题一般不能采用发文机关、文种或者只有文种的写法。
主送机关	议案的主送机关，只能是同级人民代表大会及其常务委员会，不能有其他并列机关。要采用全称或规范化简称，不得随意简化。
正　文	由提请审议内容、说明（缘由、目的、意义、形成过程等）和要求组成。可以在开头说明议案的缘由、目的、意义或形成过程，再提出审议事项，然后结尾。一般都采用模式化写法，言简意赅。如“该草案业经市政府同意，现提请审议”。
落　款	落款由政府首长签署。国务院提交给全国人大的议案，要由总理签署；各省、市、县提交给同级人民代表大会的议案，要由省长、市长或县长签署。日期格式与一般行政公文相同。

三、写作技巧

★切合实际。全面掌握党和国家的路线、方针、政策，在广泛调研的基础上形成符合实际需要的规范化议案。

★简洁明快。一般只交代所提事宜，不发表议论，其余的则由附加材料详细说明。恳切妥帖，庄重凝练。

四、关键提示

第一，主体资格合法。议案主体要具备法定资格或符合法定的代表联名人数。比如，在全国人民代表大会上，议案资格机关或部门是：全国人民代表大会主席团、全国人民代表大会常务委员会、全国人民代表大会各专门委员会、国务院、中央军事委员会、最高人民法院、最高人民检察院。此外，一个代表团或者30名以上的代表联名也可以向全国人民代表大会提出议案。

第二，内容属于职权范围。议案内容必须属于本级人民代表大会职权范围。如果属于政府方面的事情，则不以议案形式提出，要用建议、批评和意见形式提出。实践上，很多议案要转作建议、批评和意见去处理。

第三，符合法定时间。议案必须符合法定时间要求。因为人民代表大会会期比较短，一般每年只召开一次。各级人大提出的议案多，这么多的议案要在大会期间处理完毕，时间非常紧张，必须有一个议案的截止时间，以便在大会期间把议案处理完毕，分交各专门委员会审议。

五、写作范例

（一）提案性议案【范例2–34】

国务院关于提请审议国务院机构改革方案的议案①

全国人民代表大会：

中国共产党第十九次全国代表大会明确要求深化机构和行政体制改革。党的十九届三中全会审议通过了《深化党和国家机构改革方案》，同意将其中涉及国务院机构改革的内容提交第十三届全国人民代表大会第一次会议审议。

① http://www.xinhuanet.com/politics/2018-03/13/c_1122528608.htm.

现将根据《深化党和国家行政机构改革方案》形成的《国务院机构改革方案》提请第十三届全国人民代表大会第一次会议审议。

国务院总理　李克强

2018年3月9日

【讲析】

这是一份提案性议案，第一句话交代了背景和缘由，第二句话阐述了方案形成的经过和过程，第三句话提出了希望和要求。落款由总理签署。行文简洁，一目了然。

（二）任免议案【范例2-35】

北河县人民政府关于提请王江等四位同志职务任免的议案

北政文〔××××〕××号

人大常委会：

根据《中华人民共和国地方各级人民代表大会和地方各级人民政府组织法》之规定和中共北河县县委文〔2014〕4号、5号、6号文件，现提请：王江同志任县民族宗教局局长；李三同志任县司法局局长；张而同志任县教育体育局局长；免去刘大同志县教育体育局局长职务。

以上事宜，请审议。

附件：1.王江同志工作简历及主要表现

2.李三同志工作简历及主要表现

3.张而同志工作简历及主要表现

4.刘大同志工作简历

县长　王大珩

××年××月××日

【讲析】

本议案主体由两部分内容组成，一是说明了缘由和根据，二是提出了审议的事项，附件详细说明了每位同志的简历和表现，有利于议案的审议和通过。

贰

第二章 7种法规性公文的拟制方法

条例
办法
制度
细则
章程
守则
规程

法规性公文，又称规章性公文或者约束性公文，是行政机关、企事业单位公文的重要组成部分，也是规范党政机关和企事业单位正常运行，开展业务工作，实施监督检查，提高工作绩效经常使用的公文文种。这类公文，包括条例、办法、制度、细则、章程、守则、规程等，是日常工作十分管用和实用的文种，作为机关人员，必须熟练掌握，灵活运用。由于本书篇幅所限，这里只介绍使用频率较高的几个文种。

条　例

一、概念

条例是党的机关、国家权力机关或行政机关依照法律法规而制定颁布的，针对政治、文化、经济等各领域具体事项作出的，比较系统全面具有长期执行效力的法规性公文。是由国家制定或批准的、规定某些事项或某一机关组织职责权利的规范性法律文件。

二、结构

由标题、签署、正文三部分组成。

1. 标题。一般由制发单位名称、事由和文种构成，有的是由事由、文种构成，如《机关事务管理条例》。

2. 签署。在条例的标题下用括号括注的条例审议通过的时间、会议和公布的日期、施行的日期。三个日期可不兼具。

3. 正文。由总则、主体和附则三部分组成。一是总则部分，一般应写明制定和发布条例的依据，交代制定条例的原因、目的以及基本原则、适用范围等，以承启用语过渡到下文，如“特制定本条例”。二是主体部分，即条例要规定的主要内容，用章、节、条、款、项的结构，分别对要规范的内容进行阐述，一般包括实体性规定和法律责任规定部分，篇幅视条例的具体内容而定。三是附则部分，一般应包括条例适用的其他范围、生效的起止时间、修改与废止的权限、与其他文件的关系，等等。

三、写作范例

中国共产党巡视工作条例①

（2017年7月1日修改）

第一章　总　则

第一条　为落实全面从严治党要求，严肃党内政治生活，净化党内政治生态，加强党内监督，规范巡视工作，根据《中国共产党章程》，制定本条例。（以下第二条—第四条略）

第二章　机构和人员

第五条　党的中央和省、自治区、直辖市委员会成立巡视工作领导小组，分别向党中央和省、自治区、直辖市党委负责并报告工作。

巡视工作领导小组组长由同级党的纪律检查委员会书记担任，副组长一般由同级党委组织部部长担任。巡视工作领导小组组长为组织实施巡视工作的主要责任人。

中央巡视工作领导小组应当加强对省、自治区、直辖市党委，中央有关部委，中央国家机关部门党组（党委）巡视工作的领导。（以下第六条—第十二条略）

① http://news.gmw.cn/2017-07/15/content_25086157.htm.

第三章　巡视范围和内容

第十三条　中央巡视组的巡视对象和范围是：

（一）省、自治区、直辖市党委和人大常委会、政府、政协党组领导班子及其成员，省、自治区、直辖市高级人民法院、人民检察院党组主要负责人，副省级城市党委和人大常委会、政府、政协党组主要负责人；

（二）中央部委领导班子及其成员，中央国家机关部委、人民团体党组（党委）领导班子及其成员；

（三）中央管理的国有重要骨干企业、金融企业、事业单位党委（党组）领导班子及其成员；

（四）中央要求巡视的其他单位的党组织领导班子及其成员。（以下第十四条—第十六条略）

第四章　工作方式和权限

第十七条　巡视组可以采取以下方式开展工作：

（一）听取被巡视党组织的工作汇报和有关部门的专题汇报；

（二）与被巡视党组织领导班子成员和其他干部群众进行个别谈话；

（三）受理反映被巡视党组织领导班子及其成员和下一级党组织领导班子主要负责人问题的来信、来电、来访等；

（四）抽查核实领导干部报告个人有关事项的情况；

（五）向有关知情人询问情况；

（六）调阅、复制有关文件、档案、会议记录等资料；

（七）召开座谈会；

（八）列席被巡视地区（单位）的有关会议；

（九）进行民主测评、问卷调查；

（十）以适当方式到被巡视地区（单位）的下属地方、单位或者部门了解情况；

（十一）开展专项检查；

（十二）提请有关单位予以协助；

（十三）派出巡视组的党组织批准的其他方式。（以下第十八条—第二十条略）

第五章　工作程序

第二十一条　巡视组开展巡视前，应当向同级纪检监察机关、政法机关和组织、审计、信访等部门和单位了解被巡视党组织领导班子及其成员的有关情况。（以下第二十二条—第三十二条略）

第六章　纪律与责任

第三十三条　派出巡视组的党组织和巡视工作领导小组应当加强对巡视工作的领导。对领导巡视工作不力，发生严重问题的，依据有关规定追究相关责任人员的责任。（以下第三十四条—第三十八条略）

第七章　附　则

第三十九条　各省、自治区、直辖市党委可以根据本条例，结合各自实际，制定实施办法。（以下第四十条—第四十二条略）

四、写作技巧

第一，于法有据。条例的写作必须符合国家法规，符合党的方针政策，即与“上位法”不矛盾和冲突。制定条例，要避免部门和局部利益，以维护国家、集体利益为前提，充分调查研究，紧密结合本地区、本单位的实际情况。

第二，职权法定。条例的种类很多，要规范的事项更多，必须按照职权法定的原则，在自己明确的职权范围内制定，不能越权制定；同时，要注意条例的适用范围，不可超越边界。

第三，章断条连。条例的最大特点是分条列项，节的条目要从头贯到底，章的条目要断开。要注意结构严谨、条目清晰。凡经有关部门或会议肯定的，首先要把内容和事项搞清楚，抓住主要问题和基本精神，采取分章、分条、分款、分项的办法，用简洁、准确、具体的文字，把内容表达清楚明白，切不可模棱两可。

五、注意事项

1. 制发权限。条例作为党内和国家行政法规，具有制定权的机关，在中央政府是党中央、国务院；在地方政府是省、自治区、直辖市的人大及其常委会，或省会城市、较大城市、计划单列市的人大及其常委会（发布前，须经省、自治区人大及其常委会批准方可发布施行）。《中国共产党党内法规制定条例》规定，中央纪律检查委员会、中央各部门和省、自治区、直辖市党委制定的党内法规，称为规则、规定、办法、细则。《行政法规制定程序条例》中明确规定，国务院各部门和地方人民政府制定的规章不得称条例。

2. 公布形式。条例的公布施行，要用法定文种中的“通知”作“文头”来颁布，遵循“法随令出”的原则。有的使用“公布令”发布，如中央政府条例，一般用国务院令的方式公布；省、自治区、直辖市人民政府等制定的，用省政府令的方式公布。

3. 正反兼顾。“条”是从正面规定的条文，即应该做什么和怎么做的问题，而“例”则是从反面说明的，就是对违反条例规定的应该怎么处置。所以，一般条例都有罚则方面的内容。

办　法

一、概念

办法是机关单位为贯彻某一法令或者做好某一方面工作而制定的法规性

文书。办法的应用范围广泛，使用频率很高。可以用于指导实施党内或者国家的某一法律、法规，也可以用来对某一项工作作出具体的规定。

二、结构

办法的标题。一般由发文机关名称、事由、文种组成。也可以省略发文机关名称，由事由、文种组成。办法如果属于“试行”“暂行”的，要在公文标题中注明；如果需要标注会议通过日期或者发布日期的，可在标题下加括号注明。

办法的正文。一般由三部分组成：制发缘由+办法的具体内容+结束语或附则。制发缘由，指制定办法的依据、目的、原则等；办法的具体内容为办法正文的主体，根据情况决定篇幅的长短；结束语常用来说明办法的适用范围、实施日期、工作要求以及解释权限等。

三、写作范例

商用密码应用安全性评估管理办法[①]

第一条　为了规范商用密码应用安全性评估工作，保障网络与信息安全，维护国家安全和社会公共利益，保护公民、法人和其他组织的合法权益，根据《中华人民共和国密码法》、《商用密码管理条例》等有关法律法规，制定本办法。

第二条　本办法所称商用密码应用安全性评估，是指按照有关法律法规和标准规范，对网络与信息系统使用商用密码技术、产品和服务的合规性、正确性、有效性进行检测分析和评估验证的活动。

第三条　国家密码管理局负责管理全国的商用密码应用安全性评估工作。

① https://sousuo.www.gov.cn/sousuo/search.shtml?code=17da70961a7&dataTypeId=107&searchWord=办法。

县级以上地方各级密码管理部门负责管理本行政区域的商用密码应用安全性评估工作。

国家机关和涉及商用密码工作的单位在其职责范围内负责指导、监督本机关、本单位或者本系统的商用密码应用安全性评估工作。

第四条　从事商用密码应用安全性评估活动，向社会出具具有证明作用的商用密码应用安全性评估数据、结果的机构，应当经国家密码管理局认定，依法取得商用密码检测机构资质。

第五条　国家密码管理局支持商用密码应用安全性评估技术、标准、工具创新，完善商用密码应用安全性评估标准体系，鼓励设立商用密码应用安全性评估行业组织，加强行业自律，维护行业秩序。

第六条　法律、行政法规和国家有关规定要求使用商用密码进行保护的网络与信息系统（以下简称重要网络与信息系统），其运营者应当使用商用密码进行保护，制定商用密码应用方案，配备必要的资金和专业人员，同步规划、同步建设、同步运行商用密码保障系统，并定期开展商用密码应用安全性评估。

第七条　重要网络与信息系统规划阶段，其运营者应当依照相关法律法规和标准规范，根据商用密码应用需求，制定商用密码应用方案，规划商用密码保障系统。

重要网络与信息系统的运营者应当自行或者委托商用密码检测机构对商用密码应用方案进行商用密码应用安全性评估。商用密码应用方案未通过商用密码应用安全性评估的，不得作为商用密码保障系统的建设依据。

第八条　重要网络与信息系统建设阶段，其运营者应当按照通过商用密码应用安全性评估的商用密码应用方案组织实施，落实商用密码安全防护措施，建设商用密码保障系统。

重要网络与信息系统运行前，其运营者应当自行或者委托商用密码检测机构开展商用密码应用安全性评估。网络与信息系统未通过商用密码应用安全性评估的，运营者应当进行改造，改造期间不得投入运行。

第九条　重要网络与信息系统建成运行后，其运营者应当自行或者委托商用密码检测机构每年至少开展一次商用密码应用安全性评估，确保商用密码保障系统正确有效运行。未通过商用密码应用安全性评估的，运营者应当进行改造，并在改造期间采取必要措施保证网络与信息系统运行安全。

第十条　对商用密码应用方案开展商用密码应用安全性评估，应当包括以下内容：

（一）考量商用密码应用需求的全面性、合理性和针对性，对照相关标准规范选取适用指标的准确性，以及不适用指标论证的充分性；

（二）分析商用密码应用流程和机制是否具备可实施性、商用密码保护措施是否达到相应的商用密码应用要求、相关描述是否详尽；

（三）论证商用密码技术、产品和服务选用的合规性，密钥管理的安全性，以及使用商用密码解决安全风险的科学性；

（四）编制形成商用密码应用安全性评估报告。

第十一条　对建设完成的网络与信息系统开展商用密码应用安全性评估，应当包括以下内容：

（一）对照商用密码应用方案，了解网络与信息系统基本情况，准确划定评估范围；

（二）确定评估指标及评估对象，论证编制商用密码应用安全性评估实施方案；

（三）依据商用密码应用安全性评估实施方案，开展现场评估，做好数据采集和信息汇总，研判商用密码保障系统配置及运行情况；

（四）根据客观凭据逐项对评估指标进行判定，编制形成商用密码应用安全性评估报告。

第十二条　运营者开展商用密码应用安全性评估活动，应当遵守法律法规、标准规范要求，遵循客观实际、科学公正、诚实信用原则。委托商用密码检测机构开展商用密码应用安全性评估的，不得对评估结果施加不当影响，并应当提供以下支持：

（一）对网络与信息系统的重要数据进行备份；

（二）提供完整有效的网络与信息系统设备清单和网络拓扑；

（三）提供详细的网络与信息系统商用密码应用方案、密码相关管理制度和密码配置、运行、维护记录；

（四）提供商用密码产品管理入口、网络交换设备接入端口等相关信息、数据接入分析条件，并配合进行数据采集；

（五）安排网络与信息系统相关网络管理员、系统管理员、密钥管理员、密码安全审计员、密码操作员等做好配合；

（六）其他需要配合的事项。

第十三条　自行开展商用密码应用安全性评估的网络与信息系统，其运营者应当符合以下要求：

（一）具有与开展商用密码应用安全性评估活动相适应的设备设施；

（二）具有与开展商用密码应用安全性评估活动相适应的项目管理、质量管理、人员管理、档案管理、安全保密管理等规章制度；

（三）具有与开展商用密码应用安全性评估活动相适应的专业人员；

（四）具有与开展商用密码应用安全性评估活动相适应的专业能力。

自行开展商用密码应用安全性评估形成的商用密码应用安全性评估报告，应当符合相关国家标准、行业标准和有关规定的要求，由本单位密码或者网络安全负责人签字确认并加盖本单位公章。

运营者应当对商用密码应用安全性评估原始记录和商用密码应用安全性评估报告归档留存，保证其具有可追溯性。商用密码应用安全性评估原始记录和商用密码应用安全性评估报告的保存期限不得少于6年。

第十四条　重要网络与信息系统的运营者应当在商用密码应用安全性评估报告形成后30日内，将评估报告和相关工作情况按照国家有关规定报送国家密码管理局或者网络与信息系统所在地省、自治区、直辖市密码管理部门备案。

国家密码管理局或者省、自治区、直辖市密码管理部门对商用密码应用安全性评估结果备案材料进行形式审查。形式审查未通过的，相关运营者应当重新提交备案材料。

国家密码管理局可以对商用密码应用安全性评估结果进行抽样检查。抽样检查不合格的，相关运营者应当重新开展商用密码应用安全性评估。

省、自治区、直辖市密码管理部门应当按季度向国家密码管理局报送本地区商用密码应用安全性评估工作开展情况。

第十五条　运营者发现密码相关重大安全事件、重大密码安全隐患或者特殊紧急情况的，应当及时向国家密码管理局或者网络与信息系统所在地省、自治区、直辖市密码管理部门报告，并启动应急处置方案，必要时开展商用密码应用安全性评估。

第十六条　县级以上地方各级密码管理部门、国家机关和涉及商用密码工作的单位可以根据工作需要，对本地区、本机关、本单位或者本系统的重要网络与信息系统商用密码应用安全性评估情况开展专项检查。

第十七条　重要网络与信息系统的运营者违反《中华人民共和国密码法》、《商用密码管理条例》和本办法规定，有下列情形之一的，由密码管理部门责令改正，给予警告；拒不改正或者有其他严重情节的，处10万元以上100万元以下罚款，对直接负责的主管人员处1万元以上10万元以下罚款：

（一）重要网络与信息系统规划阶段，未对商用密码应用方案进行商用密码应用安全性评估的；

（二）重要网络与信息系统建设阶段，未按照通过商用密码应用安全性评估的商用密码应用方案建设商用密码保障系统的；

（三）重要网络与信息系统运行前，未开展商用密码应用安全性评估的；

（四）重要网络与信息系统运行前，未通过商用密码应用安全性评估且未进行改造的；

（五）重要网络与信息系统建成运行后，未定期开展商用密码应用安全性评估的；

（六）重要网络与信息系统建成运行后，未通过定期开展的商用密码应用安全性评估且未进行改造的；

（七）违反法律法规、标准规范要求开展商用密码应用安全性评估的；

（八）不符合相关要求自行开展商用密码应用安全性评估的。

第十八条　重要网络与信息系统的运营者违反本办法规定，有下列情形之一的，由密码管理部门责令改正；逾期未改正或者改正后仍不符合要求的，处1万元以上10万元以下罚款，对直接负责的主管人员处5000元以上5万元以下罚款：

（一）对商用密码应用安全性评估结果施加不当影响的；

（二）未为商用密码应用安全性评估活动提供必要支持的；

（三）未按照要求进行商用密码应用安全性评估结果备案的。

第十九条　从事商用密码应用安全性评估监督管理工作的人员滥用职权、玩忽职守、徇私舞弊，或者泄露、非法向他人提供在履行职责中知悉的商业秘密、个人隐私、举报人信息的，依法给予处分。

第二十条　本办法施行前正在建设的重要网络与信息系统，其运营者应当加强商用密码应用方案编制论证，建设完善商用密码保障系统，并按照本办法第八条规定开展商用密码应用安全性评估。

本办法施行前已经投入运行的重要网络与信息系统，其运营者应当按照本办法第九条规定开展商用密码应用安全性评估。

第二十一条　本办法自2023年11月1日起施行。

四、写作技巧

办法的制定依据是上级机关的法令、条例等，写作时应保证内容的具体、明确，实践性鲜明，确保切实可行。条款要详细、具体，用语要恰当、严密。办法的法规性与约束力较之于条例、规定相对弱些，内容庞杂的办法可分章叙写，采取章断条连的结构方式。一般的办法如果篇幅短小，分条叙写即可。语言使用上，要做到使用法言法语，不使用方言和俗语。

五、注意事项

内容复杂的办法，可分为总则、分则、附则来组织其行文结构；内容简单的办法，通常采用分条列项的写法来安排内容。办法的制定依据往往是上级机关的法令、决议、条例等。具体明确、切实可行是办法写作的基本要求。

制　度

一、概念

制度是党政机关、企事业单位为加强对某项工作的规范和管理制定的，要求其成员必须遵守的办事规程、行为准则的一种公文文种。制度是工作措施中的重要环节，是完成任务的重要手段；也是鞭策激励人们遵守纪律，努力学习和工作的行为准则。

二、结构

制度一般由标题和正文两部分构成。

标题。一般由党政机关、企事业单位的名称、事由、文种组成，有的也采用“事由+文种”的标题。

正文。有两种形式。

1.条款式。适用于内容比较简单的制度。一般开头说明缘由、目的、要求等，主体部分分条列出制度的具体内容。

2.章条式。内容比较复杂时，将制度分成若干章，每章又分若干条。第一章是总则，中间各章叫分则，最后一章叫附则。总则一般写原则性、普遍性内容，主要有宗旨、制定依据和任务、基本原则、适用范围等。分则是在总则之后阐述具体内容的部分。通常按事物逻辑顺序，或各部分内容之间的内在联系，或工作活动程序以及惯例的方式，分条列项逐一编排。附则部分（即法律责任部分）的条文单独列出，放在分则的最后。附则的主要内容有施行程序与方式，相关解释说明，施行起始日期，等等。

三、写作范例

××镇政务服务中心管理制度[1]

一、公开办事制度

第一条　公开办事制度是经办人员在为当事人办理申请事项的过程中，坚持公开、公平、公正、阳光操作的办事制度。

第二条　××镇政务服务中心应牵头组织编印《办事服务指南》，在政务服务中心公开所有项目的名称、设立依据、申报材料、办理程序、承诺时限、收费标准、收费依据等内容，使当事人一目了然，明白缴费。

第三条　经办人员对前来政务服务中心的办事人员应热情相迎，礼貌相待，当场审核其所提供的资料。对手续及材料齐全的应当予以受理，能办理的当场办理，不能当场办理的，出具受理通知书，在承诺时限内办结、回复。

第四条　经办人员在办理有关行政许可（审批）、公共服务和便民服务事项的过程中，除法律法规规定收费的有关规费外，其他任何费用一律不得收取，更不得以任何理由吃、拿、卡、要。

二、一次性告知制度

第五条　一次性告知制度是指当事人到政务服务中心或电话咨询有关事宜时，经办人员必须一次性告知所要办理事项的办事依据、办理条件、办理程序、承诺时限、申报材料、收费标准、收费依据等内容以及不予办理的理由的制度。

第六条　经办人员对前来办事的人员负有一次性告知义务。对手续及材料齐全的应当予以受理或办理；对申请材料不齐全或者不符合法定形式的，

① www.yuanjiang.gov.cn/22181/22184/content_1555663.html.

应当场一次性告知申请人需要补正的全部材料。

第七条　对所办事项涉及多个部门或有关规定尚未明确等特殊情况，经办人员要及时帮助咨询了解或请示报告，并将咨询、了解的结果一次性告知当事人。

第八条　需要一次性告知的事项，对电话咨询的可口头一次性告知，对来人咨询的可口头告知或以书面形式一次性告知。

三、首问负责制度

第九条　在审批服务过程中，最先接待来电、来访、办事、咨询的接待人员要负责给予必要的指引、介绍或答疑等服务。

第十条　首问的对象包括：前来政务服务中心的办事人员、来电、来访、咨询、查询和投诉人员等。

第十一条　对来人或来电提出的咨询、查询、投诉等提出的问题，无论是否属于政务服务中心的职责范围，首先受到询问的工作人员都有负责指引、介绍或答疑的责任，不得以任何借口推诿、拒绝或拖延处理时间。

第十二条　首问的工作人员能当场处理的，要当场解决。不能当场处理或不属于政务服务中心职责范围内的事情，应该做到：向来电、来访人说明原因，并给予必要的解释；将来人带到相关人员处或指引到相关站（所、办）办理；用电话与相关单位取得联系，便于及时解决；转告有关单位电话号码或办事地点。

第十三条　答复来人、来电提出的问题时，既要准确地掌握政策，又要坚持实事求是的原则。对于不清楚、掌握不确切的问题应及时请示有关领导和专业人员，给对方一个准确的答复；对于确实解决不了、解释不了或不属于政务服务中心职责的问题，应耐心向对方说明情况；答复、介绍和指引时，首问的工作人员态度要热情、用语要文明，树立良好的政务形象。

第十四条　在处理来人、来电的咨询、查询、投诉和办理业务过程中，如发生拒绝、推诿或态度粗暴等现象的，一经查实，应对首问人员进行必要的批评教育，对造成严重后果的，视情节轻重追究相关责任。

四、限时办结制度

第十五条 政务服务中心依据法律法规和有关规定，对其所受（代）理事项，必须在规定时间内予以办结。

第十六条 窗口在受理当事人的申请时，应出具受理通知书。受理时对手续、材料不齐全或不符合法定要求的，应当场一次性告知所需补充的手续和材料；凡是可以当场办结的事项，应当场办结；不能当场办结的事项，无论是在本乡镇，还是需要到市直有关部门，窗口均应确定明确的办结时限；凡是可以在办结时限前完成的事项，应尽快办理，不得以时限未到为由拖延。

第十七条 根据有关法律、法规和文件的规定，乡镇能够办理而又不能当场办结的，最长承诺时限不得超过3天；需要到市直有关部门办理的事项，除去上级所承诺的时限，承诺时限最长不得超过3天。

第十八条 凡违反本制度的行为，视其情节轻重，给予批评、诫勉、通报、调离岗位等处理。

五、承诺代办制度

第十九条 承诺代办制度是窗口不能当场办结或超越乡镇权限范围内的事项，由综合窗口统一受理后，通过“互联网+政务服务”一体化政务服务平台传送至有关部门办理，需要原件的采取邮政双向快递形式进行办理，并在承诺时限内办结、回复的一项制度。

第二十条 综合窗口统一受理后，应当场审核当事人所提供的资料。对申请材料不齐全或者不符合法定形式的，应当场一次性告知申请人需要补正的全部材料；对手续及申请材料齐全的事项，出具承诺代办通知书，办结后按照办理结果告知制度，迅速回复当事人……

四、写作技巧

★注重形式。制度在格式上，不论是章条式，还是条款式，均采用逐章逐条的写法，条款层次由大到小依次可分为编、章、节、条、款、目、项七级，但篇幅不长的一般性制度采取章、条、款三层结构方式。

★注重语言。制度用语简洁、平易、严密，在一定范围具有法定效力，因此在语言使用上，与其他法规性文书相比，更加具有规范性、约束性和权威性的特点。

★注重逻辑。制度是严密的办法，也是人们必须遵守的特定行为规范，其内容有预见性、科学性。所以，就其整体而言，要特别注重内在逻辑的一致和科学，确保严密性、系统性和可操作性。

五、注意事项

1. 形式规范。制度在其适用范围内，具有很强的法定效力，因此，在体式上比其他法规性文书更具有规范性。以有关法律、法规、政策为依据，用语简洁、严密。在格式上，不论是章条式，还是条款式，都采用逐章逐条的写法，条款层次由大到小进行编排。

2. 内容严密。制度具有指导性、约束性，内容要求严密规范，要以有关法律、法规和政策为依据，便于大家遵守。

细　则

一、概念

细则是有关机关为使下级机关更好地贯彻执行某一法律、行政法规，比如，条例、规定等，对已颁布的法律法规、法令、规定作出具体说明和解释的文种。

二、结构

细则一般由标题、正文和落款三部分组成。

标题。一般情况下，细则的标题由发文机关、事由和文种构成；或者由事由和文种组成，如《办公用房管理实施细则》。

正文。有条款式和章条式两种写法。

1. 条款式。写法是不分章，直接列条。这种写法适用于内容比较简单、篇幅比较短小的细则。前几条写目的、依据、基本原则等内容，中间几条是对法律法规的解释、补充和规定，最后几条写执行要求。

2. 章条式。适用于内容较多的细则，分为总则、分则和附则三个部分。总则说明制订的目的、依据、指导思想、适用范围等；分则是主体部分，是对原法律法规进行解释和补充，制定出具体的执行标准、实施方式和奖惩措施；附则是结尾部分，主要说明执行要求。

落款。在正文末尾的右下方署上发文机关名称和发文日期，如果标题下已经标明发文机关名称和发文日期，落款处就不再写。

三、写作范例

违法违规使用医疗保障基金举报奖励实施细则[①]

（2023年7月3日）

第一章　总则

第一条　为了鼓励举报违法违规使用医疗保障基金的行为，动员社会力量参与医疗保障基金监督，维护医疗保障基金安全和公民医疗保障合法权益，

① www.shanxi.gov.cn/zfxxgk/zfxxgkzl/zc/xzgfxwj/bmgfxwj1/szfzsjg_76500/sylbzj_76513/202309/t20230913_9313475.shtml.

根据《中华人民共和国社会保险法》《医疗保障基金使用监督管理条例》《医疗保障基金使用监督管理举报处理暂行办法》《违法违规使用医疗保障基金举报奖励办法》等法律、法规、规章，结合我省实际，制定本细则。

第二条　自然人（以下称举报人）向医疗保障行政部门反映山西省行政区域内定点医药机构、经办机构、参保人、其他组织或个人等涉嫌违法违规使用基本医疗保险（含生育保险）基金、医疗救助基金等医疗保障基金行为并提供相关线索，经查证属实应予奖励的，适用本细则。

违法违规使用居民大病保险、职工大额医疗费用补助、公务员医疗补助等医疗保障资金的举报奖励，参照本细则执行。

第三条　县级以上医疗保障行政部门负责本行政区域内违法违规使用医疗保障基金的举报奖励工作。

医疗保障行政部门委托医疗保障经办机构、综合执法机构等组织开展举报处理工作的，参照本细则执行。

第四条　举报奖励遵循依法保护举报人合法权益、自愿领取、奖励适当的原则。

第五条　举报奖励所需资金纳入省、市、县级医疗保障行政部门预算。

第二章　奖励条件

第六条　奖励举报人须同时符合下列条件：

（一）有明确的被举报对象和具体违法违规线索，并提供了有效证据；

（二）举报的主要事实、证据事先未被医疗保障部门掌握；

（三）举报事项经查证属实，被举报行为已造成医疗保障基金损失；

（四）举报人愿意得到举报奖励，并提供可供核查且真实有效的身份信息、联系方式等；

（五）其他依法依规应予以奖励的必备条件。

第七条　有下列情形之一的，不予奖励：

（一）举报人为医疗保障部门工作人员或者受医疗保障部门委托履行基金监管职责的第三方机构工作人员；

（二）违法违规使用医疗保障基金行为人主动供述本人及其同案人员的违法违规事实，或者在被调查处理期间检举揭发其他违法违规行为；

（三）医疗保障行政部门对举报事项作出处理决定前，举报人主动撤回举报；

（四）举报人身份无法确认或者无法与举报人取得联系；

（五）举报前，相关违法违规使用医疗保障基金行为已进入诉讼、仲裁等法定程序；

（六）其他依法依规不予奖励的情形。

……

四、写作技巧

★要体现规范性。细则是对法律法规或者法令、规定的补充说明或辅助性规定，细则和这些法律法规或者法令、规定一样，具有规范工作和行为的特点。

★要体现可操作性。细则是对已颁布的法律法规或者法令、规定作出具体说明和解释的文种，比法律法规或者法令、规定更具有可操作性。

★要体现补充性和辅助性。制定细则的目的是补充法律法规或者法令、规定条文原则性强而可操作性弱的不足。细则是法律法规的从属性文件，对法律法规进行解释和说明，利于贯彻执行，所以，细则宜细不宜粗。

五、注意事项

1. 紧扣原文条款。细则是为了能更好地贯彻落实重要法规条文的某些条款而制定的，是把有关条规具体化、细密化的文种，不是另写条款。所以，主体内容不能离开原条款主旨随意发挥、解释，否则会使执行者无所适从，影响贯彻施行。

2. 结合工作实际。细则不能仅就原条款的字面或演绎推理进行解释，必须深入实际、调查研究，与本系统、本地区、本部门的实际情况相结合。这样制定出的细则才能有的放矢、切实可行。

3.遵照原文逻辑。所有细则都是为贯彻执行某一条规而制发的。所以，首先必须说明制定细则的条文根据和逻辑顺序，按照法律法规或者法令、规定原来的逻辑关系和条文顺序，逐条说明和解释，一项一事，不能跳跃和无故省略。

4.体现精准细致。“精准”是指抓住那些容易出现问题的关键环节进行解释说明；“细致”则是指制定的措施要详细具体，界限分明，使人便于理解。

章　程

一、概念

章程是政党或社会团体为了说明该组织的性质、宗旨、组织原则、机构设置、职责范围等而形成的文件。章程在组织内部具有规范与约束作用。组织的事项，包括行动方向、机构建设、会务活动、经费来源等，都必须以章程规范为准。

二、结构

章程的结构一般由标题、正文和附则三部分组成。

标题。一般由机关名称加文种构成。标题下面，括号内写明审议通过的时间和会议名称。未经代表大会通过的，在标题末尾加上“草案”字样。

正文。一般由总则和分则两部分构成。总则又称总纲，总体上阐述组织的性质、宗旨、任务和作风等。分则要讲清楚各项规定。比如，组成人员，要说明成员的基本要求、权利、义务和纪律等；相关组织，要讲全国组织、地方组织、基层组织，代表大会、理事会、常务理事会；工作经费，要讲明经费来源、管理和使用等。

附则。是对章程的制定权、修改权和解释权的说明。

三、写作范例

教育部基础教育教学指导委员会章程[①]

（2021年6月1日）

第一章　总　则

第一条　根据全国教育大会精神，深入贯彻党的教育方针，落实立德树人根本任务，充分发挥专家对基础教育教学工作的决策咨询、理论研究、实践指导等作用，提高教学工作科学化专业化水平，全面推进基础教育高质量发展，教育部成立基础教育教学指导委员会（以下简称教指委），教指委下设若干专业委员会（以下简称专委会）。

第二条　教指委是教育部直接领导的专家组织，配合、协助教育部围绕基础教育教学改革与质量提升开展专业性工作。

第二章　组　织

第三条　教指委设主任委员1人，副主任委员10人左右，委员若干。各专委会设主任委员1人，副主任委员2—5人，委员若干。

第四条　教指委秘书处设在教育部基础教育司。各专委会根据工作需要确定秘书处设置单位或部门。

第三章　任　务

第五条　受教育部委托，围绕基础教育教学改革目标，依据国家有关教

① https://www.gov.cn/zhengce/zhengceku/2021-06/22/content_5620018.htm.

育政策文件精神，开展基础教育教学相关政策研究，并向教育部提交政策咨询报告。

第六条　受教育部委托，围绕教育部年度重点工作，聚焦基础教育教学改革面临的重点难点问题开展相关理论研究，形成研究成果，提出建设性意见建议，进行重大教育政策解读。

第七条　受教育部委托，指导基层按照新时代基础教育教学改革方向，落实国家课程教学改革要求，推进课堂教学方式方法创新，不断提高育人质量。

第八条　组织委员深入一线开展调研，发现地方和学校（幼儿园）教育教学改革典型案例，提炼形成可推广的有益经验，并提出推广应用的指导意见和实施指南等；经教育行政部门审核同意后进行推广应用。

第九条　承担教育部委托的其他任务。

第四章　委　员

第十条　教指委委员由基础教育政策和教育理论研究有较高造诣的专家、具有丰富教育教学管理和实践经验的教育教学名师组成。各专委会委员由教育行政、教研、中小学校、高等院校和科研院所等单位专家组成，每届任期4年。

第十一条　教指委和专委会委员任职基本条件包括：

（一）政治立场坚定，遵纪守法，全面贯彻党的教育方针，具有科学的教育观念；

（二）熟悉教育规律和教育政策，深刻理解并准确把握基础教育教学改革方向，教育理念先进，具有改革创新精神；

（三）热爱教育事业，有高度政治责任感，乐于为基础教育教学改革服务；

（四）专业能力过硬，学术思想正确，在教育教学研究、教育教学实践方面有较广泛的影响力；

（五）身体健康，能够保证时间参加教指委的工作。

第十二条　委员享有权利包括：

（一）以委员身份深入基层开展基础教育调查研究；

（二）以委员身份独立或联名向专委会、教指委或教育部提出意见、建议和报告；

（三）以委员身份独立或联名申请承担教指委和专委会设立的学术研究项目。

第十三条　委员应履行义务包括：

（一）遵守本章程，认真履行委员职责，不谋取私利；

（二）认真完成教指委及专委会布置的任务，参加有关会议和重要活动，无故缺席三次以上视为自动退出。

第五章　工作制度

第十四条　教指委由教育部负责组建和领导，教育部有关司局根据工作需要指导相关专委会开展工作。教指委委员和专委会委员，聘任期间可根据工作需要、身体状况和实际表现适时调整。

第十五条　教指委根据工作需要，原则上每年召开1—2次全体委员会议，研究重要工作事项，审议重要咨询报告、重点工作进展情况，提出相关意见建议。

第十六条　各专委会原则上每年召开1—2次全体委员工作会议，根据工作需要并经教指委同意，召开有关专题会议，研究本专委会工作方案和重点工作任务等事项。

第十七条　教指委和专委会相关研究内容和工作事项，如需以教指委和专委会名义向社会公开，需报请教育部同意。

第六章　工作支持

第十八条　教育部为教指委和专委会开展工作提供必要的条件保障和经费支持。委员所在单位应对委员参与教指委、专委会工作给予积极支持。

第十九条　教指委印章由秘书处统一管理。

第七章　附　则

第二十条　各专委会可依据本章程制订工作细则。

第二十一条　本章程自公布之日起施行，由教指委秘书处负责解释。

四、写作技巧

章程的拟制一般是先以“草案”形式发给有关部门和人员进行讨论，经过反复修订，最后提交有关组织的最高会议审议通过、发布实施。章程公布时，要注明批准的依据和时间。

从写作要求上看，章程的写作必须做到逻辑严密，文字表述准确，通俗易懂。内容规定简练扼要，切实可行。所涉及的内容，要根据现有条件，尽量做到周密细致、完备无缺。同时又要考虑在一定时间内的稳定性。条文要明确、具体、通俗易懂，措辞规范，不使用抽象笼统的字句，条文要前后贯通，不能前后矛盾或解释不一。章程的审议通过要广泛征求专家的意见，多次讨论，逐步完善定稿。为了确定章程的效力，同时要注意其严肃性，每章每条都要规范、合理和完备。

五、注意事项

1. 内容必须完整。章程的主要内容包括组织名称、宗旨、机构、会员要求、入会方式、会员权利义务、领导者的产生和任期、会费的缴纳以及经费的管理和使用等。必要的项目要内容完备，既照顾全面又突出特点。

2. 结构务必严谨。章程的条款和全文要有合理严谨的逻辑顺序，一般由总则到分则。总则讲目的、依据等，分则一般先讲对内，后讲对外；先讲成员，后讲组织；先讲全国组织，后讲地方组织，再讲基层组织。环环相扣，使全文成为一个有机的统一体。

3. 表达力求简洁。章程一般用条文方式表述，句与句、段与段之间一般很少使用关联词语，如“因为……所以……”“不但……而且……”等，要有一定的跳跃性。章程的语言多采用词语直接的意义，不用比喻、夸张等修辞手法。语义明确，没有歧义，简洁明白。

守　则

一、概念

守则是指国家机关、企事业单位和社会团体为维护公共利益和公共秩序，向所属成员发布的行为准则和道德规范。

二、结构

守则一般由标题、正文和落款组成。

标题。由发文机关、事由和文种组成，如《河北省乡村干部施政守则》；也可以省去发文机关，直接由事由和文种组成，如《公安干警守则》；还可以直接用文种作为标题，如《守则》。

正文。守则篇幅较小，通常采用通篇分条的写法。如果内容复杂，也可采用章条式写法，由总则、分则和附则构成，下面再分章和条。

落款。一般情况下，落款处需写上发文机关名称和日期，如果发文机关名称和日期已在标题下面标出，可以省略不写。

三、写作范例

全国职工守则①

（一）热爱祖国，热爱共产党，热爱社会主义。

① http://www.360doc.com/content/12/0802/16/6926875_227860781.shtml.

（二）热爱集体，勤俭节约，爱护公物，积极参加管理。

（三）热爱本职，学赶先进，提高质量，讲究效率。

（四）努力学习，提高政治、文化、科技、业务水平。

（五）遵纪守法，廉洁奉公，严格执行规章制度。

（六）关心同志，尊师爱徒，和睦家庭，团结邻里。

（七）文明礼貌，整洁卫生，讲究社会公德。

（八）扶植正气，抵制歪风，拒腐蚀，永不沾。

四、写作技巧

★突出职业特点。每种职业都有其特殊要求，守则是进行职业道德教育的良好形式。写守则必须根据行业和职业特点，符合社会主义精神文明与物质文明建设的要求。

★把握使用范围。守则是某一社会组织或行业的所有成员在自觉自愿的基础上，经过充分讨论，达成一致意见而制定的行为准则，所以，守则有特定的使用范围。

★具体实在可行。制定守则不能不切实际地提过高要求，也不能墨守成规地提过低要求，而应根据我国精神文明与物质文明建设的实际情况，做到既具体可行，实实在在；又便于自我对照，起到规范举止、约束言行的作用。

五、注意事项

1. 要把握依据。守则的依据：党和国家的方针政策、相关的法律法规、社会公共道德规范。根据这三个方面的要求来撰写。

2. 要条理清晰，符合逻辑。守则需要人员遵守，涉及人员多，条与条之间的划分要符合逻辑。

3. 要强化约束性和针对性。守则是机关单位根据本单位的具体情况而制定的，目的是维护公共利益，向所属成员发布的一种要求其共同自觉遵守的具体操作规范，具有明显的约束性和针对性。

规　程

一、概念

规程是对某一事项或行为在一定范围内要求人们遵守的统一的要求和程序。目的是维护正常的生产和工作秩序，以统一和规范人们的行动。多用于具体、事务性问题的处理。

二、结构

规程一般由标题、正文、署名和日期三部分组成。标题一般由适用范围、事项和文种构成。经常采用“××操作规程”“××活动规程”的形式。正文一般采用分章列款式，按总则、分则、附则行文。内容简单的可直接分述。署名和日期一般写在正文结束后的右下方，有的也可不写署名及日期。还有的将公布单位、颁布时间或批准单位、批准时间放在标题之下，用括号括起来，至于采用何种形式，视具体情况而定。

三、写作范例

新型农业经营主体辅导员工作规程

（2022年5月9日）

第一章　总　则

第一条　为贯彻落实《中华人民共和国农民专业合作社法》，促进新型农业经营主体辅导员专业化规范化发展，加强辅导员队伍建设，制定本规程。

第二条　新型农业经营主体辅导员是经县级及以上农业农村部门指定或者聘任，面向农民合作社、家庭农场等新型农业经营主体，从事组织建设、规范运营、财务会计、市场营销、绿色发展、技术支持等辅导服务工作的人员。

第三条　新型农业经营主体辅导服务工作以指导新型农业经营主体规范发展和质量提升为主要任务，坚持政府引导和市场主导相结合，坚持“引导不强迫、支持不包办、服务不干预”的原则。各地要多渠道拓宽辅导员选聘范围，丰富工作手段，创新辅导服务模式。

第四条　农业农村部农村合作经济指导司负责全国新型农业经营主体辅导员队伍建设和业务指导。县级及以上农业农村部门组织开展本辖区内新型农业经营主体辅导员的选聘、培训、绩效评价和动态管理等相关工作。

第二章　配备、选聘与基本条件

第五条　各地应当根据本辖区内新型农业经营主体的数量、产业结构、地域分布等因素，科学设置辅导员与新型农业经营主体的比例，合理确定辅导员数量。实行辅导员分类设置，针对新型农业经营主体发展需求，分专业、分产业设立辅导员岗位类型，为新型农业经营主体提供精准辅导服务。

第六条　新型农业经营主体辅导员可以从下列人员中选聘：

（一）农业农村等部门从事新型农业经营主体培育和业务指导工作的人员；

（二）优秀农民合作社带头人、家庭农场主、社会化服务组织和企业经营管理人员；

（三）农业乡土专家、种养能手、农技员；

（四）从事农业农村经济领域研究的专家和学者；

（五）能够为新型农业经营主体提供服务的社团组织工作人员和志愿者等。

第七条　新型农业经营主体辅导员应当具备下列条件：

（一）行为规范，遵纪守法，公道正派，廉洁自律，热爱农业，关心农民，忠于职守，尽职尽责，乐于为农业农村发展做出贡献；

（二）能够准确理解和宣传农业农村政策及新型农业经营主体相关法律法规；

（三）熟悉各类新型农业经营主体设立运行规则，具备履行岗位职责所需的理论知识、专业能力和实践经验。

第八条　新型农业经营主体辅导员根据专业分工，应当具备相应的履职能力：

（一）财务会计类：具备一定的财务会计基础知识，熟悉农民合作社财务制度和会计制度，掌握财务管理和会计核算工作要求，能够熟练运用相关记账软件；

（二）市场营销类：具备农产品流通、产品（服务）营销、电子商务等相关知识和技能，能够引导新型农业经营主体与农超市场、平台企业、集团采购、单位社区等开展有效对接；

（三）质量标准类：熟悉农产品质量安全、质量认证、品牌建设等标准和流程，能够指导新型农业经营主体开展品种培优、品质提升、品牌打造和标准化生产；

（四）绿色发展类：熟练掌握化肥农药减量增效、动植物疫病防控、农业废弃物资源化利用、设施农业、土壤改良、旱作节水、农业物联网和装备智能化等先进适用农业技术，能够指导新型农业经营主体开展试验示范或者技术推广应用；

（五）信贷保险类：了解农业信贷保险相关产品及政策，熟悉惠农贷款、农业保险办理要点及流程，能够指导新型农业经营主体根据自身需求选择适合的信贷保险产品。

第三章　工作职责

第九条　为促进新型农业经营主体规范发展，辅导员可以提供以下一种或者多种服务：

（一）宣传新型农业经营主体相关法律、法规和政策，提供注册登记、合并分立、歇业备案、年报公示等业务辅导和咨询服务；

（二）指导新型农业经营主体根据生产发展需要，合理确定经营服务规模，科学规划年度任务和中长期发展目标；

（三）指导新型农业经营主体加强规范建设，建立健全组织机构，完善民主管理、财务会计、收益分配等内部管理制度；

（四）指导新型农业经营主体应用现代化管理工具，开展财务会计核算、生产销售等电算化管理，提高经营效能；

（五）指导各类新型农业经营主体依法自愿加强联合合作，促进融合发展；

（六）总结宣传新型农业经营主体典型案例和经验做法。

第十条　为促进新型农业经营主体质量提升，辅导员可以提供以下一种或者多种服务：

（一）指导新型农业经营主体加强农产品质量安全监管，实行标准化生产，规范生产记录档案，落实农产品产地编码制度和承诺达标合格证制度，建立农产品质量安全追溯和自律性检验检测制度，申报绿色食品、有机食品和地理标志等认证认定；

（二）指导新型农业经营主体注册商标，开展品牌化经营，组织推介新型农业经营主体参加产品（服务）展示展销宣传活动，拓展网上销售渠道；

（三）指导农民合作社根据发展需要，采取出资新设、收购或者入股等形式办公司，延长产业链条；

（四）指导新型农业经营主体利用生产经营数据形成融资增信，利用农业保单实现贷款担保，帮助新型农业经营主体提升贷款可得率。

第十一条　新型农业经营主体辅导员可以专职或者兼职开展辅导服务工作，按照聘任岗位要求承担相应的工作职责。

第十二条　新型农业经营主体辅导员采取定期走访、上门指导、结对帮扶等方式开展辅导服务工作，定期组织或者参与组织开展新型农业经营主体带头人培训。辅导员每季度对新型农业经营主体的上门指导服务不得少于三次，并形成辅导服务工作记录。

第十三条　新型农业经营主体辅导员应当遵守工作纪律，恪守职业道德，不得有下列行为：

（一）违反法定程序、超越权限行使职权；

（二）利用职权向新型农业经营主体非法索取财物；

（三）假借辅导服务之名，为自己或者他人谋取不正当利益；

（四）玩忽职守，不履行工作职责；

（五）泄露国家秘密、工作秘密或者辅导服务对象的商业秘密；

（六）从事损害新型农业经营主体经济利益的其他活动。

第四章　绩效评价与动态管理

第十四条　农业农村部农村合作经济指导司建立全国新型农业经营主体辅导员名录库，载明辅导员基本信息、业务专长、产业领域、工作模式、辅导服务对象类型和数量、绩效评价记录等。

第十五条　实行新型农业经营主体辅导员分级管理，各级农业农村部门负责本辖区内新型农业经营主体辅导员的培养，对聘任的辅导员颁发证书，统一收录辅导员信息，及时上报至全国新型农业经营主体辅导员名录库，每年6月30日前完成年度数据更新上报。

第十六条　实行新型农业经营主体辅导员绩效评价制度，运用科学合理的评价方法量化评价指标和标准，对辅导员服务绩效目标实现程度进行综合衡量评价，规范和加强辅导员绩效管理，建立健全辅导员激励和约束机制。

第十七条　各级农业农村部门负责对选聘的新型农业经营主体辅导员开展绩效评价，根据本规程和辅导服务相关协议约定，区分岗位类别，设置评价指标，适当提高服务对象满意度指标的权重。绩效评价的主要内容应当包括：

（一）数量指标：辅导员联系服务的新型农业经营主体数量，联系沟通频次等；

（二）质量指标：辅导员联系服务的新型农业经营主体在相关制度建设、机制创新、主体竞争力提升等方面的效果；

（三）满意度指标：新型农业经营主体对辅导员工作的评价、辅导员与农业农村部门的配合程度、政策宣传和信息报送等情况。

第十八条　新型农业经营主体辅导员的绩效评价可以采取专项评价与年度评价相结合的方式。专项评价根据政府购买服务或者专项任务委托事项，在委托协议终止前完成绩效评价。年度评价根据辅导员全年辅导服务工作情况进行评价，原则上一年一次。

第十九条　各级农业农村部门应当合理运用辅导员绩效评价结果，作为确定辅导员聘期、评优评先和动态管理的重要参考。各级农业农村部门应当根据绩效评价结果，完善辅导员管理制度和程序，提高辅导服务工作水平。

第二十条　县级及以上农业农村部门应当建立健全新型农业经营主体辅导员动态管理机制，根据新型农业经营主体需求，补充选聘辅导员，及时更新新型农业经营主体辅导员名录库。对绩效评价结果不合格而在聘期届满不再续聘的，调出辅导员名录库。

第二十一条　新型农业经营主体辅导员违反本规程第十三条规定的，由聘任部门停止其新型农业经营主体辅导员聘任，从辅导员名录库中予以除名。

第五章　支持措施

第二十二条　各级农业农村部门应当建立新型农业经营主体辅导员岗位培训制度，制定年度培训计划，根据辅导员工作职责要求，对辅导员进行分类分级培训。各级农业农村部门对当年新聘任的新型农业经营主体辅导员，应当进行任前培训，对全体辅导员应当进行提高工作能力、更新业务知识的在任培训。辅导员参加培训情况，作为辅导员聘任的依据之一。

第二十三条　各级农业农村部门可以根据有关规定建立新型农业经营主体辅导员奖励制度，组织开展本辖区内新型农业经营主体辅导员评优评先活动。对辅导服务工作表现突出、有显著成绩和贡献、新型农业经营主体认可度高的辅导员予以表扬或者奖励。

第二十四条　鼓励各地创建新型农业经营主体服务中心，采取购买服务、备案管理、挂牌委托等方式，遴选有意愿、有实力的农民合作社联合社、联合会、涉农服务企业或者社会组织共建新型农业经营主体服务中心，为新型农业经营主体提供政策咨询、运营指导、财税代理等服务。新型农业经营主体服务中心开展新型农业经营主体辅导服务工作，接受当地农业农村部门的业务指导。

第六章 附 则

第二十五条 各地可根据本规程制定具体实施细则。

第二十六条 本规程由农业农村部农村合作经济指导司负责解释。

第二十七条 本规程自发布之日起施行。

四、写作技巧

规程的各项要求和程序要有科学依据，不能脱离实际。内容要具体、准确，按照逻辑顺序，分清条理，逐步展开。语言要通俗，文字要简洁，并且要易懂易记，便于操作。

五、注意事项

1. 体现事务性。规程大部分用来处理行政事务或者专业事务，比如，体育比赛、考试录用、体格检查等，是处理日常事务的常见公文。

2. 体现实操性。用于处理事务的规程，是参与活动的团体或者组织必须共同遵守的行为规则，可操作性强是其重要特征。

3. 体现通俗性。规程不讲大道理，只阐述如何操作、怎么操作等内容。用语清晰明白，要求具体明确，不含糊其词。

叁

第三章 12种事务性公文的办理指南

计　划
规　划
总　结
调查报告
主持词
开幕词
大会工作报告
闭幕词
简　报
讲话稿
述职报告
典型材料

所谓事务性公文，是指处理机关单位日常事务所惯用的一类文种。事务性公文有别于《党政机关公文处理工作条例》规定的机关常用15类公文，也有别于法规性公文，是从事经营管理工作、保障机关运行、规范日常行为、推动事业发展经常要使用的一类文种。这类文种数量较多，这里主要介绍常用的12种。

计　划

一、概念与分类

计划是指为完成某项任务事先打算和安排的一种说明性公文。拟制计划要对该项工作的具体任务、质量、数量、工作措施、完成时间、具体步骤等内容进行周密考虑和细致安排。

计划的种类较多，在名称上，要点、安排、方案、纲要、设想等都属于该类文种，计划是计划类文件的总称。可以从不同角度来划分。

内容分类	生产计划、工作计划、科研计划、接待计划等
范围分类	国家计划、地区计划、单位计划、班组计划等
时限分类	长期计划、年度计划、季度计划、月份计划等
性质分类	综合性计划、专题性计划等
效力分类	指令性计划、指导性计划、一般性计划等
形式分类	叙述式计划、条文式计划、图表式计划、大事记式计划等

二、结构

计划一般由标题、正文、落款三部分组成。

标题。由单位名称、适用时期、事由和文种构成，如《铁路总公司党委

2013年干部培训工作计划》。一般情况下，这四部分要齐全；内部行文，标题可以省略本单位名称。

正文。由前言、计划事项、工作措施和步骤、结尾四部分构成。

1.前言。前言要简明扼要地说明制订计划的依据、目的，提出工作的总任务或总目标。

2.计划事项。要写清计划的目标，即总计划下面的分计划项目及具体要求。

3.工作措施和步骤。针对工作目标、任务和指标，列示完成任务的具体措施和工作步骤。措施即围绕计划目标而设计的一些方法，如依靠谁、动员谁、克服什么困难、采取哪些措施等；步骤即在实现目标过程中的每一个阶段，采取哪些工作步骤。

4.结尾。主要交代执行要求，提出希望、发出号召等，激励受众完成计划规定的任务。

落款。落款有两项内容：1.如果有指标和数字材料，要加附件，放在正文之后、计划制订机关名称前。2.在正文下方签署制订计划机关的名称和日期，如果标题中已经标明，则不需要。

三、写作范例

××区政府一周主要工作计划

（一）经济工作

1.重点做好税收管理，理顺大税源、大税种管理和收缴体制。继续深入开展应税未税工作，加大对重点税源的征收力度，确保应收尽收。

2.做好企业改制工作，按照程序稳步推进改制进程。

3.加大招商引资力度，引进科技含量高、效益好的企业和项目。

4.加强金岱工业园区建设，以工业园区为平台，招商引资，推动园区建设。

（二）城建城管工作

1. 做好四城联创迎检工作。

2. 做好珊瑚广场拆迁工作，在稳定的前提下加快拆迁进度。

3. 加快帆布厂安置小区建设进度，确保在规定时间内完成任务。

4. 做好万象遗址改造的前期规划工作。

5. 协调做好泉山科技大学征地工作。

6. 制定老城区五年规划，尽快形成初步规划方案。

（三）社会事业工作

1. 在保证质量的前提下，加快第三、第四中学等新建中学的建设进度。

2. 继续搞好那白乡示范卫生院建设。

3. 继续推进农村科技信息化工作。

4. 加快旅游业发展，充分挖掘我区旅游资源，借鉴其他先进区经验，制定区旅游业发展方案。

5. 做好就业再就业工作，继续完成全年就业计划，达到农村劳动力转移目标。

6. 加快农村道路建设。

（四）安全生产和信访稳定工作

1. 组织开展燃煤锅炉等专项整治工作。

2. 继续抓好信访稳定工作，完善信访制度，确保社会大局稳定。

××区政府办公室

2023年5月8日

四、写作技巧

比较而言，拟制计划是公文写作中比较费力的事情。不仅需要文字表达能力，需要个人素养和业务工作能力，更需要站在单位和部门的高度，用长远眼光和领导魄力来拟制，并体现三性的要求。

★预想性。所有的工作计划都是事先制订的，是对未来一段时间内的工作所做的预测和安排，所以，计划的预想性必须对未来一段时间内可能出现的问题和风险作出判断，有应对性地制定预案和工作措施。因此，计划也是工作的先导。

★时限性。时限性是工作计划的一个鲜明特点。做任何工作都必须有一个时间要求。比如，年度、季度、月度以及周工作安排等。工作计划中所列的各项具体任务、目标也都有具体的完成时间，只有这样，才能确保工作目标和任务的圆满完成。

★可行性。计划是用来指导具体工作的，是开展工作的依据和准绳，计划内容必须符合实际，切实可行。所以，在拟制计划的过程中，必须全面、周密地把各方面情况、各有关部门和各项工作考虑周到，统筹兼顾，不挂一漏万、顾此失彼。

五、注意事项

1.逻辑要严密。计划的写作结构多种多样，有“工作基础—目标、任务—措施、办法”三大部分的形式，也有“开头（总的要求及目标）—主体（分作若干部分，每一部分里既讲目标、任务，也讲措施、办法）”两大层次的形式。但是，无论采用哪种结构形式，计划的主体部分都必须体现“做什么”与“怎样做”的逻辑关系。所谓“做什么”，即工作的目标、任务，要明确各自目标、任务的数量和要求，同时，要写明完成任务目标的时限。所谓“怎样做”，即完成目标、任务的具体措施与步骤方法。一般包括人力、物力、办法、技术、手段、组织领导等，内容应详尽、具体。

2.情况要熟悉。要吃透“两头”，即了解上情和下情。使计划的目标、任务、措施、要求、方法做到有的放矢，根本在于掌握上情，了解下情。所以，起草计划，首先要掌握上情，了解单位和部门领导班子和主要负责人的意见、想法和决定，用计划的手段体现领导的意图；其次要了解下情，了解基层单位和具体工作部门的情况，以及工作中的有利因素、中间因素、不利因素等，做到上下结合，内外呼应。

3. 态度要严谨。计划是工作的先导，没有计划的实践是盲目的实践。在制订计划过程中，必须深入实际，调查研究，依靠群众，听取专家意见，吸取先进的成功经验，根据本地区、本部门的人力、物力、财力等具体条件、状况和特点，从当时、当地的实际情况出发，不好高骛远，不虚头巴脑，做到依据科学，办法具体，措施管用。

4. 把握与规划的区别。规划是计划中的一种，是长远的计划，或者说是严格意义上的具有全局性、长远性和方向性的中远期（如3、5、10年）计划，也是战略研究、发展的蓝图。由于时间上的差异，不能用计划代替规划，也不能用规划的形式拟制计划。

规　划

一、概念

规划是各级行政机关和企事业单位以及社会团体经常使用的计划性公文之一。规划是长远的、宏观的、战略性的发展计划，是一种对未来发展进行总体描述和设想的计划性文书。

二、结构

规划一般由标题、正文、签署三部分组成。

标题。规划的标题由制发机关、事由和文种三要素组成，如《烟台市工业发展“十四五”规划》；也可以由事由和文种组成，如《国民经济和社会发展“十四五”规划》。标题中的“事由”，要写明时限和工作规划的类型，是属于“国民经济发展规划”，还是属于“市政建设发展规划”等。一般来讲，工作规划的时限应该是5年、10年甚至更长。1年、2年的不能称作“规划”，只能叫“计划”。

正文。工作规划的正文多由现状分析、规划内容、对策措施、工作要求四部分组成。现状分析部分要简要说明制定规划的依据、目的、前一阶段工作回顾、总体目标、分目标等；规划内容部分是正文的主体，要具体设计各方面的指标、达到的状态以及实现和完成的主要任务；对策措施部分是针对规划目标和内容提出的原则、方法、措施和具体实施步骤，特别是未来几年推进工作需要采取的阶段性举措和工作安排；工作要求部分是对完成规划任务提出的思想、组织、人员、机构、经费、工作机制以及管理体制等方面的具体措施要求，是确保实现规划目标的资源配置模式和工作方式。

签署。如果标题中已包含制发单位，只需在正文右下方签上制发日期。国家机关和企事业单位制定的大型工作规划，制发日期多在标题下加括号标示。

三、写作范例

“十四五”现代物流发展规划

（2022年5月17日）

现代物流一头连着生产，一头连着消费，高度集成并融合运输、仓储、分拨、配送、信息等服务功能，是延伸产业链、提升价值链、打造供应链的重要支撑，在构建现代流通体系、促进形成强大国内市场、推动高质量发展、建设现代化经济体系中发挥着先导性、基础性、战略性作用。“十三五”以来，我国现代物流发展取得积极成效，服务质量效益明显提升，政策环境持续改善，对国民经济发展的支撑保障作用显著增强。为贯彻落实党中央、国务院关于构建现代物流体系的决策部署，根据《中华人民共和国国民经济和社会发展第十四个五年规划和2035年远景目标纲要》，经国务院同意，制定本规划。

一、现状形势

（一）发展基础。

物流规模效益持续提高。"十三五"期间，社会物流总额保持稳定增长，2020年超过300万亿元，年均增速达5.6%。公路、铁路、内河、民航、管道运营里程以及货运量、货物周转量、快递业务量均居世界前列，规模以上物流园区达到2000个左右。社会物流成本水平稳步下降，2020年社会物流总费用与国内生产总值的比率降至14.7%，较2015年下降1.3个百分点。

物流资源整合提质增速。国家物流枢纽、国家骨干冷链物流基地、示范物流园区等重大物流基础设施建设稳步推进。物流要素与服务资源整合步伐加快，市场集中度提升，中国物流企业50强2020年业务收入较2015年增长超过30%。航运企业加快重组，船队规模位居世界前列。民航货运领域混合所有制改革深入推进，资源配置进一步优化。

物流结构调整加快推进。物流区域发展不平衡状况有所改善，中西部地区物流规模增速超过全国平均水平。运输结构加快调整，铁路货运量占比稳步提升，多式联运货运量年均增速超过20%。仓储结构逐步优化，高端标准仓库、智能立体仓库快速发展。快递物流、冷链物流、农村物流、即时配送等发展步伐加快，有力支撑和引领消费结构升级。

科技赋能促进创新发展。移动互联网、大数据、云计算、物联网等新技术在物流领域广泛应用，网络货运、数字仓库、无接触配送等"互联网+"高效物流新模式新业态不断涌现。自动分拣系统、无人仓、无人码头、无人配送车、物流机器人、智能快件箱等技术装备加快应用，高铁快运动车组、大型货运无人机、无人驾驶卡车等起步发展，快递电子运单、铁路货运票据电子化得到普及。

国际物流网络不断延展。我国国际航运、航空物流基本通达全球主要贸易合作伙伴。截至2020年底，中欧班列通达欧洲20多个国家的90多个城市，累计开行超过3万列，在深化我国与共建"一带一路"国家经贸合作、应对新冠疫情和推进复工复产中发挥了国际物流大动脉作用。企业海外仓、落地配加快布局，境外物流网络服务能力稳步提升。

营商环境持续改善。推动现代物流发展的一系列规划和政策措施出台实施，特别是物流降本增效政策持续发力，“放管服”改革与减税降费等取得实效。物流市场监测、监管水平明显提升，政务服务质量和效率大幅改善。物流标准、统计、教育、培训等支撑保障体系进一步完善，物流诚信体系建设加快推进，行业治理能力稳步提升。

（二）突出问题。

物流降本增效仍需深化。全国统一大市场尚不健全，物流资源要素配置不合理、利用不充分。多式联运体系不完善，跨运输方式、跨作业环节衔接转换效率较低，载运单元标准化程度不高，全链条运行效率低、成本高。

结构性失衡问题亟待破局。存量物流基础设施网络“东强西弱”、“城强乡弱”、“内强外弱”，对新发展格局下产业布局、内需消费的支撑引领能力不够。物流服务供给对需求的适配性不强，低端服务供给过剩、中高端服务供给不足。货物运输结构还需优化，大宗货物公路中长距离运输比重仍然较高。

大而不强问题有待解决。物流产业规模大但规模经济效益释放不足，特别是公路货运市场同质化竞争、不正当竞争现象较为普遍，集约化程度有待提升。现代物流体系组织化、集约化、网络化、社会化程度不高，国家层面的骨干物流基础设施网络不健全，缺乏具有全球竞争力的现代物流企业，与世界物流强国相比仍存在差距。

部分领域短板较为突出。大宗商品储备设施以及农村物流、冷链物流、应急物流、航空物流等专业物流和民生保障领域物流存在短板。现代物流嵌入产业链深度广度不足，供应链服务保障能力不够，对畅通国民经济循环的支撑能力有待增强。行业协同治理水平仍需提升。

（三）面临形势。

统筹国内国际两个大局要求强化现代物流战略支撑引领能力……

四、写作技巧

★要体现前瞻性。规划是对未来工作和发展目标的设想和计划，源于现实，又高于现实。既要立足现有条件和环境，不能脱离现状凭空设想，好高骛远；又要超越现状，规划未来，使单位和职工看到未来发展的蓝图和希望。

★要深入调查研究。规划首先不是写出来的，需要团队集体作业，集思广益、深入调查研究，靠某个人或某一部门闭门造车是制定不出好的规划的，即使制定出来，也无法实施。

★要凸显概括性。规划不同于计划，规划的内容要写得概括，不能也不可能太细、太具体。规划的语言要平实，不能使用比喻、夸张、拟人等写法。

五、注意事项

规划和计划的区别，前文已经涉及，直观地讲，计划显得单纯、具体，完成的时限性较强。规划则属于对一定地区或较大的事业、工作等在若干年内的战略性部署，在规划之下可以制订发展远景和总目标，划分工作阶段与步骤，合理地安排人力、财力。

总　结

一、概念

总结是对前一阶段工作和活动进行全面回顾、检查、分析、评判，从理论认识的高度概括经验和教训，以明确努力方向，指导今后工作的一种文体。总结是行政机关、企事业单位、社会团体都广泛使用的一种文体。

根据不同的标准，总结有许多类型：按时间分，有月度总结、季度总结、半年总结、年度总结、一年以上的时期总结等；按内容分，有工作总结、教学总结、学习总结、科研总结、思想总结、项目总结等；按范围分，有班组总结、单位总结、行业总结、地区总结等；按性质分，有全面总结、专题总结等。

二、结构

总结的结构由标题、正文和落款构成。

标题。一般有三种方式：一是由发文机关名称、时间和文种构成；二是省略发文机关，由时间和文种组成；三是使用双标题，用一句话或者短语作正标题，副标题标明发文机关名称、时间和文种类别。

正文。一般包括四部分内容：首先概述某一阶段内的工作情况，包括工作背景、基础、成绩、效果等；其次写经验体会，包括具体的做法、事例、数据等；再次写存在的问题与不足，分析产生问题的原因；最后写今后工作的设想、打算和努力方向，根据内容的复杂程度，可以用小标题分列陈述。

落款。要标注法定作者、日期，如果在标题中或者标题下已经标明的，可以省略。

三、写作范例

机关个人思想工作总结

尊敬的办公室党支部：

本人自2022年1月调入市委组织部工作，至今已将近一年，在这一年里，在部领导的教育和培养下，在科室领导的带领和指导下，在同事们的关心和帮助下，自己的思想、工作、学习等各方面都取得了一定的成绩，现简要总结汇报如下。

（一）自觉加强理论学习，努力提高政治思想素质和个人业务能力。加强理论学习，首先是从思想上重视……加强理论学习，其次是在行动上落实……加强理论学习，最后是注重对实践的指导意义。

当然，加强理论学习仍将是我今后工作和生活中的一项主要的内容。不断加强理论学习，以适应社会发展的需要，不断提高自己的政治理论素质，以适应经济社会发展的客观要求。

（二）积极开展工作，力求更好地完成自己的本职工作。自元月以来，在部领导的安排下，我参加了市第九次党代会的筹备工作及会议期间的准备工作，并参与了党代会报告的起草。通过这一系列的工作，使我对市委工作有了一个更加深的了解。对于帮助我熟悉工作起到了很大的推动作用……

（三）严格要求自己，养成良好的生活习惯。严格遵守工作纪律，不该去的地方不去，不该看的东西不看，不该说的话不说，不该问的问题不问，严格以高标准要求自己，管好自己的言行，管好自己的思想。

工作一年来，自己还存在一些缺点和不足。首先，在思想上，与新时期党员的标准之间还存在一定的差距……其次，在业务知识上，与自己本职工作要求还存在一定的差距……

在今后的工作中，我还需要进一步地努力，不断提高自己的综合素质，克服畏难心理，熟悉本职工作，更加出色地完成好各项工作任务。思想素质上还需要不断地提高，克服懒惰情绪，进一步加强自己的政治理论修养，争取早日加入光荣的党组织。

×××

2023年1月10日

四、写作技巧

总结的写作要充分准备材料，以事实为根据，条理清晰，用词准确，剪裁得体，详略适宜。其中，关键在正文。正文的写作结构一般有以下几种方式。

★层层递进式。开头先讲明这项工作的背景及总体评估，然后分别按照逻辑顺序，一层一层分别表述，一层是一个意思。

★条款并列式。用条和款的形式安排内容，款说明条的内容和要求。

★“三大块”式。这是综合性工作总结常见的一种形式。三大块包括：基本情况概述、主要做法和经验、问题及今后打算。在文字详略上表现为“两头小、中间大”。

★因果倒置式。通常开头先讲工作所取得的成绩，这就是“果”，随后分条列项地表述取得这一成果的原因，也就是经验、体会，先“果”后“因”，形成“因果倒置”。

★正反对比式。把情况特别是经验与教训糅在一起，归纳成几个大问题，逐一从事实与道理、正面与反面、经验与教训等方面进行阐述。

五、写作关注点

1.要了解全面情况。起草好总结报告，需要花费一定精力，对相关工作进行全过程系统化的、深入的了解，而不能只做一些片面局部化的、表面的了解；需要掌握全面的、具体的情况。了解情况越细，掌握情况越多，情况吃得越透，写起总结来就会越得心应手。

2.要多花心思研究写作思路。在了解清全面情况的基础上，需要多花心思研究总结材料的写作思路，思路理顺了，写起来就会很顺手。重点要研究透总结材料的结构安排以及材料中心和重点内容之间的关系。文章结构安排需要根据内容和需要突出的重点问题而定，可用三段式，也可用四段式，只要能从结构上看出全文重点即可。此外，还要根据材料的指导思想，确定各部分内容之间以及与中心之间的关系，合理安排各部分内容次序，做到重点突出、逻辑合理。

3.要运用好概括总结。高度概括是总结报告的基本特点之一。总结材料最怕“总”不起来，照顾不到“面”，但又最忌讳“全”，面面俱到，抓不住重点。所以，起草总结材料要紧紧把握和运用好高度概括的手法，从材料的指导思想高度去把握大局，突出重点。对已经掌握的各类基础材料进行精心提炼，争取将有新意和能体现特色的内容抓住，写实写精。

4. 要加强协调沟通。起草大型综合总结报告类材料，需要积极主动与相关部门及各兄弟单位沟通协调，获得相关支持，听取相关意见，群策群力，共同做好材料起草工作。

六、注意事项

第一，把握三个禁忌。一是不能把总结写成记流水账、把工作过程写成按照时间先后排列的材料堆砌。二是不能只讲好的不讲坏的。总结中不能只讲成绩，不谈问题；只讲优点，不谈缺点。总结的目的就是要肯定成绩，找出缺点和不足，以利于工作的改进。三是不能不分主次。总结不能不分支流主流、把现象当成本质、把支流当成主流，不分主次是总结写作的大忌。

第二，把握与计划的区别。今年的总结是对去年计划的检验，因此，写总结必须以上一年的计划为前提，今年的总结反过来势必又成为制订明年计划的基础。

第三，把握与报告的区别。一般的工作报告在表述方式上大量使用叙述，情况、实例的表述占绝大部分，只在篇、部分、段的开头提纲挈领地使用一些议论性文字。而总结则不然，其对事实、情况的直接叙述只占少部分，而且是概括性的，较多使用的是议论和说明性文字。一般的工作报告，无论是专题性的还是综合性的，其行文的方向都是上行文，而总结不但要上报，而且可以下发，属于中性行文。与一般的工作报告相比，总结的理性成分更浓，规律性的东西更多，对问题的认识更加全面具体。

调查报告

调查研究是谋事之基、成事之道，是我们党的优良传统，是做好各项工作的基本功。2023年3月中共中央办公厅印发了《关于在全党大兴调查研究的工作方案》。2023年4月3日，习近平总书记在学习贯彻新时代中国特色社会主义思想主题教育工作会议上发表重要讲话，他指出："要紧紧围绕高质量发展这个全面建设社会主义现代化国家的首要任务，以强化理论学习指导发展实践，以深化调查研究推动解决发展难题，把学习和调研落实到完成党的二十大部署的各项任务中去，以推动高质量发展的新成效检验主题教育成果。"在新时代，深层次矛盾躲不开、绕不过，各种风险挑战、困难问题比以往更加严峻复杂，迫切需要通过调查研究把握事物的本质和规律，找到破解难题的办法和路径。特别要加强事关全局的战略性调研、破解复杂难题的对策性调研、新时代新情况的前瞻性调研、重大工作项目的跟踪性调研、典型案例的解剖式调研、推动落实的督查式调研，通过各种形式的调研，以解决问题为根本目的，真正把情况摸清、把问题找准、把对策提实，推动我国经济社会高质量发展。

一、概念

为了解决实际问题，有目的地对某个地区或某个单位的某种情况、某项经验、某个问题或某一事件做深入调查，占有丰富的材料，经过周密的分析研究，写出能够揭示事物本质与发展规律的书面材料，这就是办公室常用的公文文种——调查报告。

调查报告一般可分为综合调查报告和专题调查报告两大类，按其内容和作用又可分为新生事物调查报告、介绍经验调查报告、反映情况调查报告、揭露问题调查报告、澄清事实调查报告、考证史实调查报告等。

二、结构

调查报告一般由标题、正文、落款三部分组成。

标题。常见的格式由主办机关、事由和文种组成，经常用到的格式是事由＋文种，主办机关在导语部分或者落款部分进行说明，比如，《关于保护藏羚羊的调查报告》。

正文。由三部分组成。导语部分说明调研的目的和意义，交代调研的时间、地点、组成人员和工作阶段。主体部分列出调研的几个方面内容，就每一方面的现状、做法、经验以及问题、成因等展开表述。思考和借鉴部分，结合本单位、本部门的实际，有针对性地列出，提供进一步改进工作的思路和建议。

落款。主要列明参加调研的单位、调研机构以及报告形成的时间。

三、写作范例

关于湖北省襄阳市创新会计服务方式赋能小微企业发展的调查报告[①]

2020年5月22日

会计信息是银行发放贷款和贷后管理的主要依据，银企信息不对称是小微企业“融资难、融资贵”的重要原因。近年来，在财政部指导下，湖北省财政部门深化“放管服”改革，以提高小微企业会计信息质量为突破口，在襄阳自贸片区试点通过代理记账技术创新与普惠金融相衔接，为小微企业打造高质量的“小账本”，探索出一条解决小微企业融资问题的新路子。实施以

① kjs.mof.gov.cn/diaochayanjiu/202005/t20200522_3518519.htm.

来，签约小微企业购买会计服务成本由平均每年6000元减少至3600元，大幅降低了小微企业申请贷款难度，疫情期间更有效发挥财税“输血供氧”功能，推动了小微企业复工复产。

一、主要做法

（一）量身定制“财智服务联盟”，为小微企业提供一站式综合服务。襄阳自贸片区是湖北自贸区三大片区之一，重点发展高端装备制造、新能源汽车、大数据、商贸物流等优势产业，年新增企业千余户且多为中小微企业。这些企业体量普遍较小，在生产经营过程中，除产品研发制造外，往往还涉及会计核算、纳税申报、物流运输、海关报关、资金结汇等多项辅助性工作，需要耗费较多的人力物力财力。针对这一问题，襄阳市于2018年12月在襄阳自贸片区成立“财智服务联盟”，由普华永道、普联东文、大成律所等9家国内外知名服务机构与2家襄阳当地服务机构组成（截至目前，该联盟成员单位已增至50家）。联盟中各成员单位各司其职、数据共享、强强联合，致力于用互联网思维和技术创新带动集成式改革，以服务外包的方式，从会计、审计、金融、管理、人力、法律、物流等方面为小微企业提供全方位、宽领域、高质量的一站式综合财智服务，从根本上帮助小微企业减少辅助性工作岗位的人力物力，以便腾出企业资源投入产品研发、生产制造。

（二）推广线上“财智服务平台”，为小微企业提供便利普惠金融服务。针对小微企业会计信息质量不高、时效性不强等问题，开发了线上“财智服务平台”，构建基于“票、财、税”一体化管控模式，把过去的手工账信息、单机版迟滞信息变为实时在线信息，把小企业会计准则、企业会计准则等会计核算标准内嵌于平台，从而实现企业的工商登记信息、业务信息、会计信息和报税信息统一提取、自动转换、实时比对、联网报送，将相对单一信息变为联结价值链的整合信息。在此基础上，财智服务平台通过应用XBRL（可扩展性商业报告语言）标准化后的详细数据，筛选小微企业包括收入、支出、生产、人力、财务管理在内的五大业务流程，建立了小微企业与金融机构数据的交换标准，服务于金融机构向小微企业放贷的信用决策。一方面，运用智能推荐模型帮助银行精准捕捉中小微企业的优质业务，企业可以在不提供任何抵押的情况下获得银行贷款，从而降低了银行放贷门槛和成本；另一方面，运用风控模型帮助银行甄别高风险和异常交易，实现风险早识别、早预警、早处置，助力银行降低不良贷款率。

（三）持续优化“云上财税服务”，为小微企业应对疫情复工复产及时提供服务。作为此次新冠疫情的重灾区，为帮助小微企业解决无法经营、资金短缺、还款困难等问题，襄阳市充分发挥财智服务联盟“云上财税服务”线上优势，引导联盟成员单位在足不出户的情况下，即可通过云服务平台从线上办公云软件、人力资源、企业管理、外贸物流、财税会计培训等方面为襄阳及外地企业提供“不停摆、不间断、涵盖广、实用强”的综合服务，助力小微企业渡过难关。

二、取得成效

（一）有效降低小微企业经营管理成本，助力小微企业健康发展。据不完全统计，自财智服务联盟成立以来，襄阳自贸区小微企业购买会计服务成本平均由原来的每年6000元减少至3600元，仅此一项就为2019年已签约小微企业减少购买社会服务支出共计约3900万元。小微企业节约下来的成本，为其健康发展增添了新动能、新活力。

（二）大幅降低小微企业申请贷款难度，有效缓解企业资金压力。财智服务平台有效推动了小微企业会计数据的标准化、实时性和有效性，实现了用数据为企业增信，企业申请贷款的成功概率大幅提高、成本大幅下降。如联盟成员湖北省担保集团与农业银行联合打造面向小微企业出口业务的线上普惠金融产品，通过调用、分析企业的物流、报关和财税等数据信息，向数字金融标准化评价模型推荐的优质企业提供平均资金成本为3.86%的无担保、低利率贷款，有效帮助企业降低贷款成本、缓解资金压力。在新机制带动下，更多小微企业主动选择财智服务联盟，进而激发了当地的会计服务市场活力。截至目前，50家财税服务机构通过平台已实现数据对接服务，签约小微企业25000余户，产生数百万条会计基础数据，覆盖生产制造业、信息技术服务业、建筑业、批发和零售贸易业、现代服务业、农业等有关行业。

（三）积极发挥财税“输血供氧”功能，有效推动小微企业复工复产。疫情期间，“云上财税服务”同时为联盟成员单位和客户企业的复工复产提供了重要支撑。截至目前，智能财税云平台代账服务系统共为18290余家小微企业提供云记账服务；举办线上财税政策公益讲堂11场，共为5万余家小微企业解读复工复产优惠政策；上线手机报税工具“0税宝”，为零收入小微企业免费提供线上报税服务。

三、政策建议

（一）继续总结实践中的经验做法，积极探索其可复制可推广性。襄阳市采用政策引导、整合资源方式，依托代理记账服务创新提升小微企业会计信息质量，用信息化手段为小微企业增信和加强会计服务行业管理，是对深化“放管服”改革、服务经济社会健康发展的有益探索并已初具成效。但该项改革举措刚刚起步，目前仅在一个地区、部分特定行业进行试行，其可复制可推广性仍有待考证，需要继续跟踪、大力扶持、认真总结。与此同时，近年来，各地财政部门在财政部的指导下大胆探索、积极创新，涌现出“互联网+代理记账精准扶贫”、行政事业单位购买代理记账服务、鼓励发展代理记账行业协会等改革举措，也需要及时跟踪其发展和成效，总结好的经验做法，形成可复制、可推广的模式，更有效、更广泛地为经济社会发展发挥会计服务功能。

（二）切实加强事中事后监管，为释放改革红利保驾护航。深化行政体制改革、转变政府职能，不仅要在精简审批程序、放宽准入条件的“放”上做文章，更要在加强事中事后监管的“管”上下功夫。一方面，要充分发挥政府监管职责职能，通过“双随机、一公开”日常检查、重点专项检查，加强对财智服务联盟成员机构日常监管，探索建立执业质量评估公示机制、失信联合惩戒机制，严格执法、公正司法，让每个财智服务联盟成员机构所提供的服务经得起市场的检验和时间的考验；另一方面，要充分发挥行业协会职责职能，指导行业协会做好行业自律工作，建立健全财智服务联盟的服务规范、执业标准，推动相关服务市场健康有序发展。

（三）持续推动部门间协作，稳妥推动改革举措落地生根。襄阳市关于组建财智服务联盟的有关做法，在实施层面涉及政府部门、服务市场、金融机构、小微企业等多个主体，在监管层面涉及财政监管、银行监管、市场监管、税务监管以及行业协会等多个部门，需要凝聚共识、集聚力量、畅通渠道，保障各项改革设想、改革举措平稳落地、有效实施。一方面，应当继续完善政府部门间协调机制，就日常监管协作、基于会计信息的征信标准、银行放贷程序等进行深入研究，建立可行的长效机制；另一方面，应当加快完善跨部门、跨平台的数据对接、互认机制，形成共享、共治的工作格局，有效发挥大数据功效，为提升国家治理体系和治理能力现代化水平作出有益的贡献。

四、写作技巧

★要深入调查。毛泽东同志说过："没有调查就没有发言权。"写好调查报告，必须对调查对象进行深入、细致的了解，力求获取全面材料，包括正面的、反面的，现实的、历史的，上层的、下层的（领导和群众）等。只有这样，才能确保材料的真实性和说服力，才能对大量的事实材料进行分析比较，从而得出正确结论。

★要深入研究。研究是对调查所得材料的深化，也是写好调查报告的关键所在。没有这个环节，所撰写的调查报告只能是现象的堆砌和罗列，不具有任何实用价值。研究就是要通过对调查对象的比对分析，抓住事物的主要矛盾和矛盾的主要方面，寻找和挖掘出深层意义，找出规律性的东西。

★要合理布局。安排"框架"结构，做到眉目清楚，线条分明。为此，必须精心设计框架结构，以便合理地使用所获取的材料，更好地突出全文的主旨。调查报告的结构安排方式，通常有三种：一是分部分式，即以调查点为核心，调查了几个点，就分几部分叙写；二是分阶段式，即按照时间顺序或事物的产生、发展和变化过程的先后顺序，将其划分为若干个阶段，逐段进行叙写，前后有所概括，有所归纳；三是分问题式，即将调查情况归结为几个方面问题，按其内容性质主次、轻重的逻辑顺序，逐一进行叙写。

★要建议恰当。调查报告一方面要讲情况、讲事实，另一方面要讲指导、讲价值。价值的大小，体现在政策性建议的指导性、战略性、准确性和可操作性上。好的政策建议，要通过实际调查，作出透彻分析，提出精辟见解，确保制定出的方针政策正确有利。

★要夹叙夹议。写作调查报告既有叙述，又有议论，是叙述和议论的有机结合（即夹叙夹议）。好的调查报告无一不是两种表达方式的高度统一体。在语言运用上，应力求生动活泼，富于表现力。同时，要善用比喻、排比、引用等修辞手法，增加可读性。

五、注意事项

调查报告不同于工作情况报告。工作情况报告是下级写给上级，用来反映贯彻执行上级决策实施进展情况的，偏重于事实的陈述。调查报告是上级领导机关或业务主管部门派人到所属单位、地区或者业务相关单位、相近部门，通过调查后写成的，也有的是新闻记者通过专题调查写成的。所针对的是具有比较典型性的事情与具有一定普遍意义的问题，偏重于对客观情况的分析研究与理性提炼。

主持词

一、概念

召开会议是机关日常工作的一项重要内容，是部署、推进、总结工作的有效形式。召开会议，就要有会议主持人。为了使会议主持得更加简洁、紧凑、周密、主题突出，收到良好的效果，一篇好的主持词就显得十分重要。

主持词是会议主持人用来介绍参会人员、交代会议任务、说明会议议程等的讲稿。

二、结构

主持词的结构一般包括标题、称呼、正文、结尾四部分。

标题。标题一般有两种形式：一是由会议名称、文种组成，如《××省经济工作会议主持词》《××同志先进事迹报告会主持词》；二是由主持人、会议名称和文种组成，如《××同志在××省经济工作会议上的主持词》。

称呼。称呼是对与会人员的称谓，如"各位代表、各位来宾""同志们"等；如果会议有特别尊贵的来宾，一般还要单独提出来，如"尊敬的×××书记，同志们"。称呼写在开头第一行，顶格。

正文。正文由开头、主体两部分组成。

1. 开头。一般情况下，开头直接宣布会议正式开始。

2. 主体。包括五个方面内容：一是交代会议背景。篇幅不宜过长，主要介绍开会的依据、目的、重要意义。二是阐述会议的重要性。不一定每个会议都有，有的一般性会议无须强调会议的重要性。三是介绍参会人员。重点介绍参会的领导、嘉宾并对其表示欢迎，其他人员一句话带过。介绍顺序是，先上级后下级、先来宾后主人。有时对参加会议的职位不高但位置关键或者代表某一部门的人员，也要介绍。对上级领导和来宾，主持人要以东道主的名义表示欢迎和感谢。四是介绍会议议程。会议议程是会议的总体安排和具体事项，如果是会期较长的会议，应详细介绍会议期间各项议程在何时何地进行。如果会议时间短，则可以简单介绍。五是总结归纳会议。会议各项议程完毕后，如果其他领导没有新的补充意见，主持人要对会议作出评价和总结。总结归纳要简明扼要、实事求是、恰如其分。主持人必须提前了解主题讲话的内容，如果会议内容发生了变化，就要灵活地调整会议主持词。

结尾。主持人总结归纳完毕后，宣布会议结束。

三、写作范例

在中国××集团公司2024年度工作会议上的主持词

尊敬的各位领导、同志们：

今天，我们召开中国××集团公司2024年度工作会议，主要任务是，以习近平新时代中国特色社会主义思想为指导，深入贯彻中央经济工作会议精神，落实国务院国资委工作会议要求，全面总结2023年工作，安排部署2024年任务，表彰2023年度先进集体和先进个人，团结动员全体干部职工，在新时代不忘初心、砥砺奋进，努力开创集团公司高质量发展新局面。

参加今天会议的有：集团公司党委书记、董事长××同志，集团公司党委副书记、总经理××同志，中央纪委驻公司纪检组组长××同志，集团公司党委委员、职工董事、工会主席××同志，集团公司领导班子成员及全体员工。

今天的会议共有三项议程：一是集团公司党委副书记、总经理××同志作2023年工作报告；二是表彰先进；三是集团公司董事长××同志作重要讲话。

下面，进行第一项议程：请集团公司党委副书记、总经理××同志作2023年工作报告……

下面，进行第二项议程：表彰先进。

2023年，是集团公司“十四五”开局以来的关键之年，在党中央、国务院的坚强领导下，在国务院国资委的指导下，集团公司顺利完成了各项目标任务，经营管理成果丰硕、亮点纷呈，涌现出一批业绩突出、敢于担当的先进集体和先进个人。

首先，由我宣读公司表彰文件……

下面，举行表彰仪式。由于时间关系，会上只安排部分先进代表领奖，其他获奖人员请于会后到人力资源部领取荣誉证书。

下面，请先进代表：××、××、××、××、××5位同志上台领奖。让我们以热烈的掌声向获奖代表表示祝贺！希望受表彰的先进集体和先进个人珍惜荣誉、再接再厉、再创佳绩。也希望大家对标先进、学习先进、追赶先进，凝聚起推进集团公司高质量发展的强大动力。

下面，进行会议第三项议程：请集团公司董事长××同志作重要讲话，大家欢迎！……

同志们，刚才，会议表彰了先进集体和先进个人，××总经理作了工作报告，××董事长作了重要讲话，大家一定要深入领会讲话精神，切实抓好贯彻落实。

下面，我就贯彻落实好本次会议精神提三点意见。一要不负春光起好步，勠力齐心谋发展。这次工作会议，是集团公司开启新征程、谋求新跨越的一次重要会议，会议系统总结了公司成立以来的实践经验，为我们下一步发展指明了方向。会后，希望各部门认真领会、深入研究，紧紧围绕“贯彻”二字，在精神上兴奋起来、思想上警醒起来、工作上紧张起来，以只争朝夕的紧迫感、责任感，将公司的决策部署转化为自身的行动自觉，形成公司上下策马扬鞭、提档加速的浓厚氛围。二要突出重点打好底，坚定决心促转型。根据2024年的工作部署，我们要确保完成营业收入××亿元，利润总额××亿元的目标任务，任务艰巨、使命重大。希望大家事不避难、奋勇向前，紧紧围绕“担当”二字，以逢山开路、遇河架桥的精神，贵在力行、重在履事，紧紧抓住提质增效这个关键，全力以赴推动集团公司实现跨越发展，加快促进公司业务战略转型升级。三要狠抓落实开好局，深化改革建新功。新的一年来，希望大家满怀激情、开拓进取，紧紧围绕“突破”二字，用踏石留印、抓铁有痕的劲头，推动关键业务领域取得实质性进展，努力提升集团公司发展质量。用我们工作的确定性，破局外部形势的不确定性，在严峻的考验和激烈的市场竞争中，抢占先机，勇立潮头，接受新挑战，全身心投入集团公司新一轮改革发展中来，为集团公司新的一年迈向新征程、取得新突破作出新的更大贡献！

会议到此结束。散会！

四、写作技巧

★把握程序性。主持词的主要任务是引导和牵引会议的全过程，要串联会议议程、推动会议进程，使会议按照一定程序来操作，具有明确的时间先后特点，起草人员必须以会议的日程安排和主题讲话为依据撰写主持词。

★突出概括性。主持词是会议的辅助材料，不管主持人的地位有多高，都是辅助会议召开的，不能喧宾夺主。所以，主持词必须写得简明扼要，干净利落，特别是总结部分，提炼要精确，篇幅要短小，切忌冗长累赘。

★注重语言风格。一般来说，比较正式的大会，主持词应庄严隆重、用语规范；日常的工作性会议，主持词要简洁明白、朴实严肃；一些庆祝会、表彰会、联欢会的主持词，则应突出欢乐祥和、热情奔放的特色。

★做到层次分明。无论任何会议，大会、小会，长会、短会，都要按照会议议程一项一项地进行，因此，凡是有两项程序以上的会议，主持词都要分条分段表述清楚，做到条理清晰，层次分明。

五、注意事项

1. 因人而异，注意对象。不同级别、不同性格的领导主持会议，主持词的写法也要适当区别，一把手的主持词要写得深入、全面；分管领导的主持词应写得具体、简明；不善口头表达、对稿照念的领导的主持词就要写得详细、清楚；出口成章、喜欢临场发挥的领导的主持词可以写得概括一些。对成人与会者的主持词应该严肃庄重；对少年儿童与会者的主持词，在语言的表述中应尽量采用具有少年儿童特征的语言，拉近距离。比如，当成年人开会介绍某位领导时，往往说“今天参加联欢会的有市委书记××同志”；如果换成未成年人与会者，可以改写成“让我们用掌声，欢迎市委书记××叔叔参加我们的联欢活动”等。

2. 把握基调，篇幅不长。主持词是确定会议的程序，是指示会议按部就班进行的操控器。一般时间不长，篇幅有限，要求结构层次清晰、语言简洁明了。主持词虽然对会议的主要内容、意义、开法都有所交代，但仅仅是画龙点睛的提示，不宜说得过细，切忌长篇大论，更不能把主持词写成大会报告的缩写。

开幕词

一、概念

不论召开重要会议还是开展重要活动，一般都要由主持人或主要领导致开幕词，标志着会议或活动的正式开始。开幕词通常要阐明会议或活动的性质、宗旨、任务、要求和议程安排，集中体现大会或活动的指导思想，起着定调的作用，对引导会议活动朝着正确的方向顺利进行，保证会议或活动的圆满成功，具有重要的意义。

一般的开幕词只对会议的目的、议程、基本精神、参会人员等作简要概述。重要会议的开幕词，特别是具有重大历史和现实意义的开幕词，往往要对会议召开的历史背景做重要阐述，其地位和作用与一般会议不同，开幕词的作用和要求也就不同。

二、特点

★宣告性。就是在开幕词中郑重宣告会议正式开幕，给会议制造隆重的气氛。如果是具有重要历史意义的会议，如党的十一届三中全会，则是从宣告会议开始这一刻产生的，这种开幕词也就随着会议的一系列重要文件载入史册。

★提示性。就是在开幕词中明确交代会议的议程，扼要说明会议的开法、原则，交代会议的主要精神，起到点题的作用。使与会人员明确会议主题，做到心中有数，便于积极主动参加会议。

★指导性。就是在开幕词中阐明会议宗旨，提出会议任务，说明会议目的及指导思想和重要意义，要求把会议的基本精神概括出来，这对开好会议起着重要的指导作用。

三、结构

开幕词的结构一般包括标题、称谓、正文、结尾四部分。

标题。通常有三种写法：一是会议名称＋文种；二是领导人姓名＋会议名称＋文种；三是用提示内容中心或主旨的标题，通常在后面加上副标题。

称谓。一般写在标题下一行顶格排版，称呼通常用“同志们”“朋友们”“各位代表”等。

正文。一般包括开头、主体和结尾。开头写宣布开幕的话。主体部分包括以下内容：会议的筹备和出席会议人员情况；会议召开的背景和意义；会议的性质、目的及主要任务；会议的主要议程及要求；会议的奋斗目标及深远影响等。

结尾。一般都是“祝大会圆满成功”等祝愿性话语。

四、写作范例

第××届全国大学生运动会定向越野赛开幕词

女士们、先生们，朋友们，大家上午好！

今天，第××届全国大学生运动会定向越野比赛在美丽的××东方绿舟举行，在此，我代表××部学生体协联合秘书处对来自全国各地的领队、教练员、运动员、裁判员表示热烈的欢迎！本次大运会定向越野比赛得到了××市人民政府、××市教委、××大学在人力、物力、财力等方面的大力支持，在此，让我们为他们所付出的辛勤工作表示衷心的感谢！

此外，××、××、××、××、××以及各有关单位，都对本次比赛给予了大力支持和帮助，让我们一并对他们表示由衷的感谢！

本次比赛有来自全国××个代表队共××名运动员、教练员参加，集中了全国各地定向运动的优秀人才，我们相信，通过本次比赛的成功举办，必将有利地推动定向越野在全国高校中的开展，对我国学校的素质教育起到积极的推动作用。

希望在本次比赛中，全体工作人员和裁判员要努力工作，认真履职，坚持公平、公正、公开的原则，尽职尽责地做好比赛的组织工作。希望全体运动员要服从大会的各项规定，在比赛中赛出风格、赛出水平，取得优异的成绩。希望全体参赛人员共同努力，把本次比赛办成隆重热烈、团结奋进、安全文明的一次体育盛会！

最后祝各位在××比赛期间身体健康、精神愉快！祝第××届全国大学生运动会定向越野比赛取得圆满成功！

谢谢大家！

五、写作技巧

★注意提炼归纳。写作中要把握会议的性质，阐述会议的特点、意义、要求和希望；对于如何召开会议，也要概括说明，点到为止。

★篇幅短小精悍。开幕词是为会议作铺垫的工具，不宜太长，大约10分钟讲完即可，层次清晰，言简意赅。要从整体把握，不能将会议的具体内容透露得太详细，更不能长篇大论。

★语言庄重热烈。开幕词的语言既要庄重也要富有感情色彩，特别在结尾号召阶段，必须慷慨激昂，使与会人员受到鼓舞。行文则要明快、流畅，评议要坚定有力，充满热情，有力量。

六、注意事项

开幕词是机关单位在会议开幕时所作的关于会议的指导思想、宗旨、要义的讲话，旨在向与会者提出会议的中心任务和要求，提示会议的有关事项，提醒与会人员注意的文种。

开幕词要做到中心突出，主题明确。语言简练明快、自然流畅、尽量口语化、富有鼓动性和号召性。称谓要合乎会议性质和出席会议人员的身份，大方得体，不卑不亢，具有针对性。

开幕词与主持词的区别主要在于，开幕词适用于大型庄重会议，主持词适用于此外的一切类型的会议。

大会工作报告

一、概念及特征

大会工作报告，是指有关领导在会议上向与会者所作的全局性、系统性的工作汇报或某一重大工作或重大问题的讲话稿。如党代会、人代会、职代会、妇代会以及各种大型会议的工作报告。

大会工作报告虽然经常以领导成员个人名义出现，但并非个人意见，而是领导班子集体意志的表现，是经领导班子集体讨论、专人执笔、修改定稿的。一经会议通过，并按公文下发，就具有指示性和重要约束力。

二、结构

大会工作报告通常由标题、题下签署、正文三部分构成。

标题。通常由会议名称与文种组成，有的则直接写工作范围加上文种类别（报告），如《政府工作报告》。也可以由正标题和副标题构成，即用概括报告主要内容与号召性词句作正标题，由会议名称与文种类别组成副标题。

题下签署。标题下要标明报告时间和报告人姓名，但这只表示报告人是报告的法定作者。

正文。一般包括三部分：开头、主体和结尾。1.开头部分要顶格写称呼，简要说明会议的性质、任务、意义或者缘由等。2.主体部分通常首先要总结前一阶段工作，包括成绩与存在的问题；其次要根据发展要求和上级的任务，分析形势，提出今后的方针与任务；最后要提出完成任务所应采取的措施、办法等。3.结尾部分一般强调意义、表明决心、发出号召等。如果属于提请会议审议的报告，要以提请审议的话语作结语。由于大会工作报告的容量较大，正文的写作一般分成若干小标题或主题词来写，使之条理清楚。

三、写作范例

在××区首届武术比赛上的闭幕词[①]

××区体育局副局长×××

尊敬的各位来宾、武术界的朋友们：

历时3天的“武林杯”2023年××区首届武术比赛，在各级领导的重视、关怀、支持与帮助下，在全体运动员、裁判员、工作人员的团结协作、共同努力下，今天胜利闭幕了。

这次比赛，内容丰富，场面热烈，龙腾虎跃，盛况空前，赛出了水平，赛出了友谊，充分表现了各代表队的精神面貌和竞技水平，也体现了各代表队的向心力和凝聚力。在此，我谨代表本次大会组委会，对本届武术比赛的成功举办表示热烈的祝贺，向关心、支持××区武术事业发展的各位领导、

① https://www.1mishu.com/haowen/105311.html.

社会各界表示崇高的敬意。向全体运动员、裁判员以及工作人员的辛勤劳动表示衷心的感谢。对取得优异成绩的单位和运动员表示衷心的祝贺！

这是一次规模庞大、参赛人数多、种类丰富的武术盛会。在这次盛会中，各地武术健儿遵循“友谊第一、比赛第二”和“重在参与、重在学习、重在提高、重在娱乐”的宗旨，发扬团结、拼搏、奋进的精神，在赛场上团结协作，勇于拼搏；在场下切磋技艺，畅叙友情，整个武术比赛始终洋溢着团结、友谊、文明、欢乐的气氛。

我们这次举办武术比赛，就是要以武术来推动我区的全民健身活动，使更多的人加入全民健身的行列。所以，并不是今天的比赛结束了，健身运动就停止了，恰恰相反，这只是一个开始。我们今天参赛的人员要成为骨干，当好宣传员，当好教练员，普及和提高武术运动水平，带动身边更多的人参加全民健身运动，让全民健身运动在我区开花结果。

让我们以本次武术比赛所发扬的团结互助、勇于拼搏、敢于争先的精神为动力，认真实践习近平新时代中国特色社会主义思想，全面落实党中央和省委、市委关于“健康中国”建设的各项工作部署，大力弘扬中华武术精神和武术传统，推动我区全民健身运动再上一个新台阶。

最后我宣布，2023年××区首届武术比赛圆满结束，谢谢大家！

【讲析】

这是一篇典型的闭幕词，具有总结性、评估性、号召性和口语化等特点。全文分为6个自然段，第一段阐明比赛进入闭幕阶段；第二段、第三段对比赛作出总结和评估；第四段阐述比赛的实质与目的；第五段提出号召和希望；第六段宣布赛事结束。闭幕词行文的一般逻辑是：对会议或活动作出评估和总结——肯定会议或活动取得的成果——强调会议或活动的主要精神和深远影响——提出贯彻落实会议或活动的决议或倡议。闭幕词出现在会议或者活动终了，要与开幕词前后呼应、首尾衔接，以显示会议或者活动的圆满与成功。

四、写作技巧

★内容角度。大会工作报告是会议的中心部分，涉及面广，启示点深，篇幅比开幕词、闭幕词长，内容比领导同志在会议上的专题讲话更加全面，要求纲目清楚，逻辑性强，便于记忆和领会。

★结构角度。可用并列式，把报告的内容分成并列的几大部分；可用条目式，分成若干条目，按条表叙；可用递进式，围绕中心，逐层加深论述和说明；可用对比式，把正与反、过去与现在的经验教训，两种不同情况、不同结果放在一起进行对照说明，增强说服力。

★功能角度。大会工作报告应体现四性：一是目的性，明确会议的目的、要求、指导思想、中心议题，使报告有所依据。二是针对性，结合部门实际，把上级精神同本部门（地区）实际情况结合起来，避免空话连篇，言之无物。三是指导性，有较高的政策理论水平，能准确地提出问题，精辟地分析问题，中肯地解决问题。四是全局性，通观全局，把握重点，避免一般化。

五、注意事项

第一，材料要真实。向上级机关汇报工作，应本着实事求是的态度，如实汇报。无论是成绩还是失误，都应该全面、真实地反映，不能报喜不报忧，也不能夸大和虚构。上报的公文应该在调查研究、全面掌握情况的基础上撰写。

第二，主旨要鲜明。报告的内容一般涉及面宽而且复杂，很容易写得篇幅较长而又重点不突出，流于形式。这就要求在撰写报告时，要观点鲜明、深刻，语言简洁。

第三，使用要恰当。大会报告不是一般事项性公文，要注意不能与请示相混用。报告内容不得夹带请示事项，否则会因报告不需批复而影响请求事项的处理和解决。

闭幕词

一、概念及特征

闭幕词是一些大型会议结束时，由有关领导或人士向会议所作的带有总结性、号召性的讲话。闭幕词在会议活动闭幕式上使用，要对会议内容、会议过程、会议精神等进行简要的总结并作出恰当评价，肯定会议的成果，强调会议的意义和影响。

闭幕词具有以下特点：

★评估性。即对会议作出总体评价，肯定会议的重大成果，正确评估会议的深远意义，增强贯彻会议精神的信心与决心。

★总结性。即对会议的主要内容和基本精神进行简要总结。通常要概括会议的进程，如完成几件事情，每项议题、每件事情又有什么重要意义和作用，与会者提出的合理化建议，以及今后的任务是什么，会后怎样贯彻会议精神等。

★号召性。对大会发出号召，以便会后更加全面、正确、充满信心地贯彻会议的精神。

二、结构

闭幕词一般由标题、称谓和正文三部分组成。

标题。一般由事由和文种构成，如《中国共产党第十九次全国代表大会闭幕词》；也有的只写文种，如《闭幕词》。

称谓。一般根据与会者的身份确定称谓。

正文。首先说明会议已经完成预期的任务，即将闭幕；然后概述会议进行的情况，适当地评价会议的收获以及产生的影响。结尾部分一般要发出号召，表示祝愿和决心。

三、写作范例

中国工会第十八次全国代表大会闭幕词①

（2023年10月12日）

各位代表，同志们：

现在我受第十八届中华全国总工会主席王东明同志委托，致大会闭幕词。

在以习近平同志为核心的党中央坚强领导和亲切关怀下，在与会全体代表的共同努力下，中国工会第十八次全国代表大会圆满完成了各项议程，即将胜利闭幕。这次大会，是在我国迈上全面建设社会主义现代化国家新征程、向第二个百年奋斗目标进军的关键时刻召开的一次十分重要的大会，意义重大而深远。大会以习近平新时代中国特色社会主义思想为指导，全面贯彻党的二十大精神，深入贯彻习近平总书记关于工人阶级和工会工作的重要论述，审议并通过了全总十七届执委会报告、《中国工会章程（修正案）》、财务工作报告、经审工作报告，选举产生了中华全国总工会新一届领导机构，是一次高举旗帜、凝心聚力，继往开来、团结奋进的大会。大会的胜利召开，必将激励全国亿万职工群众和工会工作者，以昂扬向上的精神风貌和实干担当的奋斗姿态，在全面建设社会主义现代化国家、全面推进中华民族伟大复兴的历史进程中谱写工运事业和工会工作的崭新篇章！

党中央高度重视这次大会。习近平总书记等党和国家领导人出席了大会开幕式，蔡奇书记代表党中央向大会作了致辞。会后，习近平总书记还将与全总新一届领导班子成员集体谈话，并发表重要讲话。党中央高度评价党的十八大以来我国工人阶级为推动党和国家事业取得历史性成就作出的重要贡

---

① https://www.acftu.org/wjzl/ldjh/lyf/202310/t20231016_835913.html?7OkeOa4k=qAcQrAr_tZ.o0M1usnaRAjktgZpvi1ArmMkpLWoswH0qqrNXJjFWqAqq2G.

献，充分肯定各级工会为推动新时代党的工运事业和工会工作取得巨大进步发挥的重要作用，对新时代工人阶级和工会组织在以中国式现代化全面推进强国建设、民族复兴新征程上更好建功立业、创新创造，明确了新目标、提出了新要求，为新时代亿万职工群众和工会工作者指明了前进方向、增添了前进动力。

王东明主席代表全总十七届执委会在大会上作的报告，全面贯彻习近平新时代中国特色社会主义思想和党的二十大精神，系统总结了新时代我国工运事业的发展和过去五年的工作，深刻阐述了坚持用习近平新时代中国特色社会主义思想统领工会工作的规律、经验，明确指出新时代新征程党的工运事业和工会工作主题、方向，对今后五年的主要工作进行了部署安排。大会报告充分体现了党中央精神、反映了职工群众意愿、凝聚了工会智慧，是指导新时代新征程工会工作高质量发展的重要文件。

过去五年，在以习近平同志为核心的党中央坚强领导下，中华全国总工会第十七届执行委员会和各级工会围绕中心、服务大局，积极进取、主动作为，聚焦主责主业、持续改革创新，不断增强政治性、先进性、群众性，全力推动各项工作取得新进展新成效，奋力谱写了党的工运事业和工会工作新篇章。这些成绩的取得，根本在于有以习近平同志为核心的党中央的坚强领导，在于有习近平新时代中国特色社会主义思想的科学指引；有各级党委、政府和社会各界的鼎力支持帮助，有历届工会老领导、老同志的无私奉献，有全国亿万职工群众、工会工作者的耕耘奋斗。这次大会后，有些领导同志由于工作变动或年龄等原因，不再继续担任全总第十八届执行委员会委员和经费审查委员会委员，他们在任职期间尽心尽力、尽职尽责，勤勤恳恳、兢兢业业，为党的工运事业和工会工作倾注了大量甚至是毕生心血智慧、作出了不可磨灭的重要贡献。在这里，我谨以本次大会的名义，向中华全国总工会第十七届领导班子成员、执委会委员、经审会委员和各级工会工作者表示最诚挚的谢意！向全国总工会的老领导、老同志，向所有关心支持工会工作的各级党政领导和各界朋友致以最崇高的敬意！

这次大会选举产生了中华全国总工会新一届执行委员会，这是全体代表和全国亿万职工群众的信任和重托。在这里，我代表十八届执委会所有同志，对全体代表的信任和支持表示最衷心的感谢！我们将全力以赴、全心全意为党的事业和职工群众的利益服务，不辜负党中央和亿万职工群众的信任和期望！

各位代表，同志们！

中华全国总工会第十八届执行委员会任期五年。党的二十大吹响了奋进新征程的时代号角，党的中心任务就是中国工人运动和工会工作的主题和方向，是中华全国总工会第十八届执行委员会必须全力肩负起的使命和责任。

我们要始终坚持党的全面领导，保持工会工作的正确政治方向。要坚持用习近平新时代中国特色社会主义思想凝心铸魂，深入贯彻习近平总书记关于工人阶级和工会工作的重要论述，团结动员广大职工紧密团结在以习近平同志为核心的党中央周围，坚定不移听党话、跟党走，深刻领悟"两个确立"的决定性意义，增强"四个意识"、坚定"四个自信"、做到"两个维护"，在思想上政治上行动上同以习近平同志为核心的党中央保持高度一致。

我们要始终坚持服从服务于党和国家工作大局，充分发挥工人阶级主力军作用。要紧紧围绕高质量发展首要任务，聚焦国家重大战略、重大工程、重大项目、重点产业，全心全意依靠工人阶级，充分调动职工积极性主动性，团结组织职工群众建功立业、创新创造，大力弘扬劳模精神、劳动精神、工匠精神，在强国建设、民族复兴伟业中汇聚万众一心、众志成城的磅礴力量。

我们要始终坚持履行维权服务基本职责，不断增强职工群众获得感幸福感安全感。要牢固树立以职工为中心的工作导向，聚焦"维护职工合法权益、竭诚服务职工群众"主责主业，切实维护好、服务好亿万职工群众的劳动经济权益、民主政治权利和精神文化权益，大力推进产业工人队伍建设改革，着力解决好新就业形态劳动者、农民工、城市困难职工等重点群体的急难愁盼问题，真正让亿万职工群众深切感受到党的温暖、关怀和工会的维权、服务。持续推动构建和谐劳动关系，坚决维护好劳动领域政治安全。

我们要始终坚持深化工会改革和建设，有效发挥工会作为党联系职工群众的桥梁纽带作用。要始终突出政治性、先进性、群众性，持续深化工会机关改革，创新工作体系、工作内容和工作方式，加强基础和基层工会建设，加快工会数字化建设步伐，全面强化工会系统党的建设，大力提高工会干部的素质能力，不断增强工会组织吸引力、凝聚力和战斗力。

这次大会闭幕后，代表们将奔赴各自的工作岗位。希望各位代表和各级工会组织及时向同级党委汇报大会精神，迅速在广大职工群众和各级工会工作者中掀起学习宣传贯彻大会精神的热潮，特别是要传达好学习好宣传好贯彻好习近平总书记关于工人阶级和工会工作的重要论述、蔡奇书记代表党中央在工会十八大上的致词精神，传达落实好王东明主席在大会上的报告和在全总十八届一次执委会上的讲话要求。要把贯彻落实工会十八大精神与全面贯彻习近平新时代中国特色社会主义思想、党的二十大精神、习近平总书记关于工人阶级和工会工作的重要论述结合起来，与党和国家中心工作结合起来，与本地区、本产业、本部门、本单位、本岗位实际结合起来，把智慧和力量凝聚到实现这次大会确定的目标任务要求上来，勇于担当、奋发有为，努力开创新时代新征程党的工运事业和工会工作新局面。

各位代表、同志们，强国建设、民族复兴的宏伟目标令人鼓舞、催人奋进，工人阶级、工会组织的使命光荣、责任重大。让我们更加紧密地团结在以习近平同志为核心的党中央周围，全面学习贯彻习近平新时代中国特色社会主义思想，深入贯彻习近平总书记关于工人阶级和工会工作的重要论述，认真落实中国工会十八大精神，切实维护职工合法权益、竭诚服务职工群众，踔厉奋发、勇毅前行，团结动员亿万职工群众为全面建设社会主义现代化国家、全面推进中华民族伟大复兴团结奋斗！

四、写作技巧

★内容要概括。闭幕词是对会议的总结，要求对会议内容概括准确、精练，既要前后照应，与开幕词照应，与会议主题照应，又要与会议研究解决的主要问题照应。

★条理要清楚。基本要求是，主调要突出，线条要集中，节奏要紧凑，层与层之间、段落与段落之间要富有逻辑性。

★语言要有力度。语言要热烈、有力，充分肯定会议的成果和为会议成功作出贡献的工作人员，体现出号召性。遣词造句既要庄重得体，又要激情昂扬，充分体现讲话者的理论水平和领导风范。

★文字要简洁明了。闭幕词贵在总结深刻，用语凝练，结论准确，篇幅精短，画龙点睛。从理论的高度，提纲挈领地总结大会的主要收获，取得了什么经验，如何贯彻大会精神，然后收尾、发出号召，宣布大会闭幕。

五、注意事项

1. 有开幕词就有闭幕词。闭幕词与开幕词一样，具有简明性和口语化两个共同特点。凡重要会议或重要活动，与开幕词相对应，一般都有闭幕词，这是必不可少的程序，标志着整个会议或活动的结束。

2. 不能长篇大论。闭幕词的篇幅一般都短小精悍，语言简洁明快。为激励参加会议的全体成员为实现会议提出的各项任务而奋斗，增强与会人员贯彻会议精神的决心和信心。闭幕词的行文都不长，不能将会议的具体内容阐述得太详细，更不能长篇大论。

3. 富有号召性和鼓动性。闭幕词是在总结大会精神的基础上，进一步唤起与会者领会、贯彻、落实大会任务的高昂情绪，所以，用短句不用长句，注重韵律而不随意铺张，句式简短急促，铿锵有力。

简　报

一、概念及特征

简报是行政机关、企事业单位、社会团体为及时反映情况、汇报工作、交流经验、揭示问题而编发的一种内部文件。

简报的种类繁多，按照不同的分类标准，有不同类型。

时间分类	定期简报、不定期简报
范围分类	内部简报、普发性简报
内容分类	工作简报、会议简报、经验简报、科技简报、动态简报

从作用上看，简报主要发挥以下作用：

1.迅速反映情况。通过简报，可以将工作进展情况以及工作中出现的新情况、新问题、新经验，及时反映给上级决策机关，使决策机关了解下情，为制定政策、指导工作提供参考。

2.及时交流经验。简报通过组织交流，可以提供情况、借鉴经验、吸取教训，对阅知单位和部门的工作有指导和推动作用。

3.充分传播和沟通信息。简报本身即是一种信息载体，可以使各级机关领导和工作人员互相了解情况、学习先进经验、借鉴有益做法、改进本身工作。

二、结构

简报一般由标题、正文、版记三部分组成。

标题。简报的标题可分为双标题和单标题两种类型。（1）双标题。双标题有两种情况：一是正题前面加引题。前一个标题是引题，指出作用和意义；后一个标题是正题，概括主要内容。二是正题后面加副题。前一个标题是正题，概括事实的性质；后一个标题是副题，补充叙述基本事实。（2）单标题。将叙述的核心事实或其主要意义概括为一句话作为标题，标题的提炼要准确无误，高度概括。

正文。由导语、主体、结尾三部分构成。

1.导语。可以根据主题的需要，分别采用叙述式、描写式、提问式、结论式等多种形式。这几种导语的形式，各有所长，写作时可根据稿件的特点选择，灵活运用。

2.主体。是简报的主要部分，主要任务是用大量典型的、富有说服力的材料，把导语的内容加以具体化，用材料来说明观点。写好主体是编好简报的关键。主体的层次安排有“纵式”和“横式”两种结构。纵式结构按事件发生、发展的时间顺序来安排材料，横式结构按事理分类的逻辑顺序安排材料。如果内容比较丰富，各层可以采取加小标题的方式来凸显，使阅读起来更方便。

3.结尾。简报要不要结尾，视内容而定。事情比较单一，篇幅比较短小的，可以不单写结尾，主体部分说完就结束，干净利落。事情比较复杂，内容较多的，可以有结尾，对全文作小结，以加深读者印象。连续发布的简报，在结尾部分可以用交代性的话语作为结束，如“后续情况我们将在下期报告”等。

版记。简报的版记一般包括报、送、发三类单位，包括三个行文方向。报，指简报往上呈报的单位或者领导，属于上行文。送，指简报送往的同级单位或不相隶属的单位，属于平行文。发，指简报发放的下级单位，属于下行文。如果报、送、发单位是固定的，但需要临时增加新的发放单位，一般注明本期增发的单位或者领导名单。版记部分还包括本期简报的印刷份数。

三、写作范例

水利乡村振兴工作简报[①]

（2023年第8期）

河南强化水利保障　助力乡村振兴

2023年，河南省水利厅坚持以人民为中心的发展思想，学习运用“千万工程”经验，加强组织领导，狠抓工作落实，举全系统之力，全力推进乡村

① www.mwr.gov.cn/sj/jbjc/slfpjb/202312/t20231226_1699179.html.

振兴水利保障工作，加快完善农村供水设施网络，不断提升水旱灾害防御能力，为全面建设社会主义现代化国家提供有力水利支撑。

一、强化农村供水保障，牢牢守住农村饮水安全底线。一是扎实推进农村供水保障工程建设。在全省94个县市推广农村供水规模化、市场化、水源地表化、城乡一体化“四化”模式落地，累计完成投资248亿元，建成水厂60处，受益农村人口1000多万人。“探索供水‘四化’新路径，保障农村饮水安全”的经验做法受到国务院第七次大督查的通报表扬。二是大力做好已建农村供水工程运行管护工作。有农村供水工程管理任务的147个县全面建立了“三个责任”，单村联村工程将责任向乡镇政府、村委会延伸。《河南省农村供水管理办法》已通过省政府常务会议审议，工程运行管理法治化保障进一步强化。积极争取并落实农村饮水工程维修养护资金3.53亿元，维修养护农村饮水工程10037处，覆盖服务人口1518万人。三是持续开展常态化监督检查。开展“大排查、大整改、大提升”活动，发现并整改农村供水工程安全隐患683个。畅通群众反映渠道，公开省、市、县三级农村饮水监督电话179个，多渠道收集农村饮水安全问题，建立整改台账，收到处理问题线索458件，实现动态清零。实施省、市、县三级联动开门检视工作，征求供水厂、用水户、基层党员、群众意见建议，召开座谈会764次，参与人数1.04万人，发放调查问卷3.4万余份，走访1.91万户，群众满意度达97.8%。开门检视农村饮水问题整改作为省委主题教育典型案例，《中国水利报》《河南日报》等多家媒体进行专版报道。

二、强化农村防汛抗旱保障，不断夯实乡村振兴水利基础。一是做好统筹规划布局。编制完成《河南水网建设规划纲要》，构建河南现代水网总体布局，共谋划5大类66个工程，估算总投资7231.6亿元。制定《河南省2023年度四水同治工作方案》，2023年全省共谋划四水同治项目7大类1162个。编制完成《河南省中小河流治理总体方案（2023—2035年）》，全面提升中小河流防洪减灾能力。二是推进水利工程建设。完成年度投资1206.8亿元，实施9项十大水利工程，191处大中型灌区累计引水43.2亿m^3，累计灌溉面积2600万亩次，累计补源面积471万亩次。实施34处大中型灌区续建配套与现代化改造，支持6座中型病险水库和9座小型病险水库除险加固。三是抓好水旱灾害防御应对。有效应对台风“杜苏芮”等15次较强降雨过程，有序启用共渠西蓄滞洪区，避免启用良相坡蓄滞洪区，保障人民生命财产安全。全省大中型水库总蓄水量69.52亿m^3，较多年平均值增加60%，为今冬明春生产、生活、生态用水提供了水源保障。

三、强化农村水利管理能力，助推宜居宜美乡村建设。一是推进“五水综改”，强化水资源管理。聚焦水源、水权、水利、水工、水务，推动建立水资源刚性约束制度，实施22条主要河流和3个调水工程上下游水资源统一调度，完成19个县（市、区）地下水超采综合治理任务，压采地下水0.3亿m^3。坚持节约优先，加快节水型社会建设，累计建成县域节水型社会达标县118个，达标率75%。落实“四水四定”要求和水权交易管理办法，全省135.78万个取水口、7.1万个取水项目纳入日常监管，完成水权交易13起、水量8.9亿m^3。二是强化河湖库管理，开展全流域美丽幸福河湖试点。推广“河长+检察长”“河长+警长”机制，率先在南水北调工程全面推行河湖长制，压实中小河流、乡村河流、小微水体基层河长责任，打通河湖管理“最后一公里”。从“持久水安全、优质水资源、健康水生态、宜居水环境、先进水文化、科学水管理”6个方面，推进全流域美丽幸福河湖建设工作，申报省级美丽幸福河湖31条（段），新增达标堤防161km，新增河湖岸带植被493万m^2，“河畅、水清、岸绿、景美、人和”的美好景象初步显现。三是推进学习践行浙江“千万工程”经验。加强水利与乡村振兴战略深度融合发展，强化项目和资金支持，落实水利资金5.98亿元，支持省第一批20个乡村建设示范县创建。打造水利样板，探索形成可复制、可推广的模式和经验，推出13个水利乡村振兴典型示范单位，舞钢市5个县（市）被水利部确定为深化小型水库管理体制改革样板县。

四、写作技巧

★材料要真实。简报所反映的事实、主要情节以及工作细节，比如，具体的时间、地点、人物、数字和成效以及状况，都必须做到准确无误，绝不能报喜不报忧，更不能主观地粉饰和加工。特别是不能移花接木，把不同时期的事项集中在一个时间段描述、把多部门的事项集中到一个部门描述、把事后发生的事情写在事前或事中，这都是简报的大忌。

★篇幅要短小。简报是简明扼要、短小精悍的文字材料，发挥着快速传递信息、交流经验的短兵相接作用，如果文字冗长，就变成了“情况通报”或“工作报告”。俗话说“简报简报，点点到到，要想写好，简明扼要”，意思是说把一件事物的基本情况反映出来就行了，只求一侧，不求全貌[①]。

★速度要快捷。简报不求全，但求快。只有快，才能真正发挥对工作的指导性作用；否则，事情发生了，但简报迟迟出不了手，简报走在工作的后面，即使内容再好，也很难起到制定政策依据、扩大交流信息等指导性作用。所以，简报的生命在于发挥“轻骑兵”的作用，如果成了“马后炮”就是简报最大的失败。

★语言要生动。简报因为篇幅短小，要让人爱读爱看，必须在语言运用上下功夫，所以，要做到文字生动活泼，读后印象深刻，可以有不同的表现手法，必要时还可采用写通信的手法，做具体形象的描述，以情动人，不能写成官样文章，读起来干瘪苦涩。

五、注意事项

1. 突出内容的专业性。简报与其他文种不同，具有十分明显的专业性特征。比如，人口普查简报、水利工程简报、研究生招考工作简报等，不同行业、不同内容、不同进度特别是各个阶段和时期的不同特点，包括情况、经验、问题和对策等，让读者耳目一新。在写作过程中，要做到一般性的东西少说，无关的东西不说，专业性的东西多说。使读者了解工作进展，获得最新资讯，掌握处理办法。

---

① 张保忠主编：《最新公文写作技巧与范例全书》，中国时代经济出版社2011年版，第198页。

2. 突出篇幅的简短性。简报要适应现代生活快节奏的特点和读者海量信息筛取的要求，语言必须简明精练，篇幅必须短小精悍。中央八项规定以后，一般的简报篇幅控制在2000字左右，4个页码。所以，要做到这一点，首先，选材要典型，内容要集中，一份简报一个主题。其次，事情摸得透，揭示本质，抓住关键，不拖泥带水，啰唆冗长。最后，要开门见山，直截了当，不说空话、套话，不穿靴戴帽，不写意思相重的句子。

3. 突出范围的内部性。简报是机关内部交流的工具，一般在编报机关管辖范围内各单位之间进行交流，不宜甚至不能公开传播，特别是涉外机关、涉密单位和专门会议、专业性场合的简报。比如，党和政府的高级专门会议的简报，必须严格限定阅读范围，有些甚至要阅后收回。有的简报，往往是专给某一级领导人看的，事项本身带有一定的保密性，更不能任意扩大阅知范围。

讲话稿

一、概念及特征

讲话稿是党政机关、企事业单位、社会团体领导或者负责人在不同类型会议或者场合上发表的总结性、部署性、表彰性、庆祝性等不同性质的致辞或者发言，是机关使用频率非常高的一类文种。

讲话稿的类型很多，有工作会议讲话稿、庆祝性讲话稿、纪念性讲话稿、庆功性讲话稿、表彰性讲话稿、庆典仪式讲话稿、节日活动讲话稿、礼仪活动讲话稿、文体活动讲话稿等。这里重点介绍工作会议讲话稿。

工作会议讲话稿，是指机关单位在会议过程中，有关领导就会议主题、目标、任务、措施等内容，对下属单位或组织所作的指示性、部署性、指导性意见的一类文种。

二、结构

工作会议讲话稿一般由标题、署名、正文和结尾组成。

标题。包括讲话人、会议名称、文种类别（讲话），也可以只写会议名称和文种类别，而将讲话人、日期在标题下标明。个别情况下可以使用正、副双标题。

署名。一般在标题的正下方，标注讲话人的姓名、职务和时间；如果标题已经有讲话人姓名的，一般标注讲话时间。

正文。先后次序是：称呼、开头、主体。

1. 称呼。领导讲话都是有具体对象的，所以在标题和讲话日期下有对参加会议或活动者的称呼，常见的有“同志们”或“尊敬的××领导、各位嘉宾、同志们”等。称呼及顺序排列根据参加会议或活动的对象而定。

2. 开头。讲话稿谋篇布局，开头十分重要。讲话稿开头的总体要求是：能充分调动听众的注意力，并能引出主体内容。开头的方式很多，没有固定的模式。有起承转接式，先说会议主题，再说刚才单位的发言，再转入自己的正题，表达几个观点；有平铺直叙式，如在会议开始时就介绍会议的背景、会议的议题和会议所要达到的目的；有开宗明义式，就是在讲话的开头直截了当地提出问题，将讲话者的意图和盘托出，提纲挈领地说出来；有表态式，表明讲话者对所谈问题的态度，然后顺势把下面要讲的主要内容点出来。如果是补充性讲话，则是对前面领导讲话或工作安排表明自己的态度或观点。

3. 主体。主体是讲话稿的重点部分，是讲话成功与否的关键。这一部分要承接开头部分所提到的观点展开阐述，并且应做到中心突出，条理清晰，论据充分，论证严密。主体部分结构可分成条块式，也可不分。主体结构通常有递进式，以事物发展顺序为序，层层递进；并列式，把总论点分成几个分论点，每一部分阐述一个分论点，分论点之间的关系相互并列。

结尾。讲话稿的结尾要对讲话的主要内容加以概括和提炼，使听众印象进一步加深。常见的结尾方式：希望式，对与会者提出要求和希望；展望式，在即将结束讲话时，对未来的前景作一番展望；总结式，对全文的主要内容进行总结概括。

三、写作范例

在上海合作组织成员国政府首脑（总理）理事会第二十二次会议上的讲话

（2023年10月26日，比什凯克）

中华人民共和国国务院总理　李强

尊敬的扎帕罗夫总理，

各位同事：

很高兴与大家相聚在古丝绸之路重镇比什凯克。首先，感谢扎帕罗夫总理和吉尔吉斯斯坦政府为本次会议所作的精心准备和周到安排。

在今年7月上合组织元首会议上，习近平主席同各国领导人就弘扬“上海精神”、构建更加紧密的上合组织命运共同体进一步达成了重要共识，明确了重点任务。我认为，我们的政府首脑会议，就是要响应和落实好元首会议的精神。如何响应和落实？在行动上，就是要细化“任务书”和“时间表”，一项一项推进；在思想上，需要对一些基本问题、根本问题，有更加清晰透彻的理解。认知更到位，行动才能更自觉。下面，我想从更好践行“上海精神”、落实元首会议共识的角度，围绕三个问题谈些想法，与大家交流。

第一个问题：我们为什么会走到一起来？这就要回溯当初成立上合组织的出发点，或者叫动因，或者叫初心。中国人常讲，不忘初心，方得始终。22年前，上合组织应地区国家共促友好、共保安全、共谋发展的愿望而成立。目前已经从最初的“上海五国”发展到9个成员国、3个观察员国、14个对话伙伴，成员国人口占全球近一半、经济总量约占全球四分之一。上合组织的发展，是“上海精神”的生动写照，也彰显了“上海精神”的生命力。我们走到一起来，更直白地说，就是要使地区的事务由地区国家自己做主、商量着办，而不受域外国家的干扰、搅局和操弄。这又充分体现为我们相互间的包容性和整体上的自主性。在动荡不安、变乱交织的当今世界，我们重温上合组织的初心尤为必要。初心是原点，也是准星，是我们面对不确定性时的确定性指引。只有牢记初心使命，坚持团结协作，我们才能切实维护本地区的和平安宁，推动本地区的发展繁荣，也才能为世界和平与发展注入更多确定性和正能量。

第二个问题：我们一路走来有哪些重要的启示？这就是要探寻上合组织的成功之道，从而汲取更好前行的智慧力量。回首过去，上合组织将发展阶段不同、文化传统各异的国家凝聚在一起，产生了强大的团结之力、合作之力、发展之力，为构建新型国际关系和人类命运共同体作出了重要理论和实践探索。在去年撒马尔罕峰会上，习近平主席作了系统总结，强调要坚持政治互信、坚持互利合作、坚持平等相待、坚持开放包容、坚持公平正义。这“五个坚持”是上合组织发展壮大的成功之道。前进道路上，还有许多风险和挑战需要我们共同应对，我们既要审时度势、随机应变，更要坚持过去的成功之道，从中寻找更好相处、高效合作的思路办法，不断凝聚起实现更大发展的强劲动力。

第三个问题：我们如何一起走向更好的未来？这是一个需要不断把理论方案变成实践答案、把“施工图”变成“实景图”的问题。在这个过程中，我认为有两点至关重要：一是方法上要从大处着眼、实处着手，就是要在构建人类命运共同体理念引领下，把发展、安全、文明涉及各领域的合作做扎实、做到位；二是主体状态上要相向而行、相互成就，美好的未来从来就不是等来的，大家都要做积极的建设者、贡献者，而不能做消极的观望者、逃避者。

根据当前国际局势和地区国家的实际情况，我提出几点建议：一是共同筑牢地区安全屏障。坚决抵制外来干涉，反对阵营对抗。尽快完善本组织应对安全威胁和挑战机制，严厉打击“三股势力”和跨国有组织犯罪。二是共同推动经济加快复苏。合作建设安全、高效的交通体系，不断推进贸易投资自由化便利化，维护产业链供应链平稳畅通。中方愿继续扩大进口其他成员国优质产品。三是共同推进“一带一路”建设。上周，第三届“一带一路”国际合作高峰论坛在北京成功举办。来自151个国家和41个国际组织的代表参加了这场盛会，充分体现出共建“一带一路”的巨大感召力和全球影响力。10年来，共建“一带一路”给世界带来实实在在的成果，开拓出一条通往共同发展的合作之路、机遇之路、繁荣之路，成为当今世界最受欢迎的国际公共产品、最大规模的国际合作平台。中方愿与各方一道，加强高质量共建“一带一路”同各国发展战略对接，进一步推动重要经济走廊建设。建好上合组织开发银行，以满足成员国融资和发展需要。四是共同促进人民相知相亲。不断深化教育、文旅、体育等合作，共同办好上合组织民间友好论坛等品牌项目。中方支持更多高校加入上合组织大学，倡议建立中国—上合组织应急医学合作中心，欢迎更多专家学子来华交流研修。

各位同事！

吉尔吉斯民族英雄史诗《玛纳斯》中有句名言，“努力的人定会成功”。让我们以更大的努力，践行“上海精神”，深化互利合作，为各国人民创造更加美好的生活！

谢谢大家！

四、写作技巧

总体上讲，讲话稿的写作，要做到以下几点：

★有吸引力。要紧紧围绕主题，选择具体生动、易于被群众理解、说服力和鼓动力强的材料，以爱憎分明的情感打动听众。讲话稿无论是引用史例、联系现实，还是举出实例，加以议论，都要情真意切，寓理于情，切忌陈词滥调。

★有控制力。让听众爱听、听得进去。所以，条理清晰，跌宕起伏的结构设计，必须周密而精巧，完整而灵活，这样才会更好地产生控制力量。优秀的讲话稿，特别要在层次清楚的同时，有张有弛，结尾感情色彩浓，哲理性强，特别要下功夫写好。

★有感染力。既要阳春白雪，也要下里巴人。讲话稿的语言要口语化，明白晓畅，生动悦耳。要使用多种修辞手段，把抽象的道理具体化、概念的东西形象化。要努力避免从议论到议论的空洞说教或脱离实际的抒情，少用书面语言。

在具体写作过程中，必须全面了解会议的情况和基本精神，注意讲话内容的准确性。言辞要热烈，能激发与会者参加会议的热情，提高人们的干劲和勇气。文字要精练，讲话时间不宜过长，具有简明性、生动性和吸引力。

五、注意事项

讲话稿的写作，是机关工作的常规事项，也是考验一个人文字功底的十分重要的标准。一般要注意以下几个方面：

1. 结构布局。完整的讲话稿的一般结构有：前言（目的、主题、任务）、第一部分（必要性、紧迫性、现实性等）、第二部分（工作内容、主要任务和措施）、第三部分（组织领导和工作要求）、结尾部分（号召性、表态性语言）几项内容。

2. 写作角度。出色的讲话稿要把握“四问”环节：一问写的是什么。二问给谁写的。三问写给谁看（讲给谁听）的，不同对象不同要求，不同场合不同口气。四问达到什么目的，动员、部署、总结、指导还是报告、说明、解释、解答等。

3. 判断标准。好的讲话稿要紧扣“四求”标准：一是求“高”，思维层次上得去，站在领导的高度去思考问题、谋篇布局。二是求“新”，做到视角新，思路新，概括新，结构新，语言新。三是求“实”，情况分析归纳实在，结合实际，指导意见切实可行。四是求“顺”，基本思路顺，框架结构顺，逻辑关系顺。

4. 审核技巧。好的讲话稿要落实“四看”要求：一看到位不到位，层次、态度、思想、语言是否符合要求。二看得体不得体，是否符合讲话人的身份、维护发言者的形象、顾及各方面的影响。三看严谨不严谨，是否经得起检验、推敲，说法、提法、数据、引证等是否恰当。四看细致不细致，有无文字错漏、明显的病句、格式不当、漏页错页、打印错误等。

述职报告

一、概念及分类

述职报告是指工作人员向上级、主管部门和群众陈述任职工作情况的书面报告。述职报告是管理和考核干部的重要方式之一。对于工作人员自身而言，撰写述职报告，可以回顾和反思任职情况，促进和监督各项工作，有利于考核干部，有利于群众监督，也有利于干部成长和事业发展。

述职报告可以从不同的角度来划分。

内容分类	综合性述职报告、专题性述职报告、单项工作述职报告等
时间分类	任期述职报告、年度述职报告、临时性述职报告等
对象分类	向本地区、本单位干部群众所作的述职报告；向上级领导机关上报的述职报告等

二、结构

述职报告包括标题、称谓、正文和落款四部分。

标题。一般有两种形式。一是直接采用文种名称，即《述职报告》；二是姓名、职务加文种的形式，如《张三副市长述职报告》。

称谓。称谓是报告者对听众的称呼，要根据述职会议的情况和听众对象而定。称谓放在标题之下正文的开头，有时根据需要在正文中间适当穿插使用。称谓一般采用独立成行的写法。

正文。正文由导言、主体、结尾组成。1. 导言。写两个方面的内容：任职介绍和任职评价。任职介绍主要包括担任职务、任职时间、主要职责等；任职评价主要包括任职以来的工作情况和对自己工作情况的评价。2. 主体。介绍的主要内容有：任职期间完成任务的情况和取得的主要成绩，存在的问题及经验教训，今后工作的努力目标和方向。3. 结尾。报告结束时要用格式化的礼貌用语，如"以上述职报告妥否，请予审议。谢谢大家！"

落款。述职报告的落款要写明单位名称或个人姓名和成文时间。若在标题中已经说明，就不需要再写。

三、写作范例

燃气公司总经理述职报告①

2017年是新公司成立后开局的重要一年，经过公司全体员工齐心协力，团结一致，克服困难，积极开拓，赢得了新公司开门红。我有幸亲历并承蒙董事会的信任，受聘为新公司的总经理，现就一年来的履职情况作述职报告如下：

一、解放思想，更新观念，适应新体制下企业经营管理的需要

（一）树立好"角色"意识，当好上级"配角"、演好公司"主角"。作为公司的总经理，严格按照董事会的授权与经营管理范围，带领员工围绕总公司下达的年度工作计划指标和企业发展的实际需要，以市场为导向，以规章为支撑，积极谋划公司的营销策略与发展蓝图，建立健全公司规章制度与奖惩机制，开展了一系列卓有成效的经营管理工作，并积极向董事会报告与

① https://www.doc88.com/p-248584549373.html.

负责。

（二）加强自身建设，贯彻“以德治企”的人本管理理念。一年来，我们本着以人为本的思想，从严要求自己，坚持以企业“经理人”向出资人负责任的积极态度，矢志不渝加强自身素质建设，努力培养正确的世界观、人生观与价值观，用积极、健康、饱满的热情与工作态度来引领管好班子、带好队伍。对公司事务我们坚持做到大事讲原则，小事讲风格，平常讲人格，以此树立公平、公正、平等的管理氛围，让一切有用人为公司所用，为公司奋斗。

二、以人为本，身体力行，致力培育团结、和谐、高素质的经营管理工作团队

（一）采取多种措施，营造良好的学习环境，着力提高员工素质。按照创建学习型社会的要求，结合企业经营管理需要，积极倡导建设学习型单位，采取“请进来、走出去”多种形式的学习教育培训方式，使在岗人员经过培训人人持证上岗，以良好的学习氛围带动员工愿学乐学好学的学习热情，从而使企业整体文化水平与业务素质得到全面快速的提升。

（二）坚持“以德为之，以情动之，以行导之”的管理原则，不断提升自身及班子的标杆作用。我们积极寻求建立科学的人际工作关系和处事方法，要求管理层在对待员工时，要用“德”立身，用“情”沟通，用“行”示范，让员工们时时处处看得见，摸得着，想得通，从而有效及时地化解工作中出现的矛盾与隔阂，增强企业的凝聚力，合力完成公司的计划与任务。

三、务实创新，科学规划，着力构建适应企业经营管理需要的新机制

（一）按照“简捷、高效、适用”的原则，科学设置管理层次和职能。完善逐级责任管理建制，明确各自的分工和职责，强化部门职能作用。

（二）采用多种方式，重视人才，发挥能人作用。根据工作需要设置部门岗位（职务）职数，对每一个岗位（职务）都制定了相应的岗位条件、工作标准和工作要求，基本完善了部门负责人、职工在新体制下的“双向选择”

聘（任）用机制，月度、年终考核，优胜劣汰。

（三）完善考核办法及薪酬制度。根据全年的目标任务进行层层分解、人人细化，按照“多劳多得、按劳取酬”的原则，制定合理的薪酬分配方案，按照技术含量、劳逸程度、责任大小、工作贡献等系数指标适当地拉开岗位（职务）分配差距，绩效工资细化考核到每一个岗位。同时强化考核体系，加大考核力度，奖勤罚懒，激发企业内在活力，调动职工工作的主动性、积极性与创造性。

四、明确目标，合理安排，整合企业各项工作，做到全面协调的发展

（一）加速企业标准化、正规化建设，提高市场竞争能力。公司多年来一直没有相应的独立的燃气资质，今年根据国家现行有关规定，积极申报完善企业燃气资质及区域确定，并按照《四川省燃气管理条例》的要求，对公司企业燃气资质注册登记手续，使其合法化，为公司今后的可持续发展奠定了基础。

（二）加强供气区域管理，调整发展思路，规范农村燃气安装工程。为规范燃气市场秩序，保障人民生命财产和公共安全，明确燃气供应范围，按照四川省建设厅《关于城镇燃气企业管理的指导意见》（川建发〔2013〕200号）文件精神，以及《四川省燃气管理条例》规定，公司根据现已建成的燃气管网敷设现状和城市燃气发展规划，特申请新市、观鱼、孝德乡镇的供气区域，保障了公司的合法利益。

（三）围绕下达的工作目标任务，改进工作作风，取得了较好的社会效益和企业经济效益。截至年底安全供气1000万方，完成年度责任目标的98%，同比增长70%；经营总收入4000万元，完成年度责任目标的97%，同比增长78%；实现经营利润500万元，完成年度责任目标的89%，同比增长70%；供气输差率10%，比年度责任目标下降9个百分点，较去年下降20个百分点；新增天然气用户1000户；全年人工工资12万元，同比增长60%，对外各项业务支出6万元。

五、目前存在的问题和今后努力的方向

（一）进一步理顺企业外部关系，努力营造满足企业经营发展需要的良好外部环境。

（二）加强自身建设，进一步提高自身素质，适应企业工作需要。

（三）科学、合理、完善健全企业经营管理机制，培育独特的企业文化。逐步建立现代企业制度，推动企业健康、有序、持续发展。

总之，一年来，总结过去，在上级的坚强领导下，经全体员工的辛勤工作，顺利地完成了各项任务，成绩是可喜的。展望未来，在其位谋其政，我当尽心尽职，勤勉工作，为公司下一年度的宏伟发展，早谋划早打算早运筹。在新的一年里，我将加强各项工作的学习，与董事会成员一起，带领公司全体员工积极深化企业改革，以促进公司健康长远的发展。

×××

2017年××月××日

四、写作技巧

★把握标准。要清楚述职报告的写作标准。围绕岗位职责和任务目标来讲述自己的工作，特别要体现出个人的作用，不能写成工作总结。

★体现个性。不同的岗位，有着不同的职责要求，即使是相同的岗位，因个性差异，也需要有鲜明的特点，内容客观，实事求是，不能千篇一律。

★实事求是。切忌华而不实，虚饰浮夸。述职报告一定要讲真话，讲实话，讲心里话。无论称职与否，都要与事实相符，既不要自吹自擂，也不要过分谦虚。

★评价中肯。行文语言要朴实，措辞要严谨，语气要谦恭，尽量以陈述为主，也可以有一些工作的感想和启示，但不可添加描写、抒情，更不能使

用夸张的语言。

★抓住重点。抓住带有影响性、全局性的主要工作，对有创造性、开拓性的特色工作重点着笔，力求详尽具体。对日常性、一般性、事务性工作表述要尽量简洁，略作介绍即可。

五、注意事项

述职报告主要是反映领导干部本人在组织赋予的职权范围内所进行的实践活动。哪些是自己主持完成的，哪些是自己参与决策的，哪些是在自己领导或指导下完成的，这些应当分别写清楚，不能含混。

1. 处理好成绩和问题的关系。述职是为了让组织和群众了解和掌握干部德才状况和履行职责的情况。要实事求是评价自己，理直气壮摆成绩，诚恳大胆讲失误。

2. 处理好集体与个人的关系。述职是民主考评干部的重要环节，也是干部自觉接受组织和群众监督的有效形式。不能把集体之功归于个人，也不要抹杀个人作用，要分清个人实绩和集体实绩。

3. 处理好主流和支流的关系。应该说，日常的工作是大量的、复杂多变的，材料是琐碎的、分散的、零星的。述职者在动笔之前，要对材料进行筛选和整理，列出提纲，选择主要工作，抓住主要政绩来写，不要事无巨细，眉毛胡子一把抓，写成流水账。

4. 处理好时间和方式的关系。述职报告一般要当众宣读，所以，语言要朴实。另外，干部在述职大会上，每人述职的时间有限，要在有限的时间内，将重点表述清楚，少讲、不讲与述职无关的话题，必须准确把握时间，发挥时间内的效益，切忌拖沓冗长。

典型材料

一、概念

典型材料是把先进集体或先进人物的事迹，或把党员干部犯错误、存在问题单位的情况加以综合整理而写成的书面材料。

二、结构

典型材料的结构一般包括标题、正文和落款三部分。

标题。一般情况下，典型材料的标题有两部分内容：一是个人姓名或集体的名称，使人一眼便看出是哪个人或哪个集体、哪个单位的事情；二是事迹的主要内容或材料的用途，如《关于评选××处党支部为省直机关先进党支部的材料》等。

正文。首先要写明个人或集体的简要情况，如姓名、工作单位、职务等。其次要写明准备授予其什么荣誉称号或给予其什么形式的处分。展示典型经验的背景和突出的成果或主要错误情节。最后要对典型经验进行总结。典型材料内容的表述，既要有思想性，又要有具体做法或实例；既要有面上的综合情况，又应有点上详细的说明，必要时还要用具体数字来说明。

落款。落款包括署名和成文时间，写在正文的右下角。

三、写作范例

××县建设文明卫生城镇经验材料

××县城始建于1909年，是一座比较年轻的小城镇。多年以来，由于受历史和经济社会发展水平的制约，县城规划建设滞后，管理不到位，“脏、乱、差、挤”现象比较突出，严重地影响了辽东地方形象，影响了辽东人的形象，极大地阻碍了全县对外开放的发展步伐。面对这种状况，县委、县政府痛定思痛，狠下决心，切实把城市建设和管理工作纳入重要的议事日程，从2016年12月开始我县城市综合治理整顿万人动员大会拉开了县城“六大秩序”治理整顿管理序幕。两年多来，在县委、县政府强有力的领导和广大居民群众的积极配合支持下，全县上下各级各有关部门思想认识高度统一，坚持以人为本，立足辽东实际，紧紧围绕建设县城“一湖二环四片区”精品旅游文明卫生小城镇的发展目标，切实加强领导，强化措施，全民动员，克服了建设资金缺乏、管理基础薄弱、管理队伍力量不足等诸多困难，解放思想，大胆探索，创新机制，强化服务，严格管理，使我县城市管理工作步入了法制化、规范化、日常化的管理轨道，县城“脏、乱、差、挤”现象得到有效治理，保持了优美、整洁、舒适的居住环境，市民文明卫生意识明显增强，文明开放程度明显提高，树立了辽东良好的地方形象，受到国内外来宾和社会各界的好评。同时，加强了乡级集镇管理，形成了城乡联动、整体推进的良好格局。我们的主要做法是：

一、抓领导，建队伍。城市管理是一项复杂的、艰巨的社会系统工程，必须加强领导，强化队伍建设。2016年底，我县就组建了城管监察大队，负责城市管理工作，但由于力量薄弱，管理效果不明显。为确保真正管到位，2017年底……

二、抓规划，建制度。规划是龙头，制度是保证。我县始终坚持规划优先的原则，完成了县城总规和详规，严格规划控制，重点对影响市容市貌的各类市场进行了全盘统筹规划，确保建设一盘棋，管理一条龙……

三、抓建设，打基础。创建文明卫生城市，核心在建设。近年来，特别是近两年来，我县切实树立经营城市的理念，按照“以地生财、以财建镇”的发展思路，千方百计争取上级投入，吸纳民间投资，盘活存量资产，聚财聚力搞建设……

四、抓形象，促宣传。两年多来，我县始终坚持用正确的舆论引导人，在县委、县政府的统一组织领导下，全县各级各部门充分利用各种节日和活动，采用广播、电视、标语、宣传栏、宣传车、宣传单等多种形式，在学校和广大市民中广泛开展……

五、抓服务，严管理。“三分建，七分管。”要保持城市一时的整洁有序易，长期保持整洁有序难，必须坚持长期抓，经常管。两年多来，我们始终坚持全面清理与重点整治相结合，以人为本，全民动员，齐抓共管，严格执法，创造了良好的人居环境……

各位领导，我县城市管理工作尽管取得了一定成绩，但离上级党委政府的要求和人民的期望还有不小的差距，管理中还存在不少困难和问题。我们将在市委市政府的正确领导和兄弟县区的大力支持和关心下，解放思想，开拓创新，真抓实干，进一步做好城市规划、建设和管理工作。

××县人民政府办公室

2018年1月8日

四、写作技巧

典型材料源于现实生活，是在分析、研究现实生活的基础上，总结出来的经验和教训，有利于为他人树榜样，减少工作失误。典型材料又是材料中最精辟的类别，需用平实、质朴、简洁的语言去叙述事实，不需要华丽的辞藻。所以，典型材料的写作要不违心，不造假；不拔高，不夸大；不虚言，不拉长；不偏听，不轻信。这就要做到：

★广泛调查。大量地掌握第一手情况，突出典型性。搞调查时要先拟好经验的主题，围绕主题，挖掘和寻找出材料。调查要围绕主题深度挖掘、选取材料，这样才能搜寻到第一手材料。

★主题鲜明。主题要符合要求，要站在时代的高度提炼主题，提炼出的主题对当前要有指导作用。主题要以实际工作为基础，必须是从实实在在的工作中提炼出来的，不能为了主题，脱离事实，搞假、大、空。

★深入思考。对典型经验材料要深入思考，加工整理。思考的过程就是概括抽象的过程，也是提炼和选择的过程。思考要围绕主题展开，集中突出，不泛泛而谈，浅尝辄止。

★精心设计。典型材料要精心布局谋篇。技巧是，把大题目和各个部分的分标题定出来，大题目要鲜明地表达主题，分标题要紧紧围绕主题展开，不能使之游离。保证整篇材料主题鲜明，论述集中，给人以深刻印象。

五、注意事项

写典型材料使用的素材要真实、准确、可靠，不能夸大和缩小，不能人为拔高或有意辩解。对尚未核实的材料不要写进去。措辞要有分寸，不要讲过头话，要注意效果。要注意摆正先进人物与周围群众的关系，摆正犯错误的人与客观环境、条件的关系。不要把成绩或错误都算在一个人身上。文字要尽量简洁朴实，切忌空话、套话和言过其实。除此以外，还要做到材料结合好，切入角度巧，这样的典型材料才具有说服力和感染性。

肆

第四章 5步成就好公文

定位要精准

前提要明确

格式要规范

语言要简练

流程要理顺

办文是机关人员的常规性工作。在机关，没有一定的文字能力就不可能正常地工作。古人讲“文以载道”。机关工作，无论是调查研究、信息服务、公文处理、督查落实，还是资产管理、公务接待、信访处理等，最终都要体现在文字上。从一定意义上讲，文字水平的高低决定着本单位、本部门工作水平的高低。因此，办文能力即公文处理能力，是机关人员的基础能力，也是最重要的能力之一。

定位要精准

公文是处理各种事务的书面文字工具。在我国，公文是党和国家机关在领导党的事业和治理国家方面，表达意志、传递政令的文字工具和手段。根据《党政机关公文处理工作条例》，党政机关公文是党政机关实施领导、履行职能、处理公务的具有特定效力和规范体式的文书，是传达贯彻党和国家方针政策，公布法规和规章，指导、布置和商洽工作，请示和答复问题，报告、通报和交流情况等的重要工具。因此，好公文的第1关是要精准定位，理解公文的种类、特点、要求和作用的同时，明确工作关系，确定行文规则。

一、公文的种类

公文种类很多，不同的标准有不同的分类方式。

（一）按适用范围分类

按照《党政机关公文处理工作条例》的规定，公文种类有15种：

1.决议。适用于会议讨论通过的重大决策事项。

2.决定。适用于对重要事项作出决策和部署、奖惩有关单位和人员、变

更或者撤销下级机关不适当的决定事项。

3.命令（令）。适用于公布行政法规和规章、宣布施行重大强制性措施、批准授予和晋升衔级、嘉奖有关单位和人员。

4.公报。适用于公布重要决定或者重大事项。

5.公告。适用于向国内外宣布重要事项或者法定事项。

6.通告。适用于在一定范围内公布应当遵守或者周知的事项。

7.意见。适用于对重要问题提出见解和处理办法。

8.通知。适用于发布、传达要求下级机关执行和有关单位周知或者执行的事项，批转、转发公文。

9.通报。适用于表彰先进、批评错误、传达重要精神和告知重要情况。

10.报告。适用于向上级机关汇报工作、反映情况，回复上级机关的询问。

11.请示。适用于向上级机关请求指示、批准。

12.批复。适用于答复下级机关请示事项。

13.议案。适用于各级人民政府按照法律程序向同级人民代表大会或者人民代表大会常务委员会提请审议事项。

14.函。适用于不相隶属机关之间商洽工作、询问和答复问题、请求批准和答复审批事项。

15.纪要。适用于记载会议主要情况和议定事项。

（二）按公文制发机关的性质分类

1.党内公文，即由党的机关和组织制发的文件，反映党的领导活动和党的组织建设、思想建设等，如章程、准则、细则等。

2.行政公文，即国家行政机关处理日常工作使用的文件，比如，指挥、领导和指导工作发出的命令、通知、通报等。

3.社会团体公文，即社会团体因处理各类事务发出的章程、公约、守则等。

4.企事业单位公文，即企事业单位联系工作、开展业务、组织会议等制发的函、计划、总结、报告等。

（三）按公文所发挥的作用分类

1. 法规性公文，如章程、规定、条例等。

2. 指导性公文，如命令、决定、决议、通知、纪要等。

3. 陈述性公文，如工作总结、情况报告、典型材料等。

4. 沟通情况性公文，如通报、简报、信息快报等。

5. 宣传教育性公文，如开幕词、闭幕词、讲话稿、大会工作报告等。

6. 商洽性公文，如函等。

（四）按行文关系和方向分类

1. 上行公文，指下级机关对上级主管机关的行文，如请示、报告、意见等。

2. 下行公文，指对下属单位的行文，属自上而下的发文，如意见、决定、决议、通知、通报、纪要、批复等。

3. 平行公文，指平行机关或不相隶属的机关（指没有领导或业务指导关系的机关）之间的行文，如函等。

（五）按公文发送与处理的时间要求分类

1. 特急件，指内容特别紧急，必须随时、优先、快速传递、处理的公文。

2. 急件，指内容紧急，必须打破常规，优先迅速传递和处理的公文。

3. 平件，指无特殊时间要求，可以按工作常规传递处理的公文。

（六）按公文的机密程度分类

1.绝密公文，指涉及国家核心机密内容的文件，一旦泄密会使国家安全和利益遭受特别严重的损失。

2.机密公文，指涉及国家重要机密内容的文件，一旦泄密会使国家安全和利益遭受较大损失。

3.秘密公文，指涉及一般秘密内容的文件，一旦泄密会使国家安全和利益遭受一定的损失。

4.公开公文，指可以向公众公开发布的公文。

本书所涉及的公文，分三类介绍。一是党政机关常用的15类公文，也就是《党政机关公文处理工作条例》规定的公文，主要有请示、报告、通知、通报、函、纪要、意见、决议、决定、命令（令）、公报、公告、通告、批复、议案等15类。二是法规性公文，主要有条例、办法、制度、细则、章程、守则、规程等7类。三是事务性公文，主要有计划、规划、总结、调查报告、主持词、开幕词、大会工作报告、闭幕词、简报、讲话稿、述职报告、典型材料等12类。

二、公文的特点

机关工作涉及文种广泛，但主要是机关公文。本质上，公文的内容是有关公务的，具有法定形式和一定的行政效力，以机关名义发布，为机关立言。这决定了公文写作不能像文学创作那样，无拘无束，随意发挥，而必须遵循一定的写作规范和要求。具体而言，公文有如下特点：

第一，高度权威。这一特点，是任何其他文字材料都不具备的。公文是法定作者在法定范围内行使职权制定和发布的，代表着制发机关的法定权威。因此，公文特别是下行公文，更具有法定的权威性，有着行政领导和行政指挥的作用。尊重公文的权威性，承认它的行政拘束力，是保证各级组织和单位的方针政策、规章制度、规划计划等得以顺利贯彻执行的重要前提。

第二，目的明确。公文写作不像文艺作品那样，注重以潜移默化的形式去打动人、感染人、教育人和熏陶人。公文写作必须为解决现实工作生活中的具体问题，需要现实的效用和显而易见的社会效果。每次写作公文，都是为了解决某一具体问题而展开，目的明确，主题突出，不东拉西扯，不云山雾罩。

第三，对象特定。一般的写作活动是社会性生产和劳动，作品的阅读对象没有限制。但公文写作一般都有明确的阅读范围和受众，行文对象只能是公文主送范围的具体单位和个人。大多数公文需要明确“主送机关”和“抄送机关”，有具体的收文机关和阅读对象，不是泛泛而论，无的放矢。

第四，内容法定。公文因事成文。不同的文种有不同的主题，而主题主要来自机关的授意，通过明确的观点和写作意图来表达。公文写作是典型的“奉命写作”或者称为“命题作文”，具有法定的权威和效力。公文一旦发布，就不能任意更改，相关组织和个人必须严格遵照和执行。

第五，结构严谨。公文材料的使用注重精选、核实、分析、有序。注意逻辑顺序，如主次、轻重、表里、深浅、因果等。结构固定划一、约定俗成、鲜明醒目。一般结构的形式有篇段合一式（适用于内容集中、篇幅较短的应用文）；段落式（一段一层意思）；章断条连式（主要在条例、规定、办法等文种中使用）；小标题式（适用于篇幅较长，内容较多的公文）等。

第六，语言规范。公文使用书面语和约定俗成的文书专用语，不用方言俗语、生僻晦涩或浪漫华丽的辞藻。在修辞方面，采取消极修辞法，排斥积极修辞法，追求明确、通顺、庄重。在词语的运用上，追求准确、简练、平实。关注词语的选择和句式的调整，多用单句、少用复句，多用短句、少用长句，多用常式句、少用变式句，即主前谓后、动前宾后、定状前补语后、从句前主句后；不造半文半白语句。不同的文种使用不同的语言，比如，命令使用严肃庄重的语言；请示、报告使用陈述性语言；通知、规章使用说明性语言等。

第七，格式固定。公文在用纸尺寸、书写格式、行文结构、生效标志等方面具有固定的格式和处理要求。比如，关于版头、份号、密级、紧急程度、发文字号、签发人、标题、主送机关、正文、附件、版记等，《党政机关公文处理工作条例》都有严格的规定和要求。

公文常用术语汇总[①]

案。记录、存查的意思，也指专门办理的案子。

在案。已列入公务处理记录。

备案。向上级作出报告，以备查考。

议案。提供审议、讨论的专门问题。例如：此次常委会的议案共有三项。

案牍、文案。公务文书的别称。汉朝时称公文为“文案”，明朝时称公文为“案牍”。

按。“依照”的意思，如“按章纳税”“按政策办事”“按制度去做”。

按期。依照规定的日期。

布。宣告、公布或布置的意思。

此布。在这里宣布。多用作布告的结尾用语，按照习惯，另起一行，空两格，使用与发布机关名称字号相同的大号字，以示醒目。

颁。“下发”的意思。

颁发。发布、授予。如“颁发文件”“颁发奖品”“颁发证书”“颁发勋章”“颁发奖状”等。

必。必须、必要的意思。

必须。表示事实上、道理上的必要。带有指令性口气，一般用于下行文中讲主张、提要求的部分。

必需。一定要有的，不可少的。在使用指令性口气时，应用“必须”而不要用“必需”。

---

① 国务院办公厅秘书一局编：《易混易错常用办文字词辨析》，2005年9月。

必要。不可缺少，非这样不行。

报。陈述、告诉的意思。

报请。向上级行文请求解决、答复、批准某一问题。

报经。“向上级的报告已经由”的意思。

报送。向上级呈报。

报批。呈报上级机关批准。

不必。表示事理或情理上的不需要。

不法。违反法律。例如：对走私贩私、投机诈骗等不法行为，应予坚决打击。

不妨。表示可以这样做。

不苟。不马虎。

不讳。不隐瞒、不避讳。如“供认不讳”“无所避讳”等。

不日。不久。

不宜。不适宜。

部门。组成一个独立的机关、团体、企事业单位整体的分属部位。

部署。安排、布置。多用于对比较重要的工作及全局性工作的安排与布置。

本。“自己”“现今”“按照”等意思。

此。“就这……”的意思。如“就这些内容”“就在这里”“就在这个时刻”等。

此复。就这样的内容向你作出答复。一般用于“复函”“批复”的末尾。

专此。“专门在这里”的意思。多用于报告的末尾，例如：专此报告。

参阅。参考阅看。

参考。参照思考。

查询。查问、了解。“查问”多用于下行文。“了解”多用于上行文，向上级打听有关政策、规定内容等。

呈。恭敬地送上。

呈报。向上级呈送请示、报告。

裁定。司法部门就某一问题的处理作出决定。

裁断。考虑决断。

承蒙。得到的意思。多用作便函的结尾用语。

承办。承受办理。承办是公文处理中的一个重要环节，既含办文，又含办事。

承转。将上级或下级发来的公文转发给下级或上级。

定案。在公文中多指对案件、方案最后所作的决定。

定夺。在公文中多用于对决策事项是否可行的决定。

定局。对事情已作出最后决定，还表示事态已确定不移。

定期。有一定的时限。

动议。会议中临时提出的想法。

妥否。是否妥当，正确与否。多与“请批示”连接在一起，组成“妥否，请批示”，作为请示的惯用结尾用语。

可否。是否可以，与“妥否”用法相同。

能否。是否可能。

奉。“接受”等意思，多用于下级对上级。

奉命。按照上级的命令。

奉告。敬辞，告知的意思。例如：无可奉告。多用于外交辞令。

贵。敬辞，在公文中称呼对方，如“贵公司”“贵局”，以示尊敬。

函。“信件”的意思。

函电。信件和电文的总称。

函告。回信告知。

函复。回信答复。多用于信函的结尾处。

会同。同有关方面一起。

会商。相聚商议。

会晤。会面。

就此。就在此地或此时。

就绪。事情安排妥当。

据此。按照这个、这些。多用作从叙述到议论或从分析问题到解决问题时的连接语。

简称。简化的名称。

决策。对问题的解决作出决定。

决断。拿主意、出办法、决定事情。

例行。按照惯例履行办理。如“例行公事”“例行报告”等。

例外。在一般规定之外。

莅临。来临。例如：欢迎您莅临现场指导。

光临。尊敬的宾客来到。

明文。明确的文字。例如：严禁公款旅游，这在中央的文件中已有明文规定。

明令取缔。公开发布了取缔的命令或要求。

拟。打算、草拟、起草。

拟于。“打算在”的意思。

拟定。草拟、制定。

拟议。草拟、事先的考虑。

批语。批示文件的话。

批阅。对下级报送的文件进行阅看、审批。

鉴于。“考虑到”的意思。主要用于表明事情的原因，类似“由于”。

请予。请给以的意思。属请求性用语。

请求。请准所求的意思。

日程。按日排定的办事程序。

日内。近几天内。

日前。前几天。

日志。多指非个人的日记，如工作日志。

时效。法律性文件的生效时间及公文自公布之日起现行效用的时间，例如：本条例自公布之日起生效。

届时。到时候。常用于会议性通知及礼仪性文书，特别是请柬。

审订。审阅订正。

审核。审阅核定。

审批。审查批示。

审议。审阅讨论。

审查。检查是否正确、有无问题。

是否。公文请示的结尾用语。

事宜。关于事务的办理。

特。“特地”的意思。常用于公文开头与主体之间的过渡。如“特通知如下”“特决定如下”“特作如下决议”等。

特此。“特地在这里”的意思。一是多用于公文由开头到主体的过渡。如“特此通知如下”。二是经常用作“报告”“决定”“通知”“指示”的结尾用语。如“特此报告”“特此决定”。

条款。分条列款。法规性文件分条列款的项目，如第一条、第二款。

条文。法规性文件分条所作的说明文字。

条目。法规性文件的项目，一般划分为章、条、款、项。

为此。“为了这个”的意思。多用于承接上文。例如：为此，提出以下六点要求……

务虚。在公务活动中，主要是指进行某项工作之前，为保证工作的顺利完成，从思想、政策上进行研究讨论。它与“务实”是相对的。

务实。在公务活动中，主要是指按照领导的决策要求，实实在在地去完成。有时也含有对这一项工作在技术、设备、人力、物力、办法、措施上如何具体组织进行的讨论研究，所以，在这一点上，它与“务虚”是相对的。

常务。主持日常工作。

望。公文中使用的“望”，多含有“盼望”“期望”的意思，多用于公文的结尾。

收悉。收到、知道。

已悉。已经知道。

阅悉。看过并知道了。

电悉。从电报、电话中知道了。

详悉。详细知道。

施行。付诸实施，执行。多用于法规性文件“附则”的末尾，与时间结合用以表明文件的时效。

暂行。暂时实行。例如:《临时身份证管理暂行规定》。

试行。试验推行。

关于。在公文标题中，常与“事由”合组成一个介词结构。该介词结构的前面加制文机关名称，后面加文种名称，即构成一个完整的公文标题。例如:《国务院关于全面整顿和规范矿产资源开发秩序的通知》。

定于。决定在。

以致。用于下半句话的开头，表示下面的结果是由上述的原因所造成的。

冗笔。指公文中多余的笔墨。

冗长。指公文写的废话多，拉得很长。

冗员。指机关中超出实际需要的多余的人员。

冗杂。指繁杂的事务。

拨冗。客套语，推开繁忙的事务，抽出时间。例如：务请您拨冗出席本届会议为盼。

议程。会议进行的程序。

议题。会议研究的主要题目。写作“会议纪要”，应在开头处写明议题。

原则同意。对所提事项、建议、办法的基本观点与主要方面表示同意。但对具体做法尚需补充、修正。

原则。处理事情的标准和依据。

遵照。遵命办理。

按照。按此办理。

比照。参照的意思。

参照。参考、仿照。

兹。现在。

兹有。现在有。多用于介绍信的起笔处。例如：兹有我局××同志前赴贵省调查了解国发×号文件落实情况，请予接洽。

兹因。现在因。多用于事务性通知、信函的起笔处。

兹派。现在派。多用于介绍信函的起笔处。

兹将。现在将。

酌情。考虑情况。例如：酌情作出处理。

酌量。考虑实际数量。

公文是机关单位表达意志、传递政令、交流情况、解决问题的工具和手段，其作用广泛、要求明确。

三、公文的要求

公文是“经国之大业，不朽之盛事”。公文写作是人类社会发展的现实需要，是思想传播的必备媒介，也是治国兴邦的重要工具。

（一）从基本规则来讲

公文写作要遵循三个基本规则。

一是符合党和国家方针政策。以党和国家的路线、方针、政策为出发点和归宿，理论联系实际，善于将公文的制发意图同政策法规要求统一起来，使带有普遍指导意义的政策法规原则深化在具体的文书写作内容之中。**二是忠于组织和领导的意图。**公文写作是为组织和领导集体立言，要忠于组织和领导集体的意图，把握好领导的基本观点、基本思路，并努力将领导的思想观点转化为制文意图，使领导意图公文化。**三是实事求是反映情况。**公文是指导现实工作的工具，以社会实践为基础，又反作用于社会实践。公文反映情况、说明问题，必须事实可靠，数据确凿，分寸恰当。布置工作、处理问题要具体明确，具有针对性和可操作性，切忌主观臆断和想当然。

（二）从具体要求来看

公文写作要坚持“三个必须”。

第一，必须据实而写。以准确、真实为本。公文是日常工作情况的集中写照，不能胡编乱造。只有文如其事，恰如其分，公文才具有说服力，才能更好地得到贯彻和落实。比如，对于表示程度的一些提法，如基本上、普遍、大概、个别、有所等，必须根据实际数量来使用，不能夸大其词。如一项活动大部分人没有参加，就不能说是普遍参加；一项工作只完成了一半，就不能说是基本完成。**第二，必须简洁严谨。**公文写作要思虑周全，分清主次，详略得当，用最精简、最准确的文字表达最全面、最具体的内容。中央八项规定实施细则规定，提高文件简报的质量和时效。各地区各部门应严格按照中央办公厅、国务院办公厅的有关要求，对文件和简报资料的报送程序和格式进行规范，加强综合协调和审核把关，切实提高运转效率。文件要突出思想性、针对性和可操作性，严格控制篇幅；简报要反映重要动态、经验、问题和工作建议等内容，减少一般性工作情况汇报。**第三，必须朴实无华。**公文写作不同于文学创作，不要用华丽的辞藻和过多的修辞方法，也不要过多地引用名言典故。机关公文的语言、词汇具有严肃性，应使用大众语言，简明扼要，条理清楚，便于阅读。

（三）从谋篇布局来说

一篇好的公文，必须有好的谋篇布局。即要遵循一定的逻辑，有规则、有次序地依据文章主题需要，把材料加工成为一个有机的整体。具体来讲，应遵循以下四个原则。

一是严谨。即公文的结构一清二楚，逻辑关系明确，前后表述一致，不互相矛盾；概念和词语的运用周延缜密，条分缕析。**二是完整。**构成公文的各部分内容全面完善，成分齐备，不缺项、不漏项。公文有头有尾，有承有转，开篇有交代，结尾有照应。**三是均匀。**公文内容详略得当，有疏有密。疏笔部分（对内容的简单交代）做到要素齐全，不挂一漏万；密笔部分（对内容的详细论述）做到铺展有度，充分合理。整体做到不倚偏倚重、突兀嶙峋。**四是顺畅。**即公文行文脉络连贯，前后照应，协调一致，做到结构顺、论述顺、逻辑顺、语言顺，既合乎规律，又浑然天成。

四、公文的作用

公文的作用表现在方方面面，归纳起来讲，主要有以下几个方面：

第一，领导指导作用。公文在传达贯彻党和国家方针政策、发布行政法规和规章、统一思想及行动等方面，具有重要的作用。公文的内容反映机关单位工作的意图，具有领导和指导工作的作用。公文中，命令（令）、决定、决议等文种都是指导下级工作的手段，是下级工作的重要依据。而报告、请示等文种是向上级机关汇报工作、反映问题的载体，是上级机关制定法规政策的重要参考和依据。

第二，规范制约作用。公文中有许多法规、命令（令）、条例、告示、公告等，不仅规范和制约着机关单位工作人员的行为，甚至直接规范和制约着人们的日常生活。公文作为管理国家事务的重要工具，具有规范和制约社会行为和公民活动的作用。比如，北京等特大城市政府颁布的关于家用小轿车限行的规定，就具有强制力，任何人都不得违反。

第三，宣传教育作用。公文具有一定的宣传教育作用。特别是一些纲领性文件、重大政策性文件和领导同志的批示，其宣传教育作用十分明显。比如，针对谣言、蛊惑，通过公报、公告、通知等，启发引导，讲道理、摆事实，使大家端正立场、观点，改正做法。

第四，知照联系作用。机关单位各有各的系统，各有各的职权，要保证各系统之间的互相配合、有效衔接和正常运转，公文是重要的联系纽带。比如，在上下级、平级和不相隶属的机关和企事业单位之间，通过公文来往，可以相互联系工作、交流信息、知照情况、商洽事情，公文的桥梁纽带作用是显而易见的。

第五，依据凭证作用。公文反映了制发机关的意志，收文机关必须以公文为依据，根据公文的要求开展工作。一方面，上级机关所制发的公文，构成了下级机关的工作依据；另一方面，下级机关所制发的公文，如请示、报告等，对上级机关来说，同样也有依据作用。上级机关就是根据这些公文来了解下情，作为作出决策的参考依据，或指导工作的具体凭证。

五、明确工作关系

明确工作关系是拟制公文的前提。由于机关关系不同，其适用文种和格式也不同。从本质上看，机关关系涉及的是权力在不同机关之间的分配和划分，主要应由机关组织法予以调整和规范，包括以下三种：

领导关系。即上下级机关之间的命令与服从关系。在领导关系中，上级机关享有命令、指挥和监督等项权力，有权对下级机关违法或不当的决定予以改变或撤销。下级机关负有服从、执行上级机关决定、命令的义务，不得违背或拒绝。

领导关系又有垂直领导关系和双重领导关系两种类型。垂直领导关系中的机关，一般只直接接受某个上级机关的领导，如地方海关只接受海关总署的领导。双重领导关系中的机关则要同时接受两个上级机关的直接领导，如地方各级公安机关既要接受上级公安机关的领导，又要接受本级人民政府的领导。

指导关系。即上下级机关之间的一种行业或业务上的指导与监督关系。在指导关系中，上级主管部门享有业务上的指导权和监督权，但没有对下级机关的直接命令、指挥权。上下级机关之间究竟应实行垂直领导关系、双重领导关系还是指导关系，应该根据其性质及职权要求来确定，并由机关组织法加以规定。

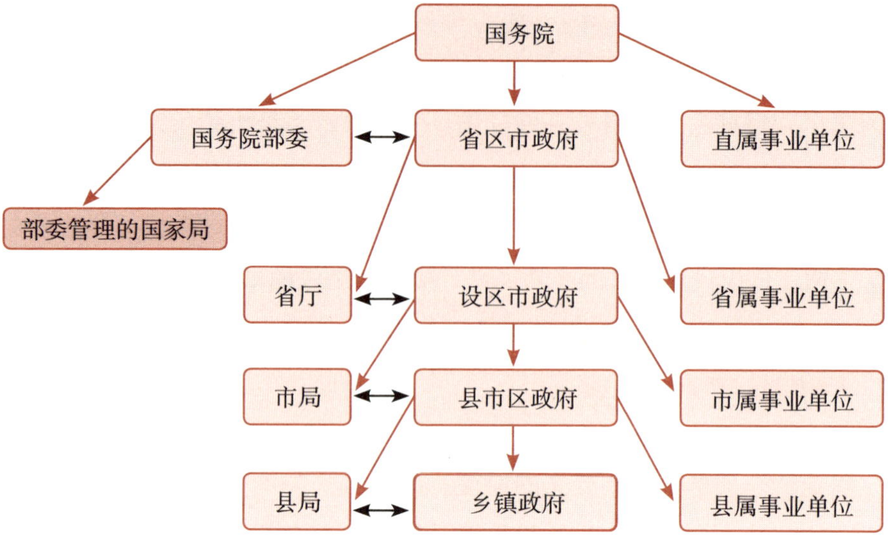

图4-1　领导关系示意

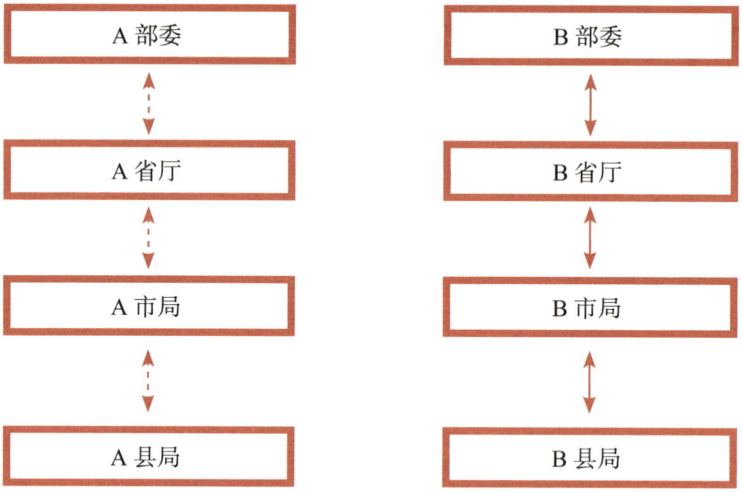

图4-2　指导关系示意

公务协助关系。机关之间的横向关系，指无隶属关系的行政机关之间的关系。两个机关不管是否处于同一等级，只要相互之间无隶属关系，它们之间的关系即属于横向关系。这种关系分为三种情况：第一种是权限划分关系，如人民政府各部门之间的权限划分，这类权限划分的结果是各种行政管辖权。

第二种是公务协助关系，又称职务上的协助，是指对于某一事务有管辖权的机关，基于无管辖权机关的请求，依法运用职权予以协助。这种公务协助关系在我国机关组织法中并不少见。例如，2017年新修正的《中华人民共和国海关法》第12条第2款规定，“海关执行职务受到暴力抗拒时，执行有关任务的公安机关和人民武装警察部队应当予以协助”。第三种是监督制约关系，如审计部门、监察部门、财政部门与其他行政机关就有这种监督制约关系。例如，2018年通过的《中华人民共和国监察法》第3条规定，“各级监察委员会是行使国家监察职能的专责机关，依照本法对所有行使公权力的公职人员（以下称公职人员）进行监察，调查职务违法和职务犯罪，开展廉政建设和反腐败工作，维护宪法和法律的尊严”。

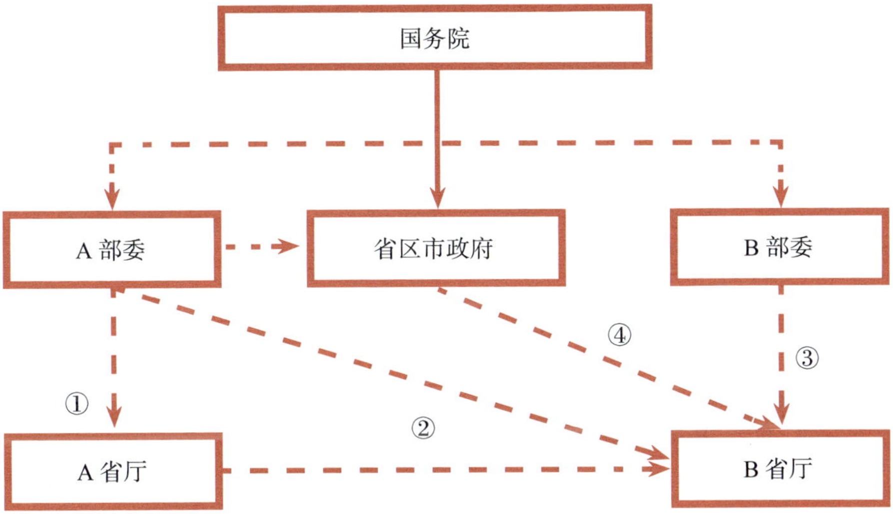

图4-3　业务协助关系示意

六、确定行文规则

行文是指一个机关给内部机构或者另一个机关发文的具体行为。行文是公文制发的重要环节。机关行文必须遵循一定的规则，不同的行文方向，行文规则不同。

（一）上行文的行文规则

上行文是下级机关向上级机关拟定的带有汇报、请示性质的公文，如报告、请示、意见等。

上行文的要领：选准文种，一事一文，主送唯一，公对公，不越级，不交叉。

选准文种，在向上行文的过程中，一定要选择正确的文种，把握适当的语气。一事一文，在向上级机关请示有关问题时，一定要一个问题对应一篇公文，坚持一文一请，不能一文多请，更不能在其他文件中夹带请示事项。主送唯一，即主送一个机关。一般情况下，上行文只写一个主送机关，如果涉及向双重上级机关行文，要明确主送机关和抄送机关，不能抄送给下级机关。公对公，即机关对机关、单位对单位报送。除上级机关负责人授意外，不得以本机关名义向上级机关负责人直接报送公文，也不能以本机关负责人的名义向上级机关报送公文，报送公文必须公对公。不越级，不能越级行文。如遇特殊情况需要越级行文，要有上级机关的授意，并抄送上级机关；或者遇到重大突发事件，才能越级行文。不交叉，不能交叉行文。党的机关与国家行政机关之间不能直接交叉行文，如报送请示、报告等，有特殊要求的除外。

（二）下行文的行文规则

下行文是上级机关向下级机关发出的带有告知、命令性质的公文，如通知、通告、通报、决议、决定、命令（令）、批复、纪要等。

下行文的要领：选准文种，选择抄送，意见一致。

选准文种，在向下级机关行文的过程中，要选择正确的文种，把握适当的语气。选择抄送，根据需要选择抄送机关。在向下级机关行文时，应根据需要抄送相关机关，根据行文的重要程度选择是否抄送发文机关的直接上级机关。若上级机关向受双重领导的下级机关行文时，必须抄送该下级机关的另一个上级机关。意见一致，意见一致方可行文。同级机关之间如果有业务需要，可以联合向下级机关行文，但如果同级机关的意见和看法不一致，且未达成共识，不得向下级机关擅自行文。

（三）平行文的行文规则

平行文是平级机关或没有隶属关系的机关之间的往来公文，是带有商议、知照性质的公文，如公报、商洽函等。

平行文的要领：选准文种，在职权范围内联合行文。

选准文种，在向平级机关行文的过程中，也要选择正确的文种，把握适当的语气，体现出商议、洽谈的态度，不能用指示、命令式口吻。在职权范围内联合行文，同级机关在必要时可以联合向同级机关行文，但必须限定在本机关职权范围之内。

前提要明确

机关公文因命而发，其拟制需要一定的前提与基础，这是好公文的第2关。大体来说，重点要考虑依据问题、角度问题和逻辑问题。

一、依据问题

所谓依据问题，即拟制公文的根据与来源的问题，也就是为什么拟制公文、根据什么拟制公文。一般而言，拟制公文主要依据有：

第一，任务依据。即根据任务拟制公文。这些任务，有的是根据本部门、本单位的法定职责确定的工作任务，或者工作规划、发展计划；有的是根据上级机关、单位或者领导的指示和授意；有的是根据会议的安排与部署；也有的是根据其他部门的要求和授意。

第二，职能依据。即根据本部门、本单位的工作职能拟制公文。任何一个部门和单位，都有区别于其他部门和单位的职能。根据职能拟制，就是比较本部门和其他部门的职能，确定拟制公文的必要性和处理公文的主从关系。

第三，法律依据。即根据法律法规拟制公文，拟制的公文要与已有的法律法规相协调。也就是说，凡公文都要符合法律法规和党的方针政策，凡改变现行政策规定或提出新的政策规定，都要切实可行，并与原有规定相衔接。切不可另搞一套，与上级政策相违背。

第四，引证依据。即公文内容来源准确、正确，与引证意图相符。公文的观点要与材料一致，谈观点没有材料和谈材料没有观点是撰写公文的大忌。

第五，效用依据。即拟制的公文确实有内容和必要，对可发可不发的文件不发。要按照中央八项规定及其实施细则的要求，对可发可不发的公文坚决不发，能采取打电话等方式解决问题的坚决不行文，切实减少文山会海。对非行文不可的，也要严格把关，看是否可行，确保公文质量。

二、角度问题

所谓角度问题，就是从什么站位拟制公文的问题。角度对路，是公文成功的先决条件；角度不对路，是公文失败的最大缘由。办公室文秘拟制公文，重点要把握以下四个角度：

第一，我是谁。即明确自己的角色定位和工作职责。办公室文秘拟制公文，在一定意义上讲，是命题作文。要把握受谁之命、受什么命这两个基本问题。受谁之命，就是要站在授命者的立场想问题、办事情，不局限于自身所处的形势和地位；受什么命，就是要把握拟制公文的目的和方向。比如，拟制“通知”，一定要站在主办机关、行业管理的角度来拟制，代表整体部门说话，而不能局限在本人工作的具体小部门。

第二，我和谁说话。即要明确公文的主送机关、抄送机关，明确公文效力范围所涉及的部门、单位和具体工作对象。公文的目的是解决问题，所以，拟制之前必须明确对象，做到有的放矢，不盲目随从，更不能“王顾左右而言他”。

第三，我要说什么。即要明白公文表达的主要内容、意图、目标和效果。不同文种有不同的要求。比如“请示”，就要明确行文的背景、缘由，行文的理由和原因，行文的主要内容以及行文要解决的主要问题，这样才能达到行文的目标和效果。

第四，我要怎么说。即怎么使公文有说服力、执行力和工作效果。总体要求是，简而不缺、备而不繁；突出重点、力求简短。结构上做到层次清晰，段意分明，意思清楚，泾渭分明。语言上做到简洁明快，干脆利落，通俗易懂，准确无误。

三、逻辑问题

所谓逻辑问题，就是行文的层次结构、相互关系以及前后衔接问题。拟制公文，首先要解决逻辑问题，重点要解决“是什么”、“为什么”以及“怎么办”的问题。“是什么”，解决的是拟制公文的事由、文种以及确切内容等问题。“为什么”，解决的是拟制公文的目的、根据、背景、缘由等问题。“怎么办”，是指公文所提问题的解决办法、措施或者工作建议，等等。

格式要规范

有了精准的定位且明确了拟制的前提，规范化呈现是好公文要过的第3关。公文格式，即公文规格样式，是指公文中各个组成部分的构成方式，关系到公文的效用和权威。根据《党政机关公文处理工作条例》，公文一般由份号、密级和保密期限、紧急程度、发文机关标识、发文字号、签发人、标题、主送机关、正文、附件说明、发文机关署名、成文日期、印章、附注、附件、抄送机关、印发机关和印发日期、页码等组成。

一份完整的公文分为版头、主体、版记三部分。公文首页红色分隔线以上的部分称为版头；公文首页红色分隔线以下、公文末页首条分隔线以上的部分称为主体；公文末页首条分隔线以下、末条分隔线以上的部分称为版记。

图4-4　公文样式示意（示意图仅用于示意，非常规比例，后同）

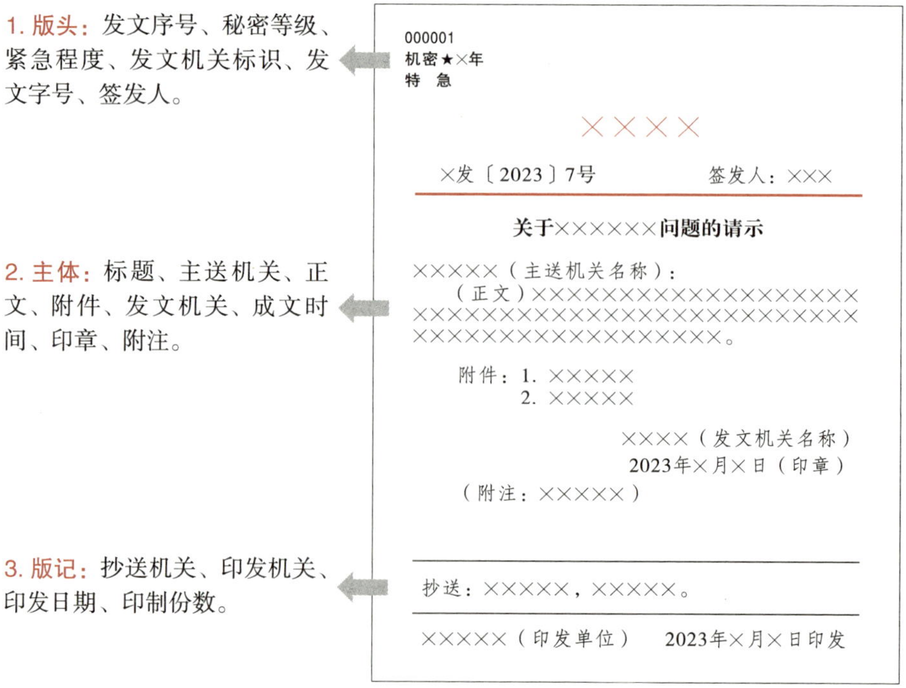

图4-5　公文三个组成部分示意

版头部分

一般公文格式各部分的要素及其编排顺序、标识规则如下:

版头部分又称文头和眉首，包括份数序号、秘密等级和保密期限、紧急程度、发文机关标识、发文字号等要素。

一、份数序号

即该份文件印制份数的顺序编号，一般用6位阿拉伯数字，顶格编排在版心左上角第一行。份数序号总位数根据公文印数确定。如公文总印数为100件，其第一份文件份数序号即为000001，最后一份为000100。“绝密”或“机密”公文分发给收件人时，均要按份数序号登记;非密级公文不编份数序号，必要时可在版记最后的印发日期前标明印发份数。

二、秘密等级和保密期限

秘密等级是指公文内容涉及秘密程度的等级。按保密法的规定，秘密等级分为“秘密”“机密”“绝密”三级。保密期限即对公文保密期的规定，至保密期限之后公文自行解密。保密期限标识一般以日、月、半年、年为时间段。

秘密等级和保密期限，一般用3号黑体字，顶格编排在版心左上角第2行，保密期限的数字用阿拉伯数字。秘密等级和保密期限之间加★。如秘密等级为机密、保密期限为1年，则标识为“机密★1年”。如为“秘密”等级无保密期限，则只标“秘密”二字。

三、紧急程度

紧急程度是指送达和办理公文的时限要求。紧急文件应根据紧急程度分别标明“特急”“加急”，一般用3号黑体字，标注在版心左上角。公文如需同时标注份号、密级和保密期限、紧急程度，按照份号、密级和保密期限、紧急程度的顺序自上而下分行排列。

四、发文机关标识

俗称文件红头。由发文机关全称或者规范化简称后加“文件”二字组成，一般采用红色小标宋体字，居中均匀排列。发文机关标识上边缘距版心上边缘35mm。联合行文时，主办机关名称在前，其他机关名称并列于下方，如果有“文件”二字，应当置于发文机关名称右侧，居中排布；不管联合行文机关有多少，都必须保证公文首页显示正文。发文机关标识推荐使用小标宋体字，颜色为红色，以醒目、美观、庄重为原则。

五、发文字号

发文字号又称文号，由发文机关代字、年份和序号组成。在发文机关标识下空二行居中标识。发文字号的书写顺序是：机关代字、年份、序号，如“国统〔2023〕1号”表示国家统计局在2023年度制发的第1号文。发文字号由本机关公文管理部门统一编写。年份、序号用阿拉伯数字标识；年份应标全称，用六角括号〔 〕括入；序号不编虚位（即1不应编为001），不加“第”字。联合行文时，只标明主办机关发文字号。上行文的发文字号居左空一字编排，与最后一个签发人姓名处在同一行。

六、签发人

由“签发人”三字加全角冒号和签发人姓名组成，居右空一字，编排在发文机关标识下空两行位置。“签发人”三字用3号仿宋体字，签发人姓名用3号楷体字。如有多个签发人，签发人姓名按照发文机关的排列顺序从左到右、自上而下依次均匀编排，一般每行排两个姓名，回行时与上一行第一个签发人姓名对齐。

七、版头中的分隔线

发文字号之下4mm处居中印一条与版心等宽的红色分隔线。

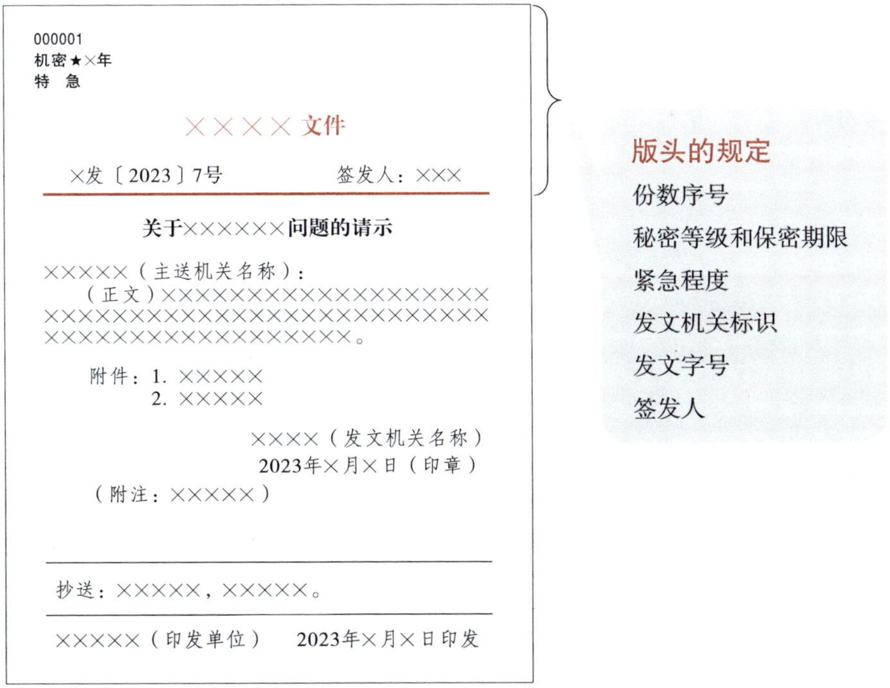
000001
机密★×年
特　急

××××文件

×发〔2023〕7号　　　　签发人：×××

关于××××××问题的请示

×××××（主送机关名称）：
（正文）××。

附件：1. ×××××
2. ×××××

××××（发文机关名称）
2023年×月×日（印章）

（附注：×××××）

抄送：×××××，×××××。

×××××（印发单位）　2023年×月×日印发

000001
机密★×年
特 急

××××文件

×发〔××××〕×号

关于××××××工作的通知

×××××（主送机关名称）：
（正文）××。

附件：1. ×××××
2. ×××××

××××（发文机关名称）
2023年×月×日（印章）

（附注：×××××）

抄送：×××××，×××××。

×××××（印发单位） 2×××年×月×日印发

份数序号

序号是将同一文稿印制若干份时每份公文的顺序编号。如需标识公文份数序号，用阿拉伯数字顶格标识在版心左上角第一行。公文的份数序号一般是6位数。份数不足规定位数时，前面用“0”补齐。

000001
机密★×年
特 急

××××文件

×发〔2023〕7号

关于××××××工作的通知

×××××（主送机关名称）：
（正文）××。

附件：1. ×××××
2. ×××××

××××（发文机关名称）
2×××年×月×日（印章）

（附注：×××××）

抄送：×××××，×××××。

×××××（印发单位） 2×××年×月×日印发

秘密等级和保密期限

如需标识公文份数、秘密等级，秘密等级顶格标识在版心左上角第二行；如需同时标识秘密等级和保密期限，顶格标识在版心左上角第二行，秘密等级和保密期限用“★”隔开。标明“绝密”“机密”“秘密”。

绝密级保密时间不超过30年，机密级20年，秘密级10年。

000001
机密★×年
特　急

××××文件

×发〔2023〕7号

关于××××××工作的通知

×××××（主送机关名称）：
（正文）××。

附件：1. ×××××
2. ×××××

××××（发文机关名称）
2023年×月×日（印章）

（附注：×××××）

抄送：×××××，×××××。

×××××（印发单位）　2×××年×月×日印发

紧急程度

如需标识公文份数、秘密等级和紧急程度，紧急程度顶格标识在版心左上角第三行，标志秘密等级的二字之间空一个字符，标明“特提”“加急”。电报分别标明“特提”“特急”“加急”“平急”。

000001
机密★×年
特　急

××××文件

×发〔2023〕7号

关于××××××工作的通知

×××××（主送机关名称）：
（正文）××。

附件：1. ×××××
2. ×××××

××××（发文机关名称）
2023年×月×日（印章）

（附注：×××××）

抄送：×××××，×××××。

×××××（印发单位）　2×××年×月×日印发

发文机关标识

由发文机关全称或规范化简称后加“文件”二字组成。

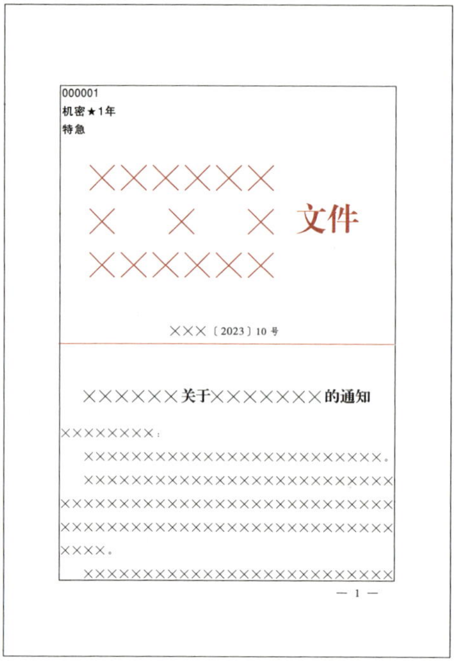

000001
机密★1年
特急

××××××
×　×　× 文件
××××××

×××〔2023〕10号

××××××关于×××××××的通知

××××××××：
××××××××××××××××××××××××××。
×××。
××××××××××××××××××××××××××

— 1 —

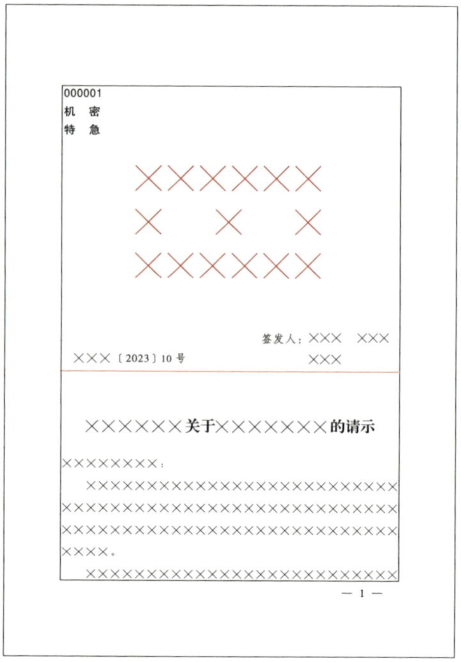

000001
机　密
特　急

××××××
×　×　×
××××××

签发人：×××　×××
×××〔2023〕10号　×××

××××××关于×××××××的请示

××××××××：
××。
××××××××××××××××××××××××××

— 1 —

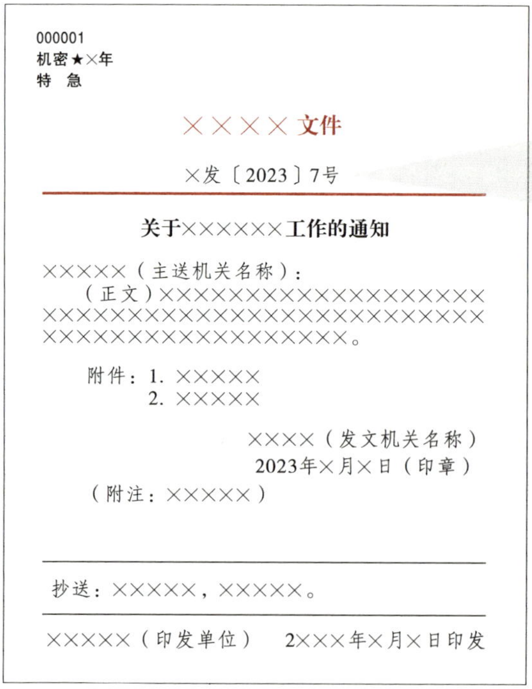

000001
机密★×年
特　急

×××× 文件

×发〔2023〕7号

关于××××××工作的通知

×××××（主送机关名称）：
（正文）××。

附件：1. ×××××
2. ×××××

××××（发文机关名称）
2023年×月×日（印章）
（附注：×××××）

抄送：×××××，×××××。

×××××（印发单位）　2×××年×月×日印发

发文字号

发文字号是指发文机关对其所制发的公文以年度为单位，依次编排的顺序代码。由发文机关代字、年份和序号组成。在发文机关标识下空二行，居中排布；年份、序号用阿拉伯数字；年份用全称，用六角括号〔〕括入；序号不编虚位(即1不编为001)，不加“第”字。

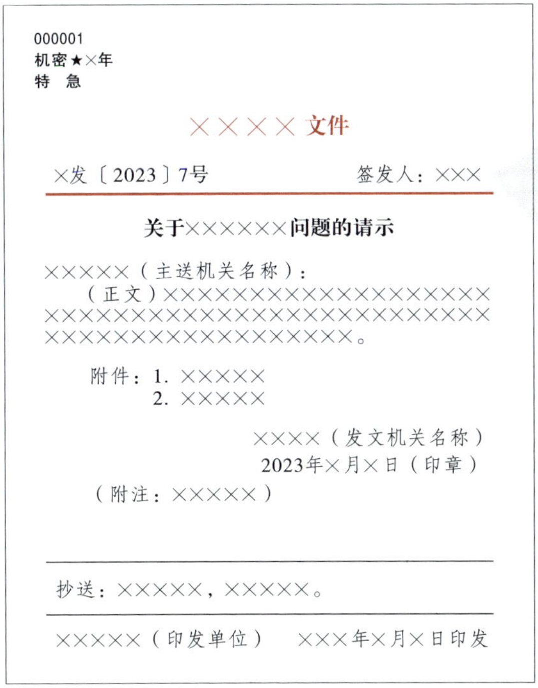

000001
机密★×年
特　急

××××文件

×发〔2023〕7号　　　　　签发人：×××

关于××××××问题的请示

×××××（主送机关名称）：
　　（正文）××。

　　附件：1. ×××××
　　　　　2. ×××××

××××（发文机关名称）
2023年×月×日（印章）

（附注：×××××）

抄送：×××××，×××××。

×××××（印发单位）　×××年×月×日印发

签发人

上行的公文需标识签发人姓名，平行排列于发文字号右侧。发文字号居左空一字，签发人姓名居右空一字；如有多个签发人，每行排两个，下移红色反线，使发文字号与最后一个签发人姓名处在同一行。

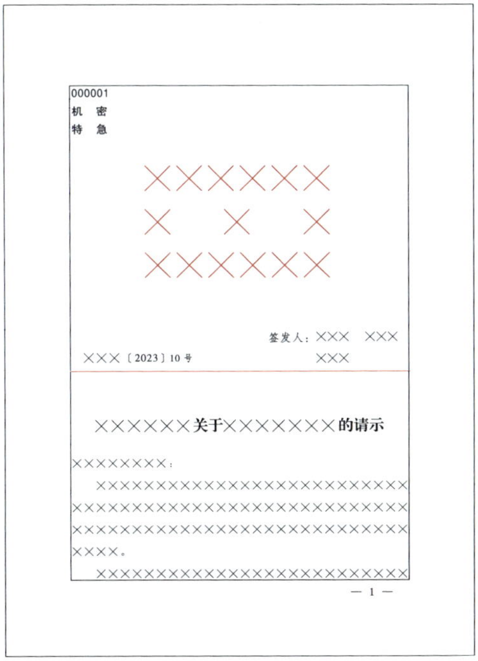

000001
机　密
特　急

××××××
×　×　×
××××××

签发人：×××　×××
×××〔2023〕10号　　×××

××××××关于×××××××的请示

××××××××：
　　×××。
　　××××××××××××××××××××××××

— 1 —

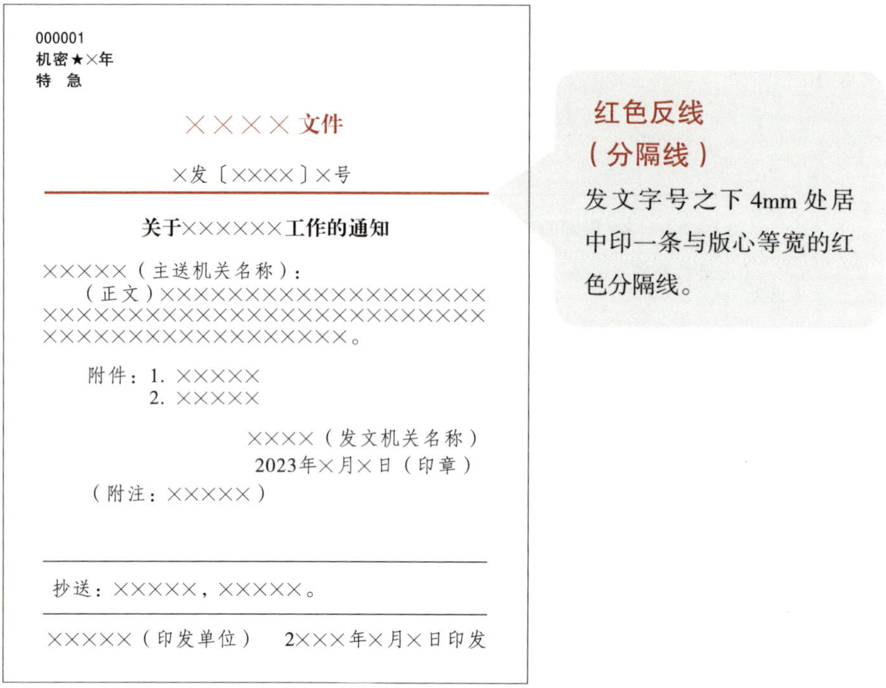

图4-6　公文样式——版头部分的规定

主体部分

这是公文最主要的部分，包括公文标题、主送机关、正文、附件说明、成文日期、发文机关署名、印章、附注、附件等要素。

一、公文标题

完整的公文标题包括发文机关名称、事由、文种三要素。其中，发文机关名称应当与发文机关标识中的发文机关一致，使用发文机关全称或规范化简称；事由应该准确、简要地概括公文的主要内容；文种要符合法定文种。公文标题中除法规、规章名称加书名号外，一般不加标点符号。标题一般用2

号小标宋体字，位于红色反线下方（空二行），用一行或分行居中、对称排列；移行排列时要注意保持标题词意完整，引用的书名、人名、数字等不拆开跨行。

公文标题标注在红色反线下空二行的位置，可分一行或多行居中排布；回行时，要做到词意完整，排列对称，间距恰当。公文标题常见的四种形式：

★完整式，发文机关、事由和文种都出现的，如“国务院办公厅关于办公用房清理情况的通报”；

★省略发文机关的，如“关于表彰×××县先进工作者的通报”；

★省略事由的，如“中国人民银行公告”；

★省略发文机关和事由的，如“通告”“通知”等。

二、主送机关

又叫作“抬头”，指公文的主要受理机关。主送机关写在正文之前、标题之下（空一行），左侧顶格，后加全角冒号。主送机关应当使用全称或者规范化简称、统称。如主送机关较多时，应按其性质、级别或惯例依次排列，同类并列机关中间用顿号、类与类之间用逗号隔开。其排列顺序通常为：先地方机关后中央机关，按党政军群（有关团体）顺序和发文内容需要确定。若主送机关太多，则要注意保证首页显示正文。如主送机关名称过多而使公文首页不能显示正文时，可将主送机关名称移至版记内抄送机关之上，标识方法同抄送机关。

三、正文

是公文的核心部分，用来表述公文的具体内容。正文紧接主送机关下一行，每自然段开头左侧空二字，回行顶格。数字、年份不能回行。为了公文防伪，新条例取消了“此页无正文”版式说明，并明确规定盖章的公文页必须有正文内容。如公文排版后所剩空白处不能容下印章位置时，应采取调整行、字距的方法加以解决，确保印章与正文同处一页面。正文文中结构层次序数依次可以用“一、”“（一）”“1.”“（1）”标注；一般第一层用黑体字、第二层用楷体字、第三层和第四层用仿宋体字标注。

四、附件说明

公文如有附件，在正文下一行标识附件说明。附件说明包括“附件”二字和附件名称，“附件”前空二字，后标全角冒号。如有2个以上附件，要以阿拉伯数字标识附件序号（如“附件：1.×××× 2.×××××”）；每个附件名称分行并列排列，附件名称后不加标点符号。如附件名称较长需回行时，下一行的左边第一个字应与上一行附件名称第一个字对齐。附件序号和名称应当分别与正文后面所附的附件排列顺序和标题相一致。被批转、转发或以命令形式发布的公文，不应作附件处理，即不加附件说明。附件是公文的附属公文，是文件的组成部分。附件应与公文正文一起装订，并在附件左上角第一行顶格标识“附件”，有序号的应标阿拉伯数字序号；如附件与正文不能一起装订，应在附件左上角第一行顶格标识该公文的发文序号并在其后标识“附件”或“附件”加序号。附件中若还有附件，一般附在其主附件后面，子附件说明只注明“附”字和附件名称。

五、印章

（一）加盖印章的公文。单一机关行文时，一般在成文日期之上、以成文日期为准居中编排发文机关署名，印章端正、居中下压发文机关署名和成文日期，使发文机关署名和成文日期居印章中心偏下位置，印章顶端应当上距正文（或附件说明）一行之内。联合行文时，一般将各发文机关署名按照发文机关顺序整齐排列在相应位置，并将印章一一对应、端正、居中下压发文机关署名，最后一个印章端正、居中下压发文机关署名和成文日期，印章之间排列整齐、互不相交或相切，每排印章两端不得超出版心，首排印章顶端应当上距正文（或附件说明）一行之内。

（二）不加盖印章的公文。单一机关行文时，在正文（或附件说明）下空一行右空二字编排发文机关署名，在发文机关署名下一行编排成文日期，首字比发文机关署名首字右移二字；如成文日期长于发文机关署名，应当使成文日期右空二字编排，并相应增加发文机关署名右空字数。联合行文时，应当先编排主办机关署名，其余发文机关署名依次向下编排。

（三）加盖签发人签名章的公文。单一机关制发的公文加盖签发人签名章时，在正文（或附件说明）下空二行右空四字加盖签发人签名章，签名章左空二字标注签发人职务，以签名章为准上下居中排布。在签发人签名章下空一行右空四字编排成文日期。联合行文时，应当先编排主办机关签发人职务、签名章；其余机关签发人职务、签名章依次向下编排，与主办机关签发人职务、签名章上下对齐；每行只编排一个机关的签发人职务、签名章；签发人职务标注全称。签名章一般用红色。

六、成文日期

成文日期一般右空四字编排，印章用红色，不得出现空白印章。用阿拉伯数字将年、月、日标全，年份应标全称，月、日不编虚位（即1不编为01）。成文时间一般以领导签发的日期为准，联合行文以最后签发机关领导签发日期为准；会议通过的公文以通过日期为准。单一机关发文的成文日期一般右空四字。联合发文的成文日期标识方法按上面“印章”中对其要求书写。

七、附注

附注指正文内无法表述，但又需说明的事项。公文如有附注，标识在成文日期下一行，加括号，左空二字。如“此件传达到县团级”“联系人：×××，联系电话：××××××××”等。

000001
机密★×年
特　急

××××文件

×发〔××××〕×号

关于××××××工作的通知

×××××（主送机关名称）：
（正文）××。

附件：1. ×××××
2. ×××××

××××（发文机关名称）
2023年×月×日（印章）
（附注：×××××）

抄送：×××××，×××××。

×××××（印发单位）　×××年×月×日印发

主体的规定

标题
主送机关
正文
附件说明
成文日期
印章
附注

000001
机密★×年
特　急

××××文件

×发〔××××〕×号

×××关于××××××工作的通知

×××××（主送机关名称）：
（正文）××。

附件：1. ×××××
2. ×××××

××××（发文机关名称）
2023年×月×日（印章）
（附注：×××××）

抄送：×××××，×××××。

×××××（印发单位）　2×××年×月×日印发

标题

所有公文都必须有标题。公文标题应当准确、简要地概括公文的主要内容并标明公文种类；公文标题中除法规、规章名称加书名号外，一般不用标点符号。可分一行或多行居中排布；回行时，要做到词意完整，排列对称，间距恰当。

000001
机密★×年
特　急

××××文件

×发〔××××〕×号

关于××××××工作的通知

×××××（主送机关名称）：

（正文）××。

附件：1. ×××××
　　　2. ×××××

××××（发文机关名称）
2023年×月×日（印章）

（附注：×××××）

抄送：×××××，×××××。

×××××（印发单位）　2×××年×月×日印发

主送机关

即公文的行文对象。除直接面向社会发布的普发性公文外，一般都有主送机关。

000001
机密★×年
特　急

××××文件

×发〔××××〕×号

关于××××××工作的通知

×××××（主送机关名称）：

（正文）××。

附件：1. ×××××
　　　2. ×××××

××××（发文机关名称）
2023年×月×日（印章）

（附注：×××××）

抄送：×××××，×××××。

×××××（印发单位）　2×××年×月×日印发

正文

即公文的主体部分，用来表达公文的思想内容，公文格式的各要素都是为正文服务的。

000001
机密★×年
特　急

××××文件

×发〔××××〕×号

关于××××××工作的通知

×××××（主送机关名称）：
（正文）××。

附件：1. ×××××
2. ×××××

××××（发文机关名称）
2023年×月×日（印章）
（附注：×××××）

抄送：×××××，×××××。

×××××（印发单位）　2×××年×月×日印发

附件说明

附件是指随公文转发、报送的文件或资料。如有2个以上附件，要以阿拉伯数字标识附件序号；每个附件名称分行并列排布，附件名称后不加标点符号。

000001
机密★×年
特　急

××××文件

×发〔××××〕×号

关于××××××工作的通知

×××××（主送机关名称）：
（正文）××。

附件：1. ×××××
2. ×××××

××××（发文机关名称）
2023年×月×日（印章）
（附注：×××××）

抄送：×××××，×××××。

×××××（印发单位）　2×××年×月×日印发

发文机关署名

新条例规定，此处的发文机关名称不能省略。

000001
机密★×年
特　急

×××× 文件

×发〔××××〕×号

关于××××××工作的通知

×××××（主送机关名称）：

（正文）×××。

附件：1. ×××××
　　　2. ×××××

××××（发文机关名称）
2023年×月×日（印章）

（附注：×××××）

抄送：×××××，×××××。

×××××（印发单位）　2×××年×月×日印发

成文日期

规则一：领导签发的，以签发日期为准；

规则二：联合发文，以最后签发机关领导的签发日期为准。

000001
机密★×年
特　急

×××× 文件

×发〔××××〕×号

关于××××××工作的通知

×××××（主送机关名称）：

（正文）×××。

附件：1. ×××××
　　　2. ×××××

××××（发文机关名称）
2023年×月×日（印章）

（附注：×××××）

抄送：×××××，×××××。

×××××（印发单位）　2×××年×月×日印发

印章

证明公文效力的表现形式。

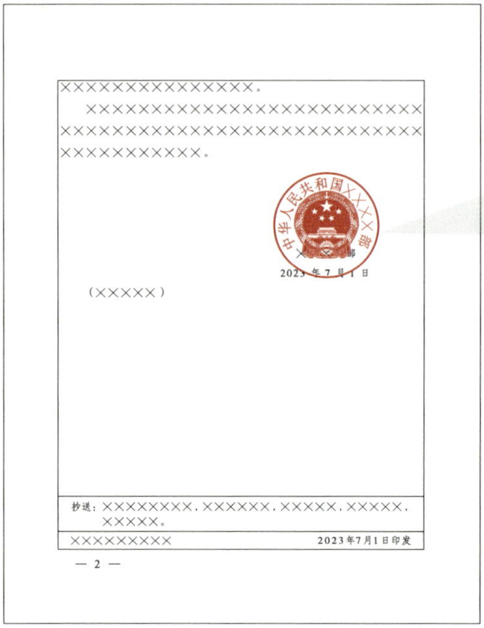

当印章下弧无文字时，采用下套方式，即用印章下弧压在成文日期上（骑年盖月）。

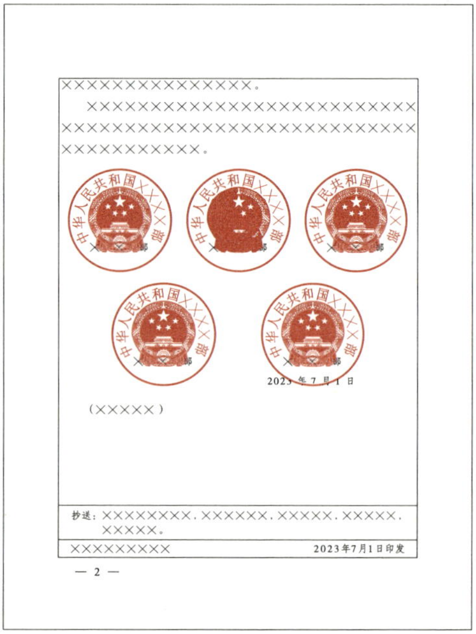

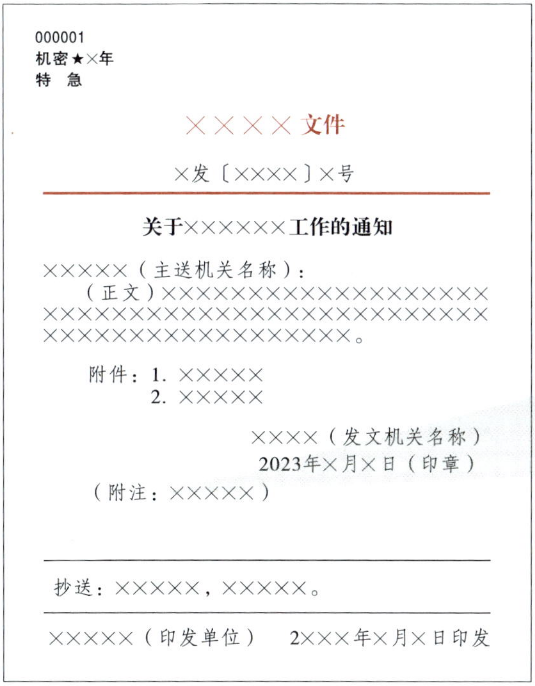
000001
机密★×年
特　急

××××文件

×发〔××××〕×号

关于××××××工作的通知

×××××（主送机关名称）：
（正文）××。

附件：1. ×××××
2. ×××××

××××（发文机关名称）
2023年×月×日（印章）

（附注：×××××）

抄送：×××××，×××××。

×××××（印发单位）　2×××年×月×日印发

图4-7　公文样式——主体部分的规定

附注

附注是对公文的发文范围、联系方式、使用时需要注意的事项等加以说明。如上行文的“联系人”“联系电话”，下行文的“此件发至县团级”等。

版记部分

版记部分包括抄送机关、印发机关、印发日期、份数等。版记部分位于公文最后一页的底部。

一、版记中的分隔线

版记中的分隔线与版心等宽，首条分隔线和末条分隔线用粗线（推荐高度为0.35mm），中间的分隔线用细线（推荐高度为0.25mm）。首条分隔线位于版记中第一个要素之上，末条分隔线与公文最后一面的版心下边缘重合。

二、抄送机关

抄送机关是指除公文主送机关外需执行或知晓的其他机关。如有抄送机关，一般用4号仿宋体字，在印发机关和印发日期之下一行、左右各空一字编排。“抄送”二字后加全角冒号和抄送机关名称，回行时与冒号后的首字对齐，最后一个抄送机关名称后标句号。如需把主送机关移至版记，除将“抄送”二字改为“主送”外，编排方法同抄送机关。既有主送机关又有抄送机关时，应当将主送机关置于抄送机关之上一行，之间不加分隔线。

三、印发机关和印发日期

印发机关和印发日期一般用4号仿宋体字，编排在末条分隔线之上，印发机关左空一字，印发日期右空一字，两者在同一行。用阿拉伯数字将年、月、日标全，年份应标全称，月、日不编虚位（即1不编为01），后加“印发”二字。版记如有其他要素，应将其与印发机关和印发日期用一条细分隔线隔开。

四、份数、审核人、校对人

份数即该文件的实际印发份数，一般标识在版记最后一行的右下方。需要标识审核人、校对人时，则可在印发机关和印发日期下一行标识，但要求标识均匀，对称美观。

000001
机密★×年
特　急

××××文件

×发〔××××〕×号

关于××××××工作的通知

×××××（主送机关名称）：
（正文）××。

附件：1. ×××××
2. ×××××

××××（发文机关名称）
2023年×月×日（印章）
（附注：×××××）

抄送：×××××，×××××。

×××××（印发单位）　2×××年×月×日印发

版记的规定

抄送机关

印发机关

印发日期

版记中的反线

印发份数

000001
机密★×年
特　急

××××文件

×发〔××××〕×号

关于××××××工作的通知

×××××（主送机关名称）：
（正文）××。

附件：1. ×××××
2. ×××××

××××（发文机关名称）
2023年×月×日（印章）
（附注：×××××）

抄送：×××××，×××××。

×××××（印发单位）　2×××年×月×日印发

抄送机关

是除主送机关以外需要执行或者知晓公文内容的其他机关。

000001
机密★×年
特　急

××××文件

×发〔××××〕×号

关于××××××工作的通知

×××××（主送机关名称）：
　　（正文）××。

附件：1. ×××××
　　　2. ×××××

××××（发文机关名称）
2023年×月×日（印章）

（附注：×××××）

抄送：×××××，×××××。

×××××（印发单位）　　2023年×月×日印发

印发机关和印发日期

印发机关是指公文的印制主管部门，印发日期以公文打印的时间为准。

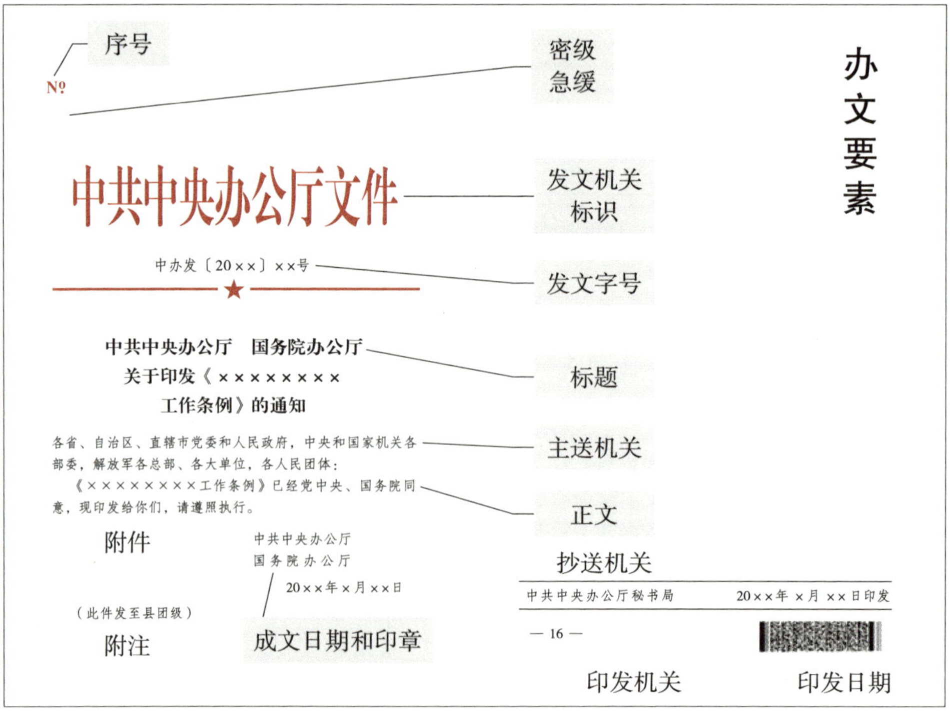

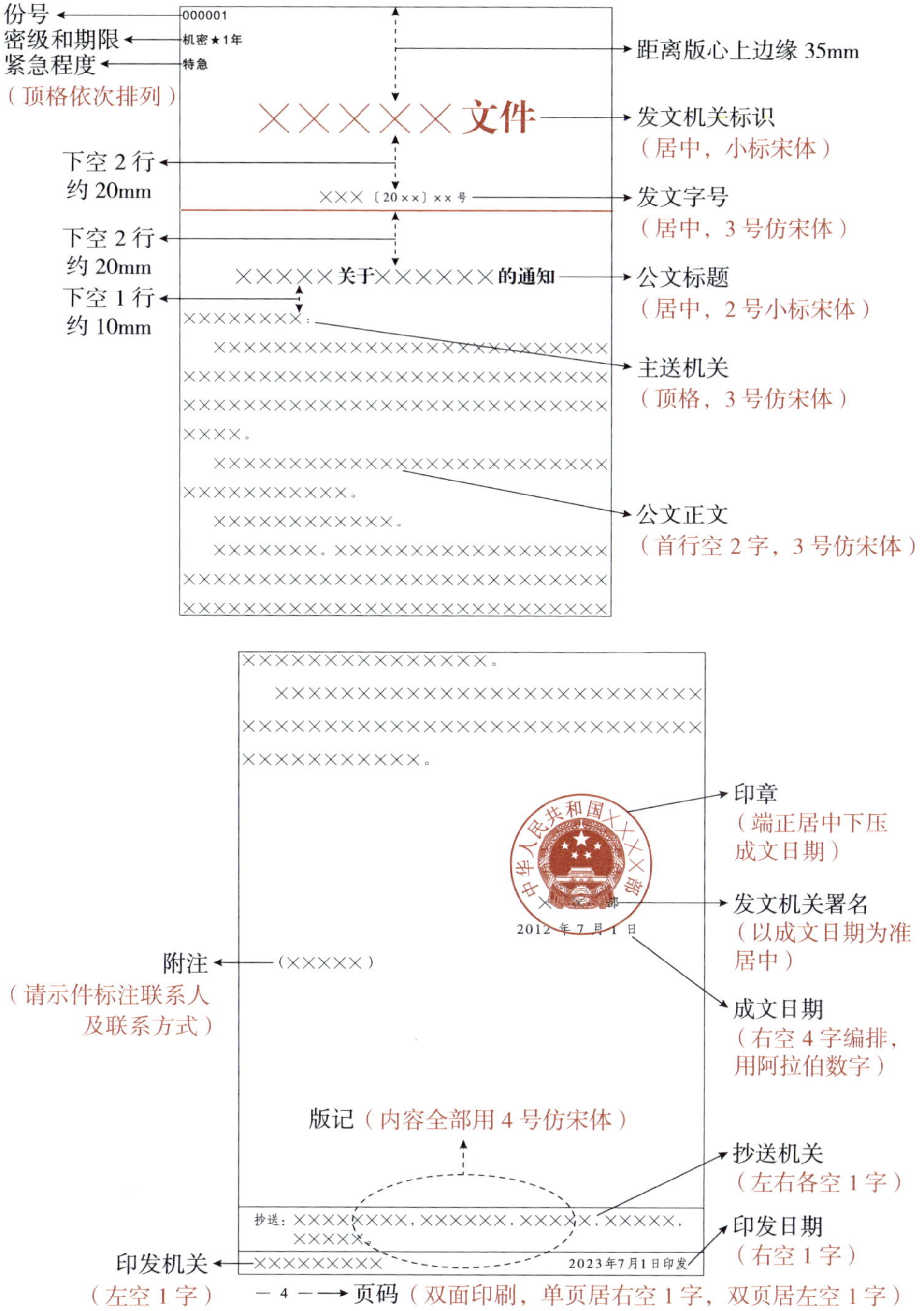

图4-8　公文样式——版记部分的规定

其他部分

一、公文用纸和版心规格

公文用纸采用GB/T 148中规定的A4型纸，幅面尺寸为：210mm×297 mm。公文版心规格为：156mm×225mm（不含页码）。公文页边为：上白边（天头）空37±1mm，下白边（地脚）空35±1mm；左白边（订口）空28±1mm，右白边（切口）空26±1mm。

二、排版规格

公文排印，汉字从左至右横排，少数民族按其书写习惯排印。正文用3号仿宋字，一般每页排22行，每行排28个字。行距一般为10mm。一般公文格式（平行文或下行文）的发文机关标识上边缘至版心上边缘为25mm，上行文的发文机关标识上边缘至版心上边缘为80mm。版头部分下方的红色“反线”（即间隔线）为实线，位于发文字下方4mm，红线粗1mm，与版心同宽，一般长156mm。版记部分的横线为黑色实线，与版心同宽，一般长156mm。

三、公文字号

公文的印刷字体，一般按发文机关标识、大标题、小标题、正文等顺序，依次从大到小选用。发文机关标识推荐使用小标宋体字，用红色标识，一般应小于“国务院文件”标识字号，应小于15mm×22mm。公文标题用2号小标宋体字。秘密等级和保密期限、紧急程度标识用3号黑体字。发文字号、签发人、主送机关、正文、附件说明、成文日期、附注、附件等，均为3号仿宋体字；签发人的姓名用3号楷体字。份数序号阿拉伯数字用3号半角黑体字。抄送机关、印发机关、印发日期用4号仿宋体字。

四、公文中表格

公文如需附表，竖表和横表都应在版心之间。A4纸型的表格横排时，页码位置与公文其他页码保持一致，单页码表头在订口一边，双页码表头在切口一边。

五、页码

一般用4号半角宋体阿拉伯数字，编排在公文版心下边缘之下，数字左右各放一条一字线；一字线上距版心下边缘7mm。单页码居右空1字，双页码居左空1字。公文的版记页前有空白页的，空白页和版记页均不编排页码。公文的附件与正文一起装订时，页码应当连续编排。

六、装订要求

公文应当左侧装订，不掉页，两页页码之间误差不超过4mm，裁切后的成品尺寸允许误差±2mm，四角呈90度，无毛茬或缺损。骑马订或平订的要求，一是订位为两钉外订眼距版面上下边缘各70mm处，允许误差±4mm；二是无坏钉、漏钉、重钉，钉脚平伏牢固；三是骑马订钉锯均订在折缝线上，平订钉锯与书脊间的距离为3—5mm。包本装订公文的封皮（封面、书脊、封底）与书芯应吻合、包紧、包平、不脱落。

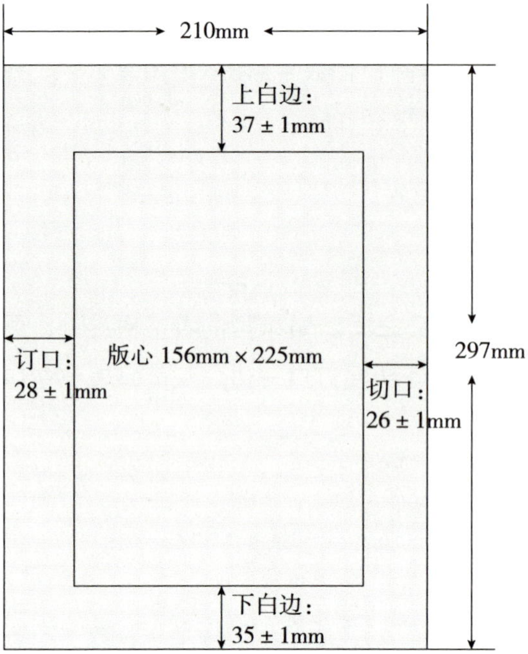

公文用纸及版面尺寸

A4 纸型 210mm × 297mm

页面设置

天头（上白边）：37 ± 1mm

地脚（下白边）：35 ± 1mm

订口（左白边）：28 ± 1mm

切口（右白边）：26 ± 1mm

版心：156mm × 225mm

排版规格

一般每页 22 行，每行 28 个字，正文用 3 号仿宋体

图4-9　公文用纸及版面尺寸

语言要简练

公文的语言运用是否得体，风格是否得当，关系到公文质量和办事效果。掌握语言的特点、风格和规律，是写出高质量公文必不可少的前提。因此，语言关是写好公文必过的第4关。

一、语言特点

机关公文讲究实用，语言的运用必须考虑执行和办理的效力，因此，要特别注重用词、修辞和语法等问题。

公文语言使用的要求

使用书面语，非口头语			
抬头	×	昂首	√
卖出	×	售出	√
天边	×	天际	√
胳膊	×	臂膀	√
背着	×	背负	√
在这里	×	在此	√
使用文书专用语			
此复、专此、为盼、此布、办法、报请，等等。			√
避免使用方言俗语			
强盗点天灯、阴私狗最会咬人、田螺壳里做道场，等等。			×
避免使用生僻晦涩的词语			
窅冥（幽暗不明）、毰毸（纷扬飞舞）、濩落（沦落失意之境）、霅霅（光耀闪烁之貌）、便嬛（轻盈美好之貌）、岧峣（山高峻貌）、瀺灂（石在水中出没之貌）、姽婳（娴静美好貌）、愔嫕（和善娴淑貌）、飒纚（长袖飘舞貌），等等。			×
避免使用浪漫华丽的词语			
哀感顽艳、宝马香车、凤采鸾章、烂若披锦，等等。			×

（一）词语

公文用语必须规范、凝练、概括、简洁、周延。以规范的书面白话为基础，一般不用口语、方言、俚俗语。词语应当概念清楚，有严格的限定；含义准确，已约定俗成。对于多义词，则少用喻义、引申义，尽量采用其直接词义，不使人曲解、误会。公文中多用概括词语，使既定范围内的人、事、物全部被纳入表达范围，节约文字和篇幅。公文也大量运用联合短语作主语或谓语、宾语。大量使用介宾短语为定语、状语，从目的、范围、条件、依据、方式等方面加以修饰，来限定被表述的对象和动作。常以名词作宾语，前缀动词作谓语以构成短句，成动宾结构，如“严禁走私”等。

公文词语使用追求准确、简练、平实、得体。重点关注词语的选择和句式的调整，不使用冷僻不符合多数人阅读习惯的表达方式。

公文词语使用的要求

原则	例	解析
多单句少复句	单句：我们祖先的许多有骨气的动人事迹，还有它积极的教育意义。	区别在于，一套句子成分还是多套句子成分。
	复句：剧是必须从序幕开始的，但序幕还不是高潮。	
多短句少长句	做好当前和今后的一个时期的经济工作，我们要深入学习贯彻习近平新时代中国特色社会主义思想，以科技创新引领现代化产业体系建设，着力扩大国内需求，深化重点领域改革，扩大高水平对外开放，持续有效防范化解重点领域风险，坚持不懈抓好“三农”工作，推动城乡融合、区域协调发展，深入推进生态文明建设和绿色低碳发展，切实保障和改善民生。 可以修改为：做好当前和今后的一个时期的经济工作，我们要深入学习贯彻习近平新时代中国特色社会主义思想，重点做好以下9个方面具体工作。一是以科技创新引领现代化产业体系建设；二是着力扩大国内需求；三是深化重点领域改革；四是扩大高水平对外开放；五是持续有效防范化解重点领域风险；六是坚持不懈抓好“三农”工作；七是推动城乡融合、区域协调发展；八是深入推进生态文明建设和绿色低碳发展；九是切实保障和改善民生。	长句改为短句主要有两种办法：一是将长句中能抽出来的较庞大的修饰限制成分抽出来，改成分句或单独成句，不能抽出来的修饰限制成分与句子主干另成一句。二是把联合成分拆开，重复跟联合成分直接相配的成分，形成排比句式。长句改短句要注意所改短句之间的逻辑顺序。

续表

原则	例	解析
多常式句少变式句	变式句改常式句： 怎么了？你？（主谓倒装）→你怎么了？（常式句） 明天下午，学生家长在会议室开会。（状语前置）→学生家长明天下午在会议室开会。（常式句） 今年棉花减产了，是因为虫害严重。（因果倒置变式句）→因为虫害严重，所以今年棉花减产了。（常式句） 他总能按时到达岗位，无论天气多么恶劣。（条件倒置变式句）→无论天气多么恶劣，他总能按时到达岗位。（常式句）	常见的变式句有两类：一类是单句成分次序排列特殊的句子，如主谓倒装句、定语后置句、状语后置句、宾语前置句等；另一类是复句中分句次序排列特殊的句子，如因果倒置句、转折倒置句、条件倒置句、假设倒置句等。常式句与变式句转换的要点是找准需要强调的内容并将其推前或置后。
不用方言和网络语言	拍砖（提意见）、东东（东西）、顶（支持）、小强（蟑螂）、雀雀儿（小鸟）、搭巴巴车（坐便车），等等。	
不造半白半文语句	古人云：天下大事，必做于细，余以为然。但是，还有一句话说，细节决定成败，难道这不是同工异曲之妙哉？	

易错词解析[①]

标记	标明某种东西的记号	**标志**	（1）表明某种特征； （2）表明特征的记号
标识	同“标志”	**标明**	用文字或符号标出来，使大家明白
表明	清楚地表示出来	**表现**	显示出来
哺育	喂养	**抚育**	照料，养育
不屑	轻视；认为不值得	**不惜**	舍得，不顾惜

① 国务院办公厅秘书一局编：《易混易错常用公文字词辨析》，2005年9月。

续表

沉重	（1）分量重； （2）情况严重时的心理状态	**郑重**	严肃慎重的态度
吃紧	紧张	**吃劲**	费劲；吃力
遏止	阻止	**遏制**	控制
繁复	多而复杂	**反复**	（1）多次重复； （2）变动，改变
妨碍	阻碍	**妨害**	有害
仿造	照样子制造	**仿照**	模仿，参照
飞腾	向上飞奔	**沸腾**	（1）液体受热达到沸点； （2）形容情绪极高
扶养	扶助，供养	**抚养**	养育
割断	用刀切断	**隔断**	阻隔断绝
公正	公平正直	**公证**	代表特定的权力机关，作证明
固然	本来（如此）	**果然**	事情同预料的相符合，含有“果真这样”的意思
顾问	特别约请的对专门知识技术提供意见的人	**过问**	理睬，管，关心的意思
贯串	从头到尾连接串通，多用于抽象事物	**贯穿**	穿过，通过；既可用于具体又可用于抽象事物
灌输	注入；用于思想或知识	**灌注**	浇进
核计	（1）核对计算； （2）自己盘算或跟人商量	**合计**	合在一起计算
后辈	年轻、晚辈的人	**后备**	作为补充的准备
棘手	形容事情难办	**辣手**	手段厉害
简洁	简明扼要	**简捷**	直截了当
间隙	空隙；用于时间或空间	**间歇**	动作、变化等每隔一定时间停止一会儿
娇气	意志脆弱，不能吃苦	**骄气**	自高自大，目中无人

续表

界限	事物性质的区别	**界线**	分界的边线
经心	在意，留心	**精心**	用全部精力
精致	精巧细致	**精制**	精工制造
聚积	一点一滴地累积	**聚集**	集合在一起
开展	推行，发展	**展开**	（1）张开，伸展； （2）大规模地进行
克服	制伏，战胜	**克复**	经过战斗而夺回被敌人占领的地方
苦楚	痛苦	**苦处**	苦恼的事情
宽待	宽大对待	**款待**	亲切地招待
名声	对名誉的评价	**名胜**	著名的有古迹或优美风景的地方
难堪	难以忍受，受窘	**难看**	丑陋，不好看
破例	打破常规	**破裂**	分裂开来
溶化	物质在水里化开	**熔化**	用火融化
闪耀	闪烁照射	**闪烁**	光亮忽明忽暗，动摇不定
实足	确实足够	**十足**	达到顶点
实用	实际使用	**试用**	试验用一用
熟悉	很了解	**熟习**	对某种技术和学问很熟练或了解
树立	建立	**竖立**	直立
条理	层次，次序	**调理**	（1）调养，护理； （2）安排管理
停止	停住不动	**停滞**	不前进，或前进极慢
通宵	整夜	**通晓**	透彻了解
推脱	推卸	**推托**	借故拒绝
违反	不遵照，向着反方向做	**违犯**	违背，触犯
鲜明	（1）鲜艳明亮； （2）明朗，不含糊	**显明**	明白清楚
相通	事物之间连贯沟通	**相同**	两种以上的事物，内容或形式一致
相应	相适应，相符合	**响应**	赞同、支持某种号召或倡议

续表

效力	（1）功用； （2）出力，效劳	效率	功效的比率
压制	用威力使人屈服	抑制	按住，控制
以至	到，直到；用于时间、数量、范围的延伸或扩大	以致	弄得，由此而造成；用于下半句的开头，表示结果
用度	费用，开支	用途	用处
珍重	爱惜，珍爱	尊重	尊敬，重视
正确	对	准确	丝毫不差
志愿	志向，意愿	自愿	自己愿意
主意	主张，办法	注意	留心

（二）修辞

公文以实用为目的，主要表达方式是叙述、议论、说明，不要求抒情、描写，不追求语言的艺术化，不用或少用夸张、婉约、比拟、含蓄等积极修辞手段，主要采用消极修辞法。消极修辞并不意味着不讲究辞章，不追求语言美，而是不凭借华丽辞藻，以质朴流畅的语言、明确的叙事表意，于平淡中见神采。为增强文势，显示事理程度上的差异，也适当地运用排比、对偶、反复等手法。

公文采取消极修辞法，排斥积极修辞法。追求明确、通顺、简洁、朴实、庄重，反对形象、生动、新鲜、活泼。

★★★ 一般不用的修辞方法★★★

1. 借代。指的是不直说某人或某事物的名称，而是借和它密切相关的名称去代替，这种辞格也叫作“换名”。比如，你们杀死一个李公朴，会有千百万个李公朴站起来——闻一多《最后一次讲演》。模范不模范，从西往东看，西头吃烙饼，东头喝稀饭——赵树理《老杨同志》。

2. 比拟。就是把一个事物当作另一个事物来描述、说明。比拟的辞格是将人比作物、将物比作人，或将甲物化为乙物，运用这种辞格能收到特有的修辞效果。拟人：一只探险的蜜蜂正绕着布满柳树枝头的金色的花朵嗡嗡……真正的春天已经到来了——托尔斯泰《安娜·卡列尼娜》。拟物：维吾尔族姑娘插上金色的翅膀，在广阔的天地里飞翔——阿不都热西提《女拖拉机手》。以事拟人：这里叫教条主义休息，有些同志却叫它起床——毛泽东《反对党八股》。拟无生命物为动物：予观夫巴陵胜状，在洞庭一湖。衔远山，吞长江，浩浩汤汤，横无际涯；朝晖夕阴，气象万千。此则岳阳楼之大观也——范仲淹《岳阳楼记》。

3. 夸张。是为了达到某种表达效果的需要，对事物的形象、特征、作用、程度等方面着意夸大或缩小的修辞方式。扩大夸张，如，蜀道之难，难于上青天。缩小夸张，如，一个浑身黑色的人，站在老栓面前，眼光正像两把刀，刺得老栓缩小了一半。

4. 反语。运用跟本义相反的词语来表达此意，却含有否定、讽刺以及嘲弄的意思。如，“至于男盗和女娼，那是非但无害，而且有益：男盗——可以多刮几层地皮，女娼——可以多弄几个裙带官儿的位置”——鲁迅《伪自由书·赌咒》。

5. 双关。在一定的语言环境中，利用词的多义或同音的条件，有意使语句具有双重意义，言在此而意在彼。“夜正长，路也正长，我不如忘却，不说的好吧”——鲁迅《为了忘却的记念》。“杨柳青青江水平，闻郎江上唱歌声。东边日出西边雨，道是无晴却有晴”——刘禹锡《竹枝词》。

★★★消极修辞法的具体要求★★★

1. 思想明确。作者必须经过观察、研究，对事物的性质、特征、内部联系与其他事物的关系，以及发展变化等，有明确、全面的认识。写作前理清思路，胸有成竹。明确写作的目的、重点及阅读的对象。

2. 词义明确。选择意义十分明确的词。力避模棱两可的词（借条与欠条、借款人签名等），对有歧义的词，应加以解释。在同一语境中，概念的内涵应保持一致。可用对概念加限制语的方式，缩小外延，明确词义。

3.语句通顺。句子要合乎语法的要求。精心选用虚词(汉语虚词包括副词、介词、连词、助词、叹词、象声词),词与词、短语与短语的关系要明确。句与句之间要连贯。

4.语言平稳。语言平实,力避怪词僻句。语言匀称,力避疏缺或驳杂。尤其要与内容、语境相贴切。

5.布局严谨。根据事物本身所具有的规律性,合理安排写作顺序,从句群到段到篇,注意前后照应,过渡自然,文势贯通。

★★★积极修辞法的具体要求★★★

积极修辞不仅要使人理会,还要使人感动。要求语言不仅要意思准确、明白,而且还要形象、生动、活泼。根据表达的需要,可以运用各种材料,各种表现手法来加强表达效果。积极修辞的内容是极其丰富的,包括选词、炼句、各种辞格以及谋篇布局等。

积极修辞的适用范围非常广泛。主要适用于文艺语体、政论语体和一般的交谈中。无论写人、记事、议论、抒情,都能运用。如杜甫的《兵车行》:"车辚辚,马萧萧,行人弓箭各在腰。"不说车行、马嘶,而说"车辚辚,马萧萧",就是运用了积极修辞的手法。修辞学上各种辞格,都是积极修辞的方法(如,风萧萧兮易水寒,壮士一去兮不复还)。

(三)语法

公文写作必须遵守语法规则,格式结构完整,必要的主、谓、宾语和附加成分完备,单、复句应分清,如果违背语法规则,就会出现文理不通的现象,影响其对思想、内容的表达。公文讲究简练,在句式、结构完整的前提下,应该注意成分的搭配,特别是运用联合短语作句子成分时,并列谓语动词与同一宾语是否对应;在运用句群时,多组定语与同一名词是否一致;等等。公文句式多使用陈述句和祈使句,明确地表示是什么,不是什么;做什么,不做什么。句型则多用主谓句,为避免歧义,多用完全句,少用省略句。

（四）节奏

好的公文一定有行文节奏。一般为了增强公文的感染力，往往通过句式的长短、语言的运用来显示行文的节奏，以蓄文势。一般来讲，命令（令）措辞庄重、强硬，语气明确、肯定，斩钉截铁，不可更改。指示、计划一般不用绝对肯定的语气，为下级灵活执行留有余地。决定、决议语气鲜明犀利。批示、通知则明确、稳健。报告、总结可适当增饰词采，以求生动活泼。布告、通告要求明白晓畅、通俗易懂。章法、条规则要求语意精密、无懈可击[①]。

二、表达方式

公文的表达方式是以叙述为基础，议论为手段，说明为目的，三者综合运用。公文的内容制约其表达方式，因此当公文的主要内容不一样时，其表达方式就各有侧重。具体讲，以反映情况为主要内容的公文，表达方式侧重于叙述；以阐明道理为主要内容的公文，表达方式侧重于议论；以提出要求为主要内容的公文，表达方式侧重于说明。

叙述。与记叙文的表达方式比较，公文中的叙述带有显著的概括性特征。公文中叙述事物，不像记叙文的断面特写、细节刻画、气氛渲染，而是直述本质、明确无误。公文中叙述事件，不像记叙文那样详写事情发展变化的具体过程，描绘复杂、曲折的生动情节，而是概括反映全貌，明白叙说梗概。公文中表述情感，不如记叙文奔放或细腻，而是庄重、鲜明。

议论。与议论文的表达方式比较，公文中的议论是为了得出相应的结论，证实某一问题，带有直接的目的性。但议论文（如社论、评论、学术论文）旨在影响读者，并非针对某一具体事项提出要求，所以带有泛论的属性。而

---

① 张浩主编：《行政公文写作技巧、格式、模板与实用范例全书》，海潮出版社2014年版，第9—11页。

公文中的论述是为解决实际工作中某一问题、围绕既定要求而发，不允许偏离目的，旁及与要求无关的内容，更不得放言空论。

说明。说明是公文的主要表达方式，每篇公文中都有完整的说明文字。但总体而论，公文综合运用了这三种表达方式，所以不同于一般的说明文。

公文常用语①

按语	以发文单位的名义对所发文件、材料加以指导、说明的一种公文形式。按语对下级工作具有指导作用。按内容可分为四类：①说明性按语，说明材料来源和编发原因，或特别说明何人要发和发至什么范围。②提示性按语，指出材料的中心、要点或提纲挈领地介绍其内容。③批示性按语，对下发单位作出指示，提出具体要求。④评论性按语，对编发的材料进行评论，表明意见和态度。针对全篇材料的按语，一般置于正文之前，注明“编者按”或“按”。针对材料的某一部分的按语，一般夹在文中，加括号注明。
批语	上级机关对下级来文或有关资料的指示性语句。按用途可分为：批复下级请示的批语，批转下级报告的批语，批示有关资料的批语。
敬语	对行文对象表示敬重的公文语言。敬语多用于公文的开头或结尾处。按使用范围可分为各种行文通用的敬语，如“请”；上行文常用的敬语，如“呈送”“呈上”“报请”；平行文使用的敬语，如“拟”等。
雅语	典雅庄重的公文语言。适当地运用雅语，可使公文内容的表达简明、平实、庄重。适用雅语一般要求：使用规范化的书面语言，不用口头语言；使用朴实无华的语言；适当使用少量的文言词语。
简称用语	公文中经过简化的词语。其作用是可使行文简洁，内容概括鲜明，便于掌握和记忆。地名、机关名称使用的简称必须是规范化的简称，如“中共中央”是“中国共产党中央委员会”的规范化的简称。事物名称使用简称用语有三种方式：①节缩式。把较多的词语用较少词语表示出来。②统括式。把若干词语中的共同成分抽取或概括出来，冠以数词，概括表述。如“不抓辫子，不扣帽子，不打棍子”简称为“三不主义”。③选点式。用词语中有特点的部分代替整个词语。如用时间代替整个词语的简称“九一八事变”，用地点代替整个词语的简称“南马起义”“遵义会议”等。

① 国务院办公厅秘书一局编：《易混易错常用公文字词辨析》，2005年9月。

续表

开端用语	公文中用在正文的全篇或段落开头，表示行文目的、依据、原因、背景等的词语。如“据、根据、依据、查、据查、近查、奉、兹、兹介绍、兹有、兹定于、按照、遵照、依照、为了、关于、由于、对于、鉴于、随、随着、本着”等。
期请用语	公文中表示作者某种期望、请求的词语。多用于上行文，有时也用于平行文和下行文。常用的期请用语有“请、敬请、恳请、提请、报请、拟请、特请、务请、希、望、希即、务希、希予、希望、切望、热望、尚祈、盼、务盼、是盼、以……为盼”等。
综合用语	公文中用以连接具体情况叙述和总概性叙述的词语。综合用语具有承上启下的作用。常见的综合用语有“为此、据此、故此、对此、值此、至此、有鉴于此、综上所述、总之、总而言之、由此可见”。
称谓用语	公文中表示对机关、单位、集体、个人不同人称称呼的词语。一般性称谓用语用于上对下，下对上，平行机关或不相隶属的机关、单位之间，如“本（厅）、我（厅）、该（厅）、你（厅）”等。表示尊重的称谓用语多用于下对上，不相隶属的机关、单位之间，如“贵（厅）”等。党内一般称“××同志”。
经办用语	常用于说明工作处理过程的时态。如“经、已经、业经、前经、现将”。
承启用语	公文中用来承接上文并引起下文的词语。常用于通知、决定、报告等文种。一般结构特点：前面以一个介词结构承接上文，后面用一个基本固定的结构形式引起下文，如“根据……特作如下决定”“为了……提出如下意见”等。承启用语的上文一般较为简短，下文是文中内容的主体部分，多用条款形式表达。
批转用语	公文中表明对下级来文批示意见或向下批转、转发公文的词语。常用的有批示、审批、阅批、核阅、阅示、批转、转发、印发、发布、公布、下达等。
表态用语	公文中表示作者意见、态度的词语。按表态用语的轻重程度可分为明确表态用语、模糊表态用语。明确表态用语有“应、应该、同意、不同意、批准、照此办理、遵照执行、组织实施、贯彻落实”等。模糊表态用语有“原则同意、原则批准、似应、拟同意、参照执行、供参考、可借鉴、酌情处理”等。
征询用语	公文中表示征请、询问对有关问题意见的词语。主要用于上行文的结尾和平行文的结尾。常见的征询用语有“当否、可否、妥否、是否可行、是否妥当、是否同意、如有不当、如无不当、如有不妥、如无不妥、如果不行、如果可行、意见如何”等。

续表

引叙用语	公文中表示引述来文的词语。主要用于批复、复函、决定等。常用的引叙用语有“收、接、悉、前收、前接、现收、现接、近收、近接、惊悉、欣悉、收悉、闻、近闻、惊闻、欣闻、喜闻”等。
结尾用语	公文中表示全文结束的词语。不同的文种对结尾用语有不同的要求。如请示的结尾用语可用“以上请示当否，请批复”“妥否，请批示”“上述意见如果可行，请批准”等；报告的结尾用语可用“以上报告如有不当，请指示”“以上报告如无不当，请批转各地执行”等；其他如“为盼、为感、为谢、为荷、特此（通知、通告、批复、报告、函告等）、此复、此令、特予公布、自……起施行”；等等。
模糊语言运用	运用模糊语言的条件是，表述的内容比较模糊，暂时无法实施但又必须说明，表述需要留有余地等。一般有四类：①表示时间的模糊语词，如“现在、最近、近日、近几天、前几天、今年、正在、一度、上午、早晨、中午、下午、晚上、适当时候”等。②表示范围的模糊语词，如“每、各、有的、部分、少数、一些、个体、某种、某些、有关、以上、以下、大多数、主要、绝大多数”等。③表示程度的模糊语词，如“一般、比较、适当、很、极、显著、逐步、有所、进一步、基本上、大体上、普遍、几乎、原则上”等。④表示频率的模糊语词，如“经常、多次、不断、反复、接连、再次、往往、三令五申、连续”等。

三、公文稿本

公文稿本是指同一公文在撰写、审核、印制过程中形成的在形式、内容、作用上有所不同的文稿和文本。一般公文从草拟到印发直至归档，分别有不同的形式。一是草稿或称过程稿，这是草拟的公文原始稿件，供修改、讨论、审批使用，按成熟过程可以分为一稿、二稿、三稿……修改稿、讨论稿、征求意见稿等。二是定稿，即最后完成稿，这是文件的标准稿本，是印制正本的依据。三是正本，具有标准格式并签署或盖章的公文稿本。四是副本，亦称抄本，是正本的副本或复制本，主要供参阅、备查用。五是存本，指留存的正本，备工作查考用。六是试行本（或暂用本），一些法规性文件，在内容尚不成熟时，先以试行本（暂行本）的方式发布并试用。七是各种文字本，包括国内各少数民族文字文本和各种外文文本，必要时必须规定标准的文字文体。

流程要理顺

机关公文的办理程序包括两个方面的内容，一是发文办理，二是收文办理，这是好公文要过的最后一关。

一、发文办理程序

发文办理程序是指机关内部为制发公文所进行的创制、处置与管理活动应该遵循的基本程式和工作顺序。发文办理程序是一个不断形成和积累有效公文生成条件的过程，是发文机关履行法定职责，表达自身意志和愿望，创造、加工和记录、传递有用信息的过程。这一程序具有很强的确定性和不可逆性。

发文办理的一般程序为：**拟稿→会商→核稿→签发→注发→缮印→用印或者签署→分装→发出→处置办毕。**

第一，文稿的形成。具体包括：拟稿、会商、核稿、签发。①拟稿。即撰拟公文文稿。拟稿是机关工作人员的职责，既要求机关各类工作人员积极参与，也要求各级领导亲自动手草拟各类重要公文。②会商。指当公文的内容涉及其他有关同级或不相隶属机关以及相关部门的职权范围，需要征得其同意或配合时，所开展的协商协调活动。③核稿。指拟就的文稿在送交有关领导签发或会议讨论通过之前，由部门负责人或经验丰富、水平较高的文秘人员对文稿所做的全面核查。④签发。指由机关领导或被授予专门权限的部门负责人对文稿终审核准之后，批注正式定稿和发出意见并签注姓名、日期的活动。除一些规范性公文、重要领导或指导性公文须经有关正式会议讨论通过，再由负责人签署生效外，其他文稿一经履行签发手续即为定稿，即有正式效用的公文，因此，签发是绝大多数公文生效的必备条件。

第二，公文的制作。具体包括：注发、缮印、用印或签署。①注发。指定稿形成后批注、缮写、印发要求的活动，作用是使签发意见进一步具体化、技术化。②缮印。即采取誊录抄写、印刷等方式制作完成后形成的公文。③用印或签署。即在正式印刷完毕的公文上加盖发文机关的印章，或请有关领导在公文正本上签注姓名，表明公文的正式性质和法定效力。

第三，公文的传递。包括分装、发出等环节。①分装。指按照具体规定和发送对象拣配和封装公文。②发出。将已封装完毕的公文以适当的方式发送给主送或者抄送对象。

第四，公文后续工作。即处理办完的公文。工作内容有立卷、归档、暂存、销毁等。

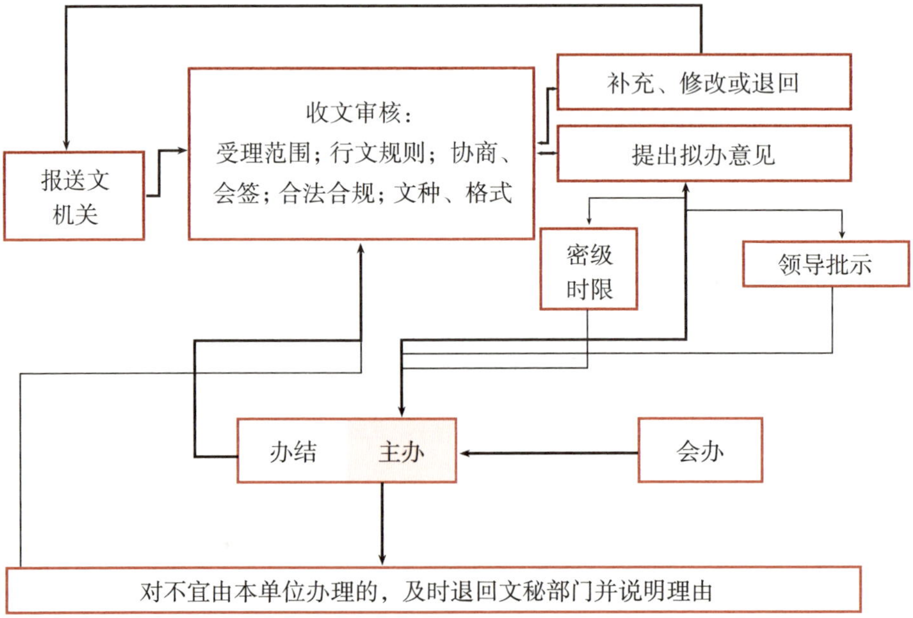

图4-10　下级机关报送公文处理

二、收文办理程序

即处理来自本机关外部的公文所遵循的基本程式和工作顺序。

第一，接收公文。①签收。指确认、清点、核对、检查、签注手续之后收取公文。签收工作由专职或兼职收发人员或通讯人员完成。②启封。公文统一或分别由办文人员签收后，统一启封或径送有关领导启封。③登记。为掌握公文运转办理情况和查阅线索，收发人员在完成签收工作后，对收发情况做简要记载。

第二，办理收文。是指对收文进行阅读、分析研究，从中获取信息，了解或解决所针对的事务或问题的过程。

① 拟办。由有关人员对文件进行阅读分析，提出处理意见和建议，提供可供选择的方案，供领导审核定夺。做好拟办工作需注意：

★弄清文件的意图、问题的性质与实际状况；

★拟办意见要简明、具体、得体；

★如果所提方案有两个或两个以上，应将倾向性意见排在前面；

★要在“公文处理单”上工整、清晰地填写好意见，签注姓名日期。

② 请办。也叫注办，指机关办公厅（室）或者综合部门根据授权或有关规定，将需要办理的公文注请主管领导指示或主管部门研办。对需要两个以上部门办理的，应当指明主办部门。

③ 批办。机关负责人阅读分析文件后，提出处理意见。这是一项履行法定事务处置权的决策活动，规定了对具体文件的处置方法、程序、具体承办责任、承办原则与要求等，对公文效用的实现具有决定性影响。

机关负责人在“公文处理单”上批办公文时要注意：

★不能越权批办；

★严格控制批办范围；

★批办的意见要明确、具体、切实可行；

★采取措施保证批办意见执行；

★如果待办的问题自己无权或无法处置，可将批办改为拟办。

④ 分发。指经过收文筛选分类后，依一定标准和要求分送有关部门和人员阅知办理的活动。其主要依据是：文件的性质、重要程度、涉密程度、紧急程度、内容所涉及的职责范围等。

⑤ 承办。即具体承接处置文件内容所针对的事务与问题的活动，是公文处理的中心环节。为使文件所涉及的问题得到解决，承办可采取召集会议、面谈讨论、电话沟通、实地调查指导、现场协调布置等方式。承办是各级文秘人员的重要职责，其依据是有关法规、指令、决定等。更具体的依据往往是上级领导依照法规、决议等作出的批示、口头指令或以其他形式传授的意图。

第三，组织传阅与催办查办。①组织传阅。指独份或份数很少的公文需经多部门或多位工作人员阅知处理时，公文在办理部门和人员之间得到有效传递和阅读。②催办。由公文处理机构根据承办时限和有关要求，对公文承办过程实施的催促检查活动。③查办。由公文处理机构或其他专门组织（如督查室、绩效办等），对重要公文执行情况所进行的核查协办活动。

第四，办毕公文的处置。①立卷归档。将办理完毕的具有查考价值的文件材料，按其一定的联系、性质和保存价值分类整理，编立成案卷，并移交档案部门保管。立卷归档的程序是，编制立卷类目（分类归卷方案）、平时归卷、年终调整、排列卷内文件与编号、填写卷内文件目录与备考表、拟写案卷标题（题名）、填写封皮与装订、案卷排列与编目、归档。②清退。向原发文机关或指定的其他机关退还属于清退范围的公文。③销毁。对已不具备留存价值的公文，在履行审批手续之后予以销毁。④暂存。对不属于上述范围的公文暂时予以保存。

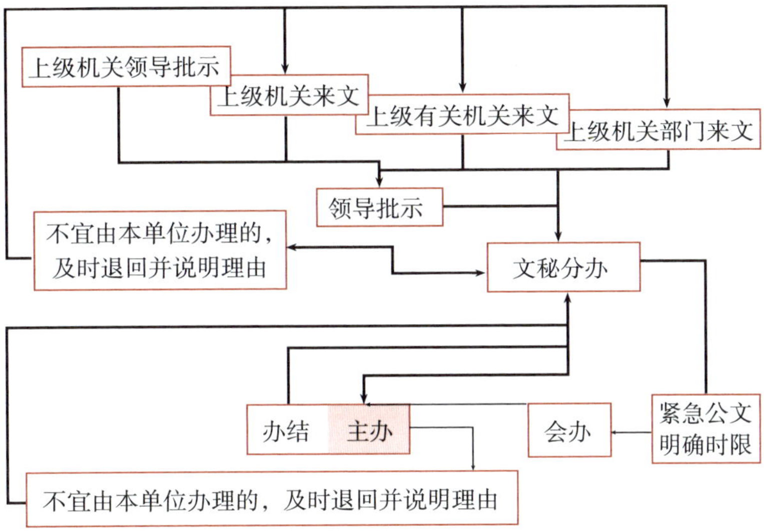

图4-11 上级机关交办公文处理

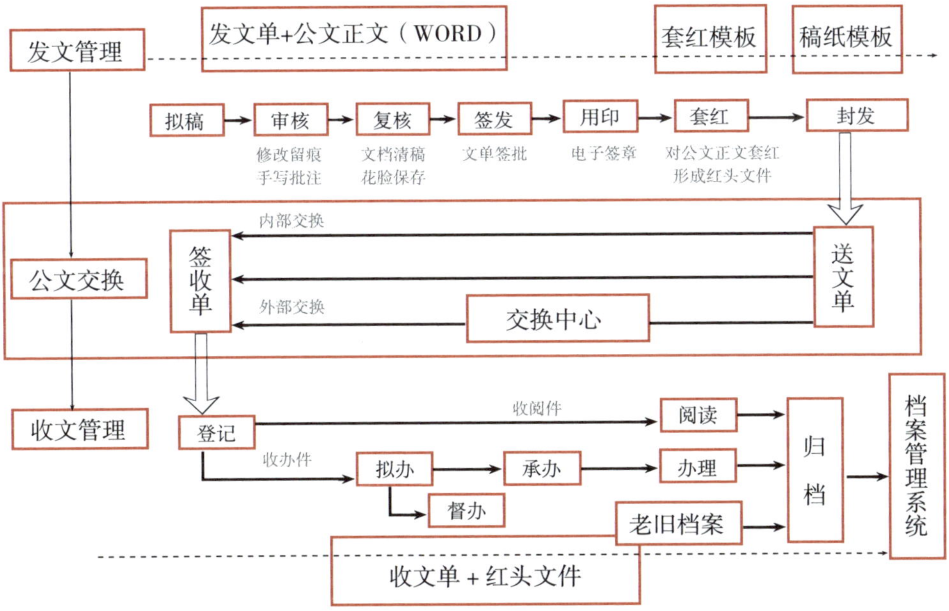

图4-12 机关公文处理流程示意

伍

第五章 4招改出好公文

依法办文

初审、细查和推敲

四层审核法

“热”改、“冷”改、“请”改和“诵”改

审核常见十类问题

综合一练

一般而言，各级机关单位的办公室是公文处理的管理机构，主管本机关的公文处理工作并指导下级机关的工作。公文送负责人签发前，应当由办公室进行审核。办公室审核，首先是办公室秘书人员审核后，再报送办公室主任审核，这既是对办公室文秘地位作用的承认和肯定，也是对办公室地位作用的承认和肯定。

依法办文

是否依法办文，是公文审核的第一要素。公务文书作为机关单位管理事务的一种重要工具，具有联系工作、实施管理的重要功能。在公文审核的过程中，首先要把握依法行政的尺度，也就是说，任何公文的拟制与颁布，必须体现法治精神，贯彻依法治事的理念。具体而言，在审核公文的过程中：

一是要确保公文的内容不得与各种法律、法规及规章相抵触。内容合法是公文具有权威性和效力性的前提。《党政机关公文处理工作条例》规定，公文的处理必须“符合国家的法律、法规及其他有关规定”。公文的内容不能违背各种通用法律、法规和规章，不能与各种行业性法律、法规和规章相抵触，更不能出现违反法规、政策的公文。

二是要确保按规定使用文种。文种的作用在于表明文件的性质、制发的目的、要求与用途，便于收文机关进行文书处理。文种及其使用不是由某一机关随意确定的，必须遵循国家的有关规定。在实际工作中，办公室文秘要严格按照国家关于文种使用的规定，正确选择和使用文种。

三是要确保按规定使用公文格式。《党政机关公文格式》对机关公文的用纸、排版、格式、规格与印刷、装订等都有明确的要求，办公室文秘要严格按照这些规定，抓好文件审核，使本单位、本部门制发的文件准确体现工作意图，文件内容前后衔接，用语规范简练，形式合规。

四是要确保按照行文规则来制发和处理文件。行文规则是各级机关公文往来共同遵守的制度和原则。遵守行文规则能保证公文传递方向正确、快捷有效，避免公文旅行，阻止部分公文进入不必要的流通渠道，保证公文得到及时、正确的处理。要根据与主送机关的工作关系，在自己的职权范围内正确行文，达到以文会事、以文办事的目的[①]。

初审、细查和推敲

对于党政机关常用公文以及事务性公文，在审核的过程中，重点要把握初审、细查和推敲三个环节。

一、初审环节

初审环节的审核要点主要有以下几个方面：

第一，是否需要行文。要按照中央八项规定及其实施细则关于精简会议、文件的工作要求，对可发可不发的文件坚决不发，能采取打电话等途径解决的问题不行文，切实担负起减少文山会海的职责。对非行文不可的也要严格把关，看是否可行，确保公文质量。

第二，是否符合党的方针政策。凡公文都要符合党的方针政策，凡改变现行政策规定或提出新的政策规定，要切实可行，并与原有规定相衔接。切不可另搞一套，与中央政策相违背，或者搞上有政策、下有对策那一套。

第三，是否符合公文格式。所谓公文格式，即公文规格式样，主要内容包括公文通用纸张尺寸、规格、书写形式和公文各组成部分的排列顺序。按照《党政机关公文处理工作条例》的规定，公文一般由秘密等级、保密期限、紧急程度、发文机关标识、发文字号、签发人、标题、主送机关、正文、附

---

① 参见李中锋：《高校办公室应依法行政》，《秘书之友》2004年第4期。

件说明、成文日期、印章、附注、附件等要素构成。格式上常见问题是乱用红头、文种相混、主送机关不清、漏项错项等。

第四，观点与材料是否一致。公文的观点极为重要。首先要看公文标题是否清晰，文件的观点与材料是否一致，谈观点没有材料和谈材料没有观点是撰写公文的大忌。毛泽东同志曾经说过，“把材料和观点割断，讲材料的时候没有观点，或者讲观点的时候没有材料，材料和观点互不联系，这是很坏的方法。只提出一大堆材料，不提出自己的观点，不说明赞成什么反对什么，这种方法更坏。要学会用材料说明自己的观点。必须要有材料，但是一定要有明确观点去统率这些材料。材料不要多，能够说明问题就行，解剖一个或者几个麻雀就够了，不需要很多”[①]。

第五，语言是否准确简洁。公文语言的要求，一是要准确，二是要简洁。所谓准确，就是指公文的用语要恰如其分地表达公文的内容，使人一看就知道公文的中心思想和基本精神，要注意语言含义的单一性，绝对不能模棱两可，似是而非。所谓简洁，就是要简明扼要，没有多余的话，用较少的文字表达较丰富的内容。鲁迅先生说：“写完后至少看两遍，竭力将可有可无的字、句、段删去，毫不可惜。宁可将可做小说的材料缩成sketch，决不将sketch材料拉成小说。”[②]

二、细查环节

公文初步审核后，不能马上送领导签发，办公室文秘必须认真检查，反复修改。常言说：“文章不厌百回改。”“改比写还难”是很有道理的。在某种意义上说，文章是改出来的。办公室文秘特别是办公室负责人要对公文反复检查修改。查，重点要查观点、查材料、查结构、查衔接、查遗漏、查重复、查矛盾、查格式、查字词、查标点。以上诸项，不论哪个方面出了问题，都会影响公文质量和领导机关威信。办公室文秘特别是办公室负责人作为公文

① 参见《毛泽东新闻工作文选》，新华出版社1983年版。

② 参见《鲁迅全集》第四卷，人民文学出版社1956年版。

的最后把关人和检查官，细查每一份公文，是基本职责，也是确保机关形象和推动事项有效办理的重要措施。

三、推敲环节

是指把已写好的公文从头到尾用“语法、修辞、逻辑”三把尺子进行衡量。有的句子从语法角度看没有问题，但不符合逻辑要求；有的句子符合语法要求，但修辞使用不好。同时，还要从义理、考据、辞章统一的角度，认真审核每一篇公文。所谓讲义理，就是要求公文做到观点正确，论据充分；讲考据，就是公文所引用的材料和作为铺垫的材料要准确、充分，有说服力；讲辞章，就是公文的形式要好。同时要做到准确性、鲜明性、生动性相结合。准确性属于概念、判断、推理问题，即逻辑问题；鲜明性、生动性主要是辞章问题。毛泽东同志曾经指出：现在许多公文的主要缺点，一是概念不明确，二是判断不恰当，三是使用概念和判断进行推理的时候又缺乏逻辑性，四是不讲究辞章。看这种文件是一场大灾难，耗费精力又少有所得。①

古语云：“言之无文，行而不远。”办公室文秘要有“文以载道”的历史责任感，统揽全局，严格把关。对公文的字、词、句、段、开头、结尾、前后照应，各层级之间的逻辑关系及平稳过渡等方面都要逐一分析、推敲、检查、修改，直至将公文修改得观点正确，材料充实，结构严谨，文字简洁，语言通顺，符合公文格式要求，无懈可击时，方能定稿，送领导签发。

四层审核法

以上主要介绍了党政机关常用公文以及事务性公文审核的方法和要领，

① 参见毛泽东《工作方法六十条》之《文章的“三性”和写作方法》。

对于法规性公文，如章程、条例、规定、办法、细则、规则、制度、守则、公约等，具有强制性、针对性、严密性等特点，在审核这类法规性公文时，一般要从以下四个方面进行：

一、程序审核

按照《规章制定程序条例》《党政机关公文处理工作条例》《中国共产党党内法规制定条例》的要求进行审查。重点要抓住法规性公文的立项、起草、审查、决定、公布、印发、解释、备案等环节。具体来说，就是要看立项是否必要周全、起草是否全面科学、审查是否完备周延、决定是否程序正当、公布是否及时有效、印发是否范围恰当、解释是否清晰全面、备案是否规范及时等。

二、形式审核

主要是合法与适当的审查。

所谓合法，一看立法权限上是否有法律依据，超出法律规定权限的一律无效。也就是说，只有有立法权的机关和单位，才能制发这一类文件，超越权限的制发，就是越位。二看立法程序上是否合法，必须遵循法定程序，即严格按照党的机关和行政机关法规制定程序的规定执行。三看立法内容上是否合法，必须为上位法所容且不违背上位法。也就是说，首先要符合上位法，不能违反上位法的规定，否则就是无效的规定。

所谓适当，一看立法动机是否良好，要从国家和整体利益出发。不能把国家立法变成部门立法，把部门立法变成个人立法，更不能把部门利益法制化、法制利益个人化。二看立法有无充分的实践基础和经验。立法是把长期有效的带有规律性的规定，上升为法的规定，丰富的实践基础是立法的基础条件，凡是那些没有经过长期实践检验证明为行之有效的内容，不能纳入法的规定。三看立法内容是否合乎常理，平等对待各方当事人。法规条文的内容必须客观公正，照顾到方方面面的利益关系，不能顾此失彼，有失公正。四看同位法之间是否协调一致。也就是说，相关或者相近法规之间关于某一问题的规定，是否协调一致，是否存在依法打架的现象。否则，就是不成熟的规定。

三、结构审核

逻辑结构上，规章制度的结构一般可以分为标题、序言、正文、结尾四部分。形式结构上分为卷、编、章、节、条、款、项、目。结构布局上，要求做到结构严密、逻辑严谨、层次清晰、简洁明确。一要以表述明晰和理解方便为标准。二要以内容多寡和复杂程度为尺度。三要尊重习惯用法和国情。一般是编、章、节、条、款、项、目。四要协调照应新法与旧法、此法与彼法、母法与子法之间的关系。五要注意各结构单位的设置和编排，做到规范、统一、合理、严密[①]。

四、内容审核

对法规性公文的内容审查，要求做到熟悉业务、把握前沿、掌握规则、精晓文字、潜心琢磨，并与起草单位和相关当事人共同协商。熟悉业务，就是要对法规性公文要规范的对象、内容和状况有充分的了解，不说外行话、不办外行事。把握前沿，就是要知晓该领域业务的最新发展和最新动态，不说过时话，不办糊涂事。掌握规则，就是要按照行政法规制定程序条例的要求或者制发法规性公文的通行要求，严格审核把关。

---

① 参见曹康泰、汪永清主编：《立法法释义》，中国法制出版社2001年版。

“热”改、“冷”改、“请”改和“诵”改

古人“两句三年得，一吟双泪流”的诗句，充分说明了公文审核修改的艰巨性和重要性。应该说，好公文都是改出来的。著名作家何其芳曾经说过，一般文章的毛病，主要有12个方面：

1.抽象笼统，叙事不具体，说理不分析；

2.根据不足，就下断语，我要怎样说就怎样说，信不信由你；

3.强调一点，不加限制，反驳别人，易走极端，没有分寸，不够周密；

4.大家都知道的事情说得很多，以为只有自己知道别人不知道；

5.别人不知道的事情说得很少，以为自己知道别人也知道；

6.许多事情和问题，随便放在一起，没有中心，没有层次，逐段读时也还可以，读完以后一片模糊；

7.写到下句不管上句，写到后面不管前面；

8.信手拈来，离题万里，偏又爱惜，舍不得割弃；

9.抄书太多，使人昏昏欲睡；

10.生造词语，乱用术语，疙疙瘩瘩，词不达意；

11.没有吸取说话里面的单纯易懂、生动亲切等好处，只剩下说话里面的啰唆重复、马虎破碎等缺点；

12.没有学到外国语法的精密，却模仿翻译文字造长句子，想把天下的事情一口气说完，一直是逗点到底。[①]

修改公文一般有四种做法：

一是“热”改。公文写完后，趁热打铁，马上开始修改，看看体例、提纲、谋篇布局是否达到要求和预期目的，并及时添加当时写作时遗漏的一些

① 参见何其芳：《谈修改文章》，载《何其芳文集》第四卷，人民文学出版社1983年版。

内容和佳句。

二是“冷”改。即公文写完后，如果时间允许，搁置一段时间，甚至更长的时间进行冷处理，待当时的写作激情彻底消退后，再拿出来重新斟酌，跳出原来的写作思维和框架进行审视，以一种客观、挑刺的心理进行修改，看结构是否严谨，内容是否充实，词语是否妥帖。

三是“请”改。请领导、行家里手和专家把关修改。

四是“诵”改。特别是领导讲话稿，吟诵读改是非常好的方法。古人写诗讲究反复吟诵，道理皆然。公文写作也要反复诵读，不能只在心里默读，文章经过“冷热”处理后，至少还要诵读三遍。只有这样，才能发现哪些语句长短不合适，哪些地方有丢漏字和错别字，哪些话语不适合领导的语气和口吻，等等，从而使公文达到字、词、句、篇圆融统一，珠联璧合。众所周知，厚积才能薄发，深入才能浅出。无论是博学、深思还是勤写，都要求办公室文秘抵得住诱惑、耐得住寂寞、守得住孤灯、坐得住冷板凳，这样才能修成正果，妙笔生花。

审核常见十类问题

从机关工作实践来看，审核公文常见的问题主要有十类，掌握这些知识，就能够在实际工作中游刃有余，甚至成为拟制公文的行家里手。

一、标题问题

主要错情有：要素不全、乱用文种、提炼不精、题不达意、用词重叠、滥用符号等。

（一）要素不全。常见的问题有三种：一是随意省略发文机关。一些基层部门随意制发没有版头（发文机关标识）的文件，比如，《关于上报2023年党支部工作要点的报告》。处理原则是：没有版头的下行文、上行文均不得省略发文机关；凡是有版头（发文机关标识）的，为避免公文标题累赘，也可以不标明发文机关。二是随意省略事由。如，《××旗人民政府决定》。这种公文，容易引起歧义和误解。三是随意省略文种。如，《××局关于召开全市水土保持工作会议的有关事宜》，"事宜"后缺文种，需要加上"通知"。

（二）乱用文种。常见的问题有三方面。一是生造文种。如，《××局关于解决办公室的申请》。申请不是规范的文种，可以修改为"请示"。二是混用文种。如，《××局关于购买办公设备经费的请示报告》。文种中，请示与报告的区别比较大，前文已经做了详细说明，不能并用，这里要改成"请示"。三是错用文种。如，《××局关于解决项目前期费的报告》，这里"报告"和"请示"错用，凡是要求批复的报告，一律要用"请示"文种。

（三）提炼不精。如，《××部关于认真做好汛期水库防汛和淤地坝防汛工作及进行汛前安全大检查的通知》，太啰唆冗长，修改成《××部关于认真做好各类水利工程防汛工作的通知》，就显得简洁多了。

（四）题不达意。一是事由不清。如，《××局关于××河流改造的请示》，从题意上看，是请示改造河流，实际上是请求解决经费。应改为《××局关于解决××河流治理经费的请示》。二是题意不清。如，《××旗人民政府关于粮食问题的通知》，其中缺少"价格""收购"等词语限制中心词"问题"，未能准确反映公文表达的主要内容。

（五）用词重叠。如，《××县人民政府关于转发××市人民政府关于转发××省人民政府关于转发国务院关于坚决制止占用基本农田进行植树等行为的紧急通知的通知的通知的通知》，这里用了四级通知，冗长而不符合规范，修改为《××县人民政府关于转发坚决制止占用基本农田进行植树等行为的紧急通知》。

（六）滥用符号。公文标题中除法规、规章名称加书名号外，一般不用标点符号。如，《中共××区党委办公室关于印发〈××书记在××会议上讲话〉的通知》，应该把书名号中的单书名号删除。

（七）介词不当。一是"关于"和"对"。比如，《关于对××修改意见的函》，应该把“对”删除，修改为《关于××修改意见的函》。二是两个“关于”。如，《北京市关于转发国家卫生健康委关于进一步加强甲型H1N1流感防控工作意见的通知》，要删除其中的一个“关于”，修改为《北京市转发国家卫生健康委关于进一步加强甲型H1N1流感防控工作意见的通知》。三是“通知”问题。作为下行文时，意见本身是一个文种，不需用通知文种来印发，显得重复累赘。比如，《国家机关事务管理局印发关于进一步加强××管理的意见的通知》，应当修改为《国家机关事务管理局关于进一步加强××管理的意见》。

（八）乱用标点。标题中随意使用标点符号的问题。如，《关于转发财政部、住房城乡建设部关于××通知的通知》，应该删除其中的顿号，修改为《关于转发财政部住房城乡建设部关于××通知的通知》；《中共中央办公厅、国务院办公厅关于××的通知》，应当修改为《中共中央办公厅 国务院办公厅关于××的通知》。

（九）随意简称。比如，“国家发展和改革委员会”应该简称为“国家发展改革委”，“住房和城乡建设部”应当简称为“住房城乡建设部”，“国家卫生健康委员会”应当简称为“国家卫健委”，“人力资源和社会保障部”应当简称为“人力资源社会保障部”，等等。

二、主送问题

在特殊情况下，公文主送多位领导时，按照中央办公厅秘书局有关规定，遵守礼宾顺序，前高后低的原则排序，比如，“李克强总理、王勇国务委员”。

三、正文引文问题

在文中引用标题，标题有发文机关的，应为《发展改革委关于印发××的通知》；标题无发文机关的，应在书名号外加发文机关，发文机关可用规范简称，如，发展改革委《关于印发××的通知》。文中首次引用公文用全称，后面注明发文字号；再次引用直接引为“文号+文件”。如，首次引用：根据

《中共中央办公厅 国务院办公厅关于印发××的通知》（中办发〔2023〕×号）要求……再次引用时写为“中办发〔2023〕×号文件规定”。

四、规范化简称问题

使用非规范化简称时，应在首次出现时用全称并注明简称。如，《中华人民共和国药品管理法》（以下称药品管理法），应当修改为《中华人民共和国药品管理法》（以下简称药品管理法）。

五、数字问题

一是阿拉伯数字、年份在行文中不能断开，分成两行表述，即不能回行表述。

二是除特定情况下需要使用汉字数字外，正文中一般使用阿拉伯数字。

三是在公文中主要使用阿拉伯数字，如表示数量、长度、高度、面积、体积、重量和百分比等。词、词组、成语、惯用语、缩略法和具有修辞色彩语句中作为词素使用的数字应用汉字。如，50%不能写成百分之五十，20世纪90年代不能写成二十世纪九十年代，党的十四大不能写成党的14大，七上八下不能写成7上8下，一个小组不能写成1个小组。

四是记数和计量一般使用阿拉伯数字，包括正负整数、小数、分数、百分比、比例、约数等，如，30个单位，1.5万元，工资支出占总支出的1/3，收入同比增加了50%，处级以上干部与科级以下干部的比例为1:1.5，5000余人参加了会议。

五是相邻两个数字连用表示概数的，带有“几”字的约数，定型的词、词组、成语、惯用语、缩略语以及具有修辞色彩的词语中作为语素的数字，必须使用汉字。如，几十人不能写成几10人，一穷二白不能写成1穷2白，星期五不能写成星期5。相邻两个数字连用表示概数的，两个数字之间不能用“、”隔开。如，七八十人不能写成7、80人或者七、八十人。

六是表示数值范围，前后都要加单位，如，1—2万人要修改为1万—2万人，50—70%要修改为50%—70%。

七是法规和公文中“以上”“以下”均含本数或本级，如，20岁及20岁以上修改为20岁以上。

六、错字别字以及易混淆字词问题

（一）写作过程中用错字和别字问题

常用词正误对照表[①]

正	误	正	误	正	误
按部就班	按步就班	唉声叹气	哀声叹气	安　装	按　装
安详	安祥	黯然	暗然	爱不释手	爱不失手
部署	布署	部署	部暑	辨别	辩别
辩证法	辨证法	遍体鳞伤	遍体麟伤	编纂（zuǎn）	编篡（cuàn）
变本加厉	变本加利	不胫而走	不径而走	不知所措	不知所错
不计其数	不记其数	不胫而走	不颈而走	不辨菽麦	不辨菽黍（shǔ）
不屑一顾	不肖一顾	不卑不亢	不卑不抗	不可思议	不可思义
不徇私情	不殉私情	步入正轨	步入正规	拨乱反正	拨乱返正
并驾齐驱	并驾齐躯	并行不悖（bèi）	并行不背	病入膏肓（huāng）	病入膏盲（máng）
百感交集	百感交积	鞭挞（tà）	鞭鞑	鞭笞（chī）	鞭苔（tái）
跋扈	拔扈	跋扈（hù）	跋户	捭阖（bǎi hé）	俾（bǐ）阖
裨（bì）益	稗（bài）益	稗（bài）官野史	裨（bì）官野史	班门弄斧	搬门弄斧
卑躬屈膝	卑恭屈膝	报销	报消	璀璨	璀灿

① 国务院办公厅秘书一局编：《易混易错常用公文字词辨析》，2005年9月。

续表

正	误	正	误	正	误
戳穿	戮穿	惩前毖后	惩前毙后	常抓不懈	长抓不懈
川流不息	穿流不息	粗犷	粗旷	惨无人道	残无人道
惨绝人寰	惨绝人环	残酷	惨酷	称心如意	趁心如意
出类拔萃	出类拔粹	草菅（jiān）人命	草管人命	锤炼	锤练
辰巳午未	辰已午未	痴心妄想	痴心忘想	陈词滥调	陈词烂调
从中斡（wò）旋	从中翰（hàn）旋	担心	耽心	档案	挡案
当仁不让	当人不让	调拨	调拔	待价而沽	待价而估
赌博	赌搏	断壁颓垣（yuán）	断壁颓桓（huán）	断章取义	断章取意
殚（dān）精竭虑	惮（dàn）精竭虑	玷污	沾污	掉以轻心	调以轻心
咄咄逼人	拙拙逼人	锻炼	锻练	读书札（zhá）记	读书扎记
砝码	法码	妨碍	防碍	负隅顽抗	负偶顽抗
赋予	赋于	副主任	付主任	风尘仆仆	风尘扑扑
风言风语	风言风雨	风靡一时	风糜一时	风声鹤唳（lì）	风声鹤泪
发人深省	发人深醒	发扬光大	发扬广大	丰功伟绩	丰功伟迹
反复无常	翻复无常	反映意见	反应意见	翻云覆雨	反云覆雨
奋发图强	愤发图强	敷衍了事	敷演了事	关键	关健
关怀备至	关怀倍至	攻讦	攻奸	各行其是	各行其事
刚愎（bì）	刚腹（fù）	辜负	姑负	灌输	贯输
高官厚禄	高官厚录	感人肺腑	感人肺符	亘古未有	恒古未有
观摩活动	观磨活动	功亏一篑（kuì）	功亏一匮（kuì）	鬼鬼祟祟（suì）	鬼鬼崇崇（chóng）
怙恶不悛（quān）	怙恶不俊	改弦更张	改弦更章	含辛茹苦	含辛如苦
寒暄	寒喧	好高骛远	好高鹜远	汗流浃背	汗流颊背
骇人听闻	害人听闻	灰心丧气	恢心丧气	焕然一新	换然一新
和蔼	和霭	和盘托出	合盘托出	虎视眈眈	虎视耽耽
横渡长江	横度长江	欢度国庆	欢渡国庆	哄堂大笑	轰堂大笑

续表

正	误	正	误	正	误
火中取栗（lì）	火中取粟（sù）	会晤	会唔	海市蜃楼	海市唇楼
借鉴	戒鉴	戒骄戒躁	戒骄戒燥	畸形	畸型
痉挛	痉孪	伎俩	技俩	检察院	检查院
矫揉造作	娇柔造作	矫枉过正	矫往过正	剑拔弩张	箭拔弩张
既往不咎	既往不纠	记忆犹新	记忆尤新	计划缜（zhěn）密	计划慎密
兢兢业业	竟竟业业	戛然而止	嘎然而止	矜持	矜恃
鞠躬尽瘁	鞠躬尽粹	精神涣散	精神换散	嘉宾满座	嘉宾满坐
缄口不言	箴口不言	艰难困苦	坚难困苦	截长补短	接长补短
接踵而来	接踪而来	迥（jiǒng）然不同	恫（dòng）然不同	赳赳武夫	纠纠武夫
倔强（jiàng）	倔犟（jiàng）	绝对服从	决对服从	竣工	峻工
开源节流	开源截流	宽宏大量	宽洪大量	刻苦耐劳	克苦耐劳
脍（kuài）炙人口	烩（huì）炙人口	口干舌燥	口干舌躁	苦心孤诣（yì）	苦心孤旨
篮球	兰球	篮球	蓝球	蓝色	兰色
掠美	掳美	洛杉矶	洛杉机	联络处	连络处
鳞次栉（zhì）比	鳞次节比	临摹	临摩	老奸巨猾	老奸巨滑
滥竽充数	滥芋充数	流连忘返	留恋忘返	雷同	类同
利害得失	厉害得失	厉行节约	励行节约	寥寥无几	廖廖无几
礼尚往来	礼上往来	浏览	流览	勠（lù）力同心	戳（chuō）力同心
良莠（yǒu）不齐	良秀不齐	民生凋敝	民生凋蔽	名列前茅	名列前矛
明辨是非	明辩是非	漠不关心	莫不关心	莫衷一是	莫中一是
墨守成规	默守成规	摩拳擦掌	磨拳擦掌	脉搏	脉膊
脉络分明	脉胳分明	貌合神离	貌和神离	模糊不清	摸糊不清
面面俱到	面面具到	毛骨悚然	毛骨耸然	年龄	年令
奴颜婢（bì）膝	奴颜卑膝	呕心沥血	讴心沥血	彷徨	傍徨

续表

正	误	正	误	正	误
贫瘠	贫脊	迫不及待	迫不急待	破釜沉舟	破斧沉舟
披星戴月	披星带月	蓬荜生辉	篷筚生辉	纰漏百出	批漏百出
谴责	遣责	气势汹汹	气势凶凶	气喘吁吁	气喘嘘嘘
穷兵黩（dú）武	穷兵赎武	沁人心脾	泌人心脾	罄竹难书	磬竹难书
前仆后继	前扑后继	情不自禁	情不自尽	强弩之末	强努之末
千钧一发	千钧一发	却之不恭	缺之不恭	恰如其分	洽如其分
恰如其分	恰如其份	乔装打扮	巧装打扮	迁徙（xǐ）	迁徒
顷刻之间	倾刻之间	敲诈勒索	敲榨勒索	人情世故	人情事故
人心惶惶	人心慌慌	人言啧啧（zé）	人言责责	入不敷（fū）出	入不付出
入场券（quàn）	入场卷（juàn）	认识肤浅	认识浮浅	融会贯通	融汇贯通
融洽	融恰	如法炮制	如法泡制	如火如荼（tú）	如火如茶
任劳任怨	认劳认怨	耳濡目染	耳儒目染	煞费苦心	杀费苦心
潸然泪下	潜然泪下	赡养父母	瞻养父母	松懈	松泄
松弛	松驰	师傅	师付	深邃	深遽
申酉戌（xū）亥	申酉戍（shù）亥	疏浚	疏竣	司空见惯	四空见惯
世外桃源	世外桃园	事过境迁	事过景迁	实事求是	实是求事
死心塌地	死心踏地	史无前例	史无前列	始终不渝	始终不逾
肆无忌惮	肆无忌弹	肄（yì）业	肆（sì）业	熟视无睹	孰视无睹
随声附和	随声附合	三番五次	三翻五次	稍纵即逝	少纵即逝
商榷（què）	商确	首屈一指	手屈一指	授予奖章	受予奖章
铤而走险	挺而走险	恬不知耻	括不知耻	提纲	题纲
提纲挈（qiè）领	提纲携（xié）领	通货膨胀	通货膨涨	无独有偶	无独有隅
毋宁	母宁	无所适从	无所是从	萎靡不振	委糜不振
委曲求全	委屈求全	味同嚼蜡	味同嚼腊	唯命是听	惟命视听
万事亨通	万事享通	枉费心机	妄费心机	戊戌（wù xū）变法	戎戍（róng shù）变法

续表

正	误	正	误	正	误
销声匿迹	消声匿迹	销赃灭迹	销脏灭迹	相形见绌（chù）	相形见拙（zhuō）
徇私舞弊	殉私舞弊	循规蹈矩	循规导矩	循序渐进	寻序渐进
心灰意懒	心恢意懒	心狠手辣	心狠手棘	心怀叵（pǒ）测	心怀巨测
心浮气躁	心浮气燥	训练	训炼	熙熙攘攘	熙熙让让
星罗棋布	星罗旗布	修葺（qì）一新	修茸（róng）一新	喧宾夺主	宣宾夺主
学识修养	学识休养	揠（yà）苗助长	偃（yàn）苗助长	偃旗息鼓	揠旗息鼓
湮（yān）没不闻	淹没不闻	赝（yàn）品	膺（yīng）品	杳无音信	沓无音信
一鼓作气	一股作气	一笔勾销	一笔勾消	一如既往	一如即往
一片狼藉	一片狼籍	一枕黄粱	一枕黄梁	一一列举	一一例举
一抔（póu）黄土	一杯黄土	一窍不通	一窃不通	一劳永逸	一劳永易
一切就绪	一切就序	一帆风顺	一番风顺	饮鸩（zhèn）止渴	饮鸠止渴
扬长而去	扬常而去	言谈诙谐	言谈恢谐	言简意赅	言简意骇
义不容辞	义不容词	以逸待劳	以逸代劳	阴谋诡计	阴谋鬼计
庸庸碌碌	庸庸录录	语无伦次	语无仑次	运筹帷幄	运筹帷握
谒（yè）见	竭见	演绎归纳	演译归纳	缘木求鱼	沿木求鱼
优柔寡断	忧柔寡断	贻（yí）笑大方	遗笑大方	执着	执著
再接再厉	再接再励	走投无路	走头无路	振聋发聩	震聋发聩
置若罔闻	置若网闻	真相大白	真像大白	真知灼见	真知卓见
针灸	针炙（zhì）	崭露头角	暂露头脚	锱铢（zī zhū）必较	锱珠必较
中流砥柱	中流抵柱	召之即来	召之既来	直截了当	直接了当
自寻烦恼	自寻烦脑	自顾不暇（xiá）	自顾不遐（xiá）	惴惴（zhuì）不安	揣揣（chuǎi）不安
恣意妄为	姿意妄为	姿态	恣态	遵循	尊循

（二）写作过程中易混淆字词的问题

常见的有“截至”和“截止”，“账”和“帐”，“其他”和“其它”，“报道”和“报导”，“必需”和“必须”，“下发”和“印发”，“制订”和“制定”，“像”和“象”，“公布”、“发布”和“颁布”，等等。

易混字辨析[①]

辨—辩。辨是辨别；辩是辩论。

板—版。板是木板、石板；版是图版、出版物。

步—部。步是步伐、进步；部是部署，如按部就班。

折—拆。折是断，又曲折；拆是分裂。

储—贮。储是储蓄；贮是贮藏，亦作储藏。

绌—拙。绌是不足、支绌；拙是笨拙。

谗—馋。谗是说人坏话；馋是贪吃。

辞—词。辞是辞令、修辞、辞费、辞谢；词是一种文体，如词锋、词牌。

渡—度。渡是过渡（由此岸渡到彼岸）；度是过度（过分的意思）、度日、法度。

档—挡。档是保存、归档；挡是阻挡、排挡。

锭—绽。锭是纱锭、钢锭；绽是破绽。

代—待。代是代替、交代；待是等待、接待。

泛—汛。泛是浮泛；汛是定期涨水。

幅—辐。幅是周边范围；辐是轮辐。

烦—繁。烦是心头不快；繁是杂而多，引申为繁华。

废—费。废是废除、废弃；费是消费、浪费。

---

① 国务院办公厅秘书一局编：《易混易错常用公文字词辨析》，2005年9月。

奋—愤。奋是奋发、奋斗；愤是愤慨、发愤。

妨—防。妨是妨害；防是防止。

供—贡。供是供给、供奉，又因讯问而自己承认叫自供；贡是献。

概—盖。概是统括的意思，如概要，又有大略的意思，如大概；盖是遮盖。

皇—黄。皇是张皇、仓皇、堂皇；黄是玄黄、苍黄（仓皇与苍黄同义）。

竟—竞。竟是完毕、从头到尾、终于、出于意料之外；竞是竞争、竞赛。

积—绩。积是聚；绩是搓，如绩麻，又作功业、成就。

籍—藉。籍是书籍，籍贯；藉是依靠，简化为“借”，但“杯盘狼藉”不能写作“杯盘狼借”。

距—矩。距是距离；矩是规矩，又（力×力臂）为矩。

俱—具。俱是全、都；具是工具，具体、具备。

秆—杆。秆是禾茎；杆是木杆。

讦—忏。讦是揭发别人的阴私，攻讦；忏是忏悔。

已—己—巳。已，已经；己，自己，又是天干的第六位；巳是地支的第六位。

佳—嘉。佳是美，如佳节；嘉是善，如嘉言、嘉宾。

即—既。即是就、即刻、即使如此；既是已经、既然如此。

坚—艰。坚是坚忍、坚贞、坚苦；艰是艰辛、艰深。

练—炼。练是训练、熟练、老练；炼是冶金、精到。

辣—棘。辣是辛辣、辣手（狠毒）；棘是棘手（困难）。

利—厉。利是顺利、胜利、锋利、利害得失；厉是严厉、再接再厉、厉行节约。

滥—谰。滥是过分，如陈词滥调；谰是诬赖，如无耻谰言。

络—陆。络绎是断续不绝，或往来不绝；陆续是相继不绝。

摩—磨。摩是摩擦、揣摩；磨是磨损、磨砺。

漫—慢—谩。漫是散漫、弥漫、浪漫；慢是缓慢、傲慢、怠慢；谩是谩骂。

弭—弥。弭是停止，如弭兵；弥是满，又人将死叫作弥留。

漂—飘。漂是漂泊、漂白；飘是飘摇、飘零。

慎—缜。慎是小心谨慎；缜是缜密。

撒—撤。撒是撒播，撒手；撤是撤除、撤换。

稍—梢。稍是略为、稍微；梢是木末、末尾的通称。

肆—肄。肆是放肆、店铺；肄是肄业。

伺—侍。伺是伺察；侍是服侍。

收—搜。收是收藏、收集；搜是搜索、搜罗。

徒—徙。徒是徒手、徒弟；徙是迁移。

毋—无。毋是制止、绝不；无是没有。

喧—暄。喧是喧哗；暄是温暖，宾主酬答叫寒暄。

向—响。向是向导、向往；响是影响、声响。

绪—序。绪是丝端，引申为头绪、心绪，又作系统解；序是廊庑，引申为次序、秩序，又与叙通，如一本书的“序”或“序言”。

须—需。须是待、要，应该的意思，何须、务须、无须、须要；需是欲望的要求，如必需品、需要。

译—绎。译是翻译；绎是抽绎。

溢—隘。溢是水满而流出；隘是狭隘。

尤—犹。尤是很、甚、最，又过失；犹是尚、还。

原—缘。原是原则、原始、原因；缘是缘由、缘故、缘起。

赢—盈。赢是赢利、输赢；盈是盈余，恶贯满盈（作盈余讲，两字可通）。

植—殖。植为种植、培植；殖为生殖、繁殖。

姿—恣。姿是姿势、风度；恣是放纵。

燥—躁。燥是干燥；躁是急躁。

胀—涨。胀是膨胀；涨是增长。

振—震。振是振奋、振作；震是震颤、震荡、地震。

辄—辍。辄是每每；辍是停止。

安—按。“安”读一声，“按”读四声。凡读一声的就用“安”，读四声的就用“按”。常见错误是把“安装”写成“按装”，把“安排”写成“按排”。

爆发—暴发。表示突然发财，用“暴发户”；表示在运动中突然产生力量，用“爆发力”。洪水“暴发”，火山“爆发”。“暴发”多用于较具体的事物，“爆发”具体、抽象的事物都适用。

辨—辩—辫。“辨”表示“区别、分析”。“辩”表示“争论”，说明是非、真假，通过言语论辩来表明事理。“辫”就是辫子。凡是与动嘴有关的词就用“辩”，常见错误是“辩”和“辨”混淆。

部—布。“部”是“整体的一部分”。“布”是宣告、散布。常见的错误是将“部署”写成“布署”，“布置”写成“部置”，“按部就班”写成“按布就班”。

材—才。材，本义是指树干，引申为木料、木材。“才”是指“才能”。不能把“大材小用”写作“大才小用”，把“才干”“才华”写作“材干”“材华”。

采用—采取—采纳。采用，重点在于取用，拿过来用，不思考。采取，针对有关情况思考后决定采用。采纳，经过思考后觉得可用。采用，适用较广，可用具体和抽象事物，如工具、经验、手段等。采取，只适用于抽象事物，如意见、立场等。采纳，只适用于意见、建议、要求、主张。

诞生—诞辰。诞生，是指（人）出生。诞辰，是指生日。诞生是动词，诞辰是名词。

订—定。订，经过研究商讨而立下，如订婚，订合同。定，平静，稳定，如：坐定，心神不定。两者也有相通的地方。如订货—定货、订婚—定婚、订计划—定计划。

预订—预定。预订，预先订购，对象一般多是具体的事物。如“预订房间”“预订机票”。预定，意思是预先规定、约定，对象一般多是抽象的事物。如“按预定计划执行”等。

审订—审定。审订，突出审阅、修订。审定，突出审查、认定。

洞察—洞悉。“洞察”指观察得很清楚，“洞悉”指很清楚地知道。“洞察”侧重观察得透彻，可能看到事物的现象并记录下来；“洞悉”侧重知道得清楚，只有捕捉事物的本质，才能做到洞悉。

度—渡。“度”多指时间上的度过，表示经历了一段时间，如，虚度年华、欢度新春佳节等。“渡”侧重指“乘船或游泳横过江河”。“度过”常与时代、季节、光阴等搭配；而“渡过”常同江河湖海及困难、危机、难关等搭配。

对于—对。“对于”只有介词词性，而“对”所保留的动词性较强。“对于”只表示对待的关系；“对”除表示对待的关系外，还可表示方向性，表示动作行为的对象，如，对党负责。作介词时，语体的色彩不同。“对于”，显得庄重一点，适于书面语言。“对”则通俗一些，适于口语。

反映—反应。“反映”原指光线反照，一般指“把客观事物的实质表现出来”等意思。“反应”强调外界刺激所引起的相应活动。“反映”强调把意见向上级或有关部门报告，主动性强一些。“反应”一般指有诱因，才有行为，即有刺激和事件，才有相应的活动和意见。

分—份。从词性上看，“分”主要用作名词和量词，“份”除了名词和量词之外，还可以用作形容词。“分”组成的常用词有：辈分、本分、成分、过分等。“份”组成的常用词有：份额、份儿饭、股份、份子（子读轻声）等。

肤浅—浮浅。肤浅，学识浅，理解不深。浮浅，除了指认识表面，还有轻浮浅薄的意思。“肤浅”常形容看法、体验、认识、理解等；“浮浅”则常形容思想、内容、人品等。

函复—复函。函复是动词，是指用函的形式答复对方。复函也可以作动词，如“复函对方单位”。

及时—即时。“及时”表示“正赶上时候、适合需要”“不拖延、马上、立刻”的意思。“即时”表示“立即”的意思。

几率—机率。“几率”为概率旧称，目前一般常用“几率”；“机率”多与“多、少”搭配。“几率”可以放心大胆使用，而“机率”可以不用，若有“机率”可用“概率”替代。

检察—监察。检察，指审查被检举的犯罪事实。监察，指监督各级国家工作人员的工作并检举违法失职的机关或工作人员。

精练—精炼。精练，表示做文章或说话语言扼要，不多余。如“这篇文章语言精练”。“精练”一般只做形容词，而“精炼”还可以做动词。

决不—绝不。决不，决心不，表示一定、坚决，强调的是意志上的控制。绝不，绝对不，指没有任何条件的限制。

励—厉。励，劝勉的意思。厉的意思是磨刀石，引申为磨，使锋利。常见错误：把再接再厉写成再接再励，厉行节约写成励行节约，励精图治写成厉精图治。

其间—期间。其间，一是表示空间，即“那中间”“其中”的意思；二是表示时间，指某一段时间。期间，一般只表示时间。“期间”只能跟在其他词后面使用，如“农忙期间”等。“其间”可以独立使用，或充当状语、宾语。

权利—权力。“利”是“利益”，“力”是“力量”。“权利”是依法行使的权力和享受的利益，“权力”指政治上的强制力量、职责范围内的支配力量。

蜕—退。蜕化，比喻腐化堕落乃至彻底变质。“退化”有两个义项：一是指器官、机能减退，二是指事物由优变劣、由好变坏。前者是一种自然现象、正常现象，后者是一种社会现象、腐败现象。

违反—违犯。违反是指不遵守或不符合，如，违反自然规律。违犯是指有意识地破坏和触犯。“违反”的程度较轻，“违犯”程度重。

以至—以致。以至，表示时间、程度、范围上的延伸或由于前面所说的情况而产生的某种结果。以致，表示由于上述原因所形成的结果。

坐—座。“坐”是动词，如，席地而坐。“座”是座位，也指在屋下坐的状态。座还做量词，如“这座建筑”。常见的错误是“坐”和“座”不分，把“坐车”“座次”“座谈”等误写成“座车”“坐次”“坐谈”等。

按照—遵照—依照。按照：中性语，通用于各种文体；遵照：带有尊重色彩，多用于上行文；依照：完全照办，多用于法律条文，多跟法律或者与法律有关的词语。

必需—必须。必需：动词，表示一定要的，不可少的，有构词能力，可与其他名词组成新词。如必需品。必须：副词，表示事理上和情理上的必要，一定要。

公布—发布—颁布。公布：既可以是法律法规、文告等重大事件的发布，也可以是机关团体同志的一般事项的发布，范围宽，涉及面广，侧重点在“使大家都知道”。发布：宣布（命令、决定、指示等）。公布的对象多为“法律、法规”；发布的对象多为“命令、决定”。颁布：现在较少使用。

制订—制定。制订：强调方案、计划等形成过程。对象多是方案、计划。制定：强调法规等的定型和拍板定案，强调动作已经完成。对象多是路线、方针、政策、法令、规章制度等。

急待—亟待。急待：强调时间的紧迫性。亟待：强调意义的重要性。问题的严重性已经达到极点。

截止— 截至。截止：到一定期限停止，是终止、结束的意思。截至：表示到……为止的意思，多指一个过程、意见事情暂告一段落，并不意味着终止或者结束。用于时间之前，不能在其后。如，截至今天，报名的有35人。

实行—施行。实行：用行动来实现，多指纲领、政策、机关、原则制度等。实行“十一五”规划、实行改革等。施行：指法令、规章等公布一定的时候开始生效。“现予公布，自　年　月　日施行。”

唯—惟—维。唯：用作副词时，与惟相通，是只是、单单的意思；维：表示连接、保持的意思。如，维系关系。

账—帐。账：一般与钱财有关系。记账、账簿等。帐：遮蔽的东西。如帐篷、青纱帐等。

七、附件问题

在正文下空1行，左空2格标识“附件：”，不能只标识“附：”，使用3号仿宋字体，回行不能顶格，与附件后汉字对齐。

多个附件用阿拉伯数字标明序号。数字后应加点“.”，不应加顿号“、”。

附件名称不加书名号，末尾不加标点符号。在附件第一页第一行左顶格分别标注“附件1”“附件2”……均使用3号仿宋字体。

八、成文日期问题

成文日期以负责人签发日期为准，用阿拉伯数字。联合行文以最后签发机关负责人的签发日期为准。成文日期右空4字，加盖印章应上距正文2—4mm。

九、印章问题

将各发文机关署名按发文机关顺序整齐排列。第一排发文机关署名与正文或附件说明之间空2行。每一排最多编排3个发文机关署名。

单一机关发文，需要标注单位名称，印章盖在成文日期上。当印章下弧无文字时，采用下套方式，即印章底端边沿骑年盖月（压年和压月）；当印章下弧有文字时，采用中套方式，即下弧文字在年月日的下方，年月日跨在印章的中央。

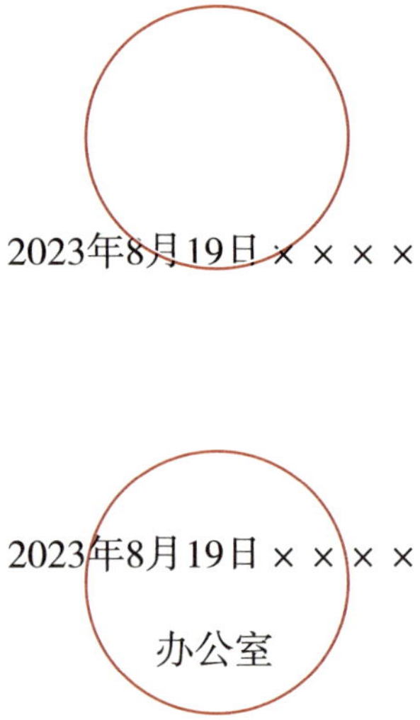

图5-1　印章问题

十、抄送问题

抄送和主送对应，有主送才有抄送。工作简报、会议纪要等文件没有主送栏，只设分送栏，可加报送栏，不设抄送栏。抄送机关排序的规则是：党、政、军、群，人大、政协、法院、检察院，民主党派。比如，抄送：党中央各部门，各计划单列市人民政府，中央军委办公厅、各大战区，全国总工会。全国人大常委会办公厅，全国政协办公厅，高法院，高检院。各民主党派中央。

国务院办公厅公文审核把关注意事项一览表①

工作步骤	注意事项	常见错误
核传批手续	一是手续是否完备；二是发文清样上承办的单位负责人是否签批。	一是承办单位负责人未圈阅即送核；二是承办单位负责人未签发即送核。
核公文格式	一是注意检查发文字号是否正确。二是是否需要标注密级和紧急程度，密级和紧急程度标注的位置是否有误。三是主抄送机关是否有遗漏，顺序是否正确。四是成文日期是否正确。五是如有附件，是否注明附件顺序与名称。附件标题折行时不应顶格写。	一是发文字号有误，多为年份错误。二是密级和紧急程度标注不当，应该先注密级，后注紧急程度。三是主送机关在抄送机关中重复出现，抄送范围不当，抄送机关排序不当，抄送或者分送栏中人大、政协、高法院、高检院和各民主党派中央未单列一行。四是成文日期与领导最后批定的日期不符。五是编者未放在标题下。
核文号	注意年份。	跨年度时，容易发生错误。
核标题	一是标题中应该有发文机关、事由、文种。二是标题中“关于”和“对”两个介词不能连用。三是标题中除法律法规、规章加书名号外，一般不加标点符号。	一是标题过长，转发几个部门的文件，可以用“等部门”。二是无发文机关，直接写成“关于……问题的通知”。三是无文种，如没有“意见”“通知”等文种。四是文种重叠，如“国务院关于印发……意见的通知”，可以直接改成“国务院关于……的意见”。五是标题出现标点符号，如“关于审议《……规划》等问题”，去掉书名号。
核引文	要查原文件标题。	一是引文错误，与原文不符。二是正式文件中引文未注明发文字号。
核行文关系	注意文件和信函，主送和抄送单位。	报告和函不分，行文关系混乱。

① 国务院办公厅秘书一局编：《易混易错常用公文字词辨析》，2005年9月。

续表

工作步骤	注意事项	常见错误
核用词用语	一是语法问题较多，要反复推敲句子。二是拿不准的，可以将句子拆分，一一分析。三是讲究句子前后一致、贯通。四是注意公文的习惯用语。	一是搭配不当，主谓搭配、主宾搭配、动宾搭配、修饰词和中心词搭配。二是语序不当。三是成分残缺。四是句式糅杂。五是词义辨析不够。六是语句精练不够。七是成分多余。八是修饰运用不够。九是用语规范不够。
核逻辑关系	一是有些句子逻辑关系不严密或者混乱。二是一些句子有偷换概念的现象。	一是违反逻辑规律。二是内涵和外延不明确，错误适用。三是各种判断句中的逻辑错误，包括性质、关系、假言、选言、联言判断等。
核表达方式和提法	一是注意“各级政府”和“地方各级政府”的区别。二是注意公布和发布的提法，公布法律、法规，发布决定、命令。	一是有些不包括国务院的也用“各级政府”的提法。二是正确使用地方和部门的简称。
核错别字	对有疑义的字随时查字典。	一是字形相似或者相近。二是音同、音近而字不同。三是音同形近义不同。
核易混字	注意辨析词义。	制定—制订。
核标点符号	一是注意区分顿号和逗号，分号和句号的用法。二是文中第一层次不加标点，第二层次以下的标题一般要用标点，二级标题单独成段且不加标点。三是公文中第三层次即阿拉伯数字后面加圆点，而不是顿号。四是表示概数不用逗号隔开，如，“距今七、八千年”，去掉顿号。	该用句号用了分号，或者该用顿号用了逗号等。

续表

工作步骤	注意事项	常见错误
核年代表述和数字表述	一是凡是涉及“建国以来”或者“建国……年”都要表述为“中华人民共和国成立……以来”。二是非本世纪的年代，要将所属世纪写出来。三是公文中数字原则上用阿拉伯数字。四是数与量（包括正负数、分数、小数、百分比、约数等）应该使用阿拉伯数字。五是土地面积计量单位应该使用平方公里、公顷、平方米。	土地面积单位仍然在用“亩”。

综合一练

公文序号一般为六位数

位置不对；公文只有“加急、特急”两类

020

急件

—应改为★；机密不超过20年

机密—30年

此为上行文，发文机关标识不应有“文件”两字

×××市人民政府文件

“府”改为“政”；应为六角号〔 〕；删掉“第”；不编虚号，删掉“0”

×府发【2023】第086号　　△

缺少签发人

公文已有发文机关标识，可删除

标题用小标宋2号

机场是一个词组，排版应在一行

×××市人民政府关于立项建设×××支线机场并将其纳入“十四五”国家民航发展规划的请示报告

排版时文种不能独立成行

本文是请示件，应一事一请，要么请示建机场，要么请示纳入规划，不能一文多请

尊敬的李强总理：

越级行文，不能给领导个人直接行文

缺文号和出处

为加快完成《国家重点开发开放试验区建设实施方案》的目标任务，优化投资环境，请求同意支持×××支线机场规划建设并将其列入“十四五”国家民航发展规划和机场建设规划。主要理由如下：

逻辑关系不明确，上下文之间衔接不恰当

一、规划建设×××支线机场是适应×××市经济社会快速发展和构建通往东南亚国际通道重要枢纽的需要

此为讲话稿写法，非请示性公文常见体例文

随着中国—东盟自由贸易区、国家西部大开发、广西北部湾经济区、东兴试验区建设等重大政策的深入实施，×××市的发展已上升为中央提出的“把广西建成西南、中南地区开放发展的新的战略支点”中的重要组成部分，将建设成为深化我国与东盟战略合作的重要平台、沿边地区重要的经济增长极和睦邻安邻富邻示范区。这就要求×××提高城市发展层次，发展高端旅游商贸产业，但截止目前，×××市还没有机场。我们建议国务院尽快规划建设×××支线机场，在实现市区至北部湾内其他城镇1—2小时可达的陆路交通网络的同时，形成内连华南、西南等内陆地区和外接东盟的便捷的商贸旅游航空网络。以提升处在中国—东盟开放合作最前沿的×××作为国际通道的全方位互联互通水平。据统计，2023年×××市接待国内外旅客980万人，同比增长19.5%，预计2024年将超过1100万人。根据新修编的×××市城市总体规划，到2025年全市总人口将达到220万人。

主谓搭配错误

截至

区市政府建议国务院，存在语气问题

，

这一段的位置，摆放不当，应当前移

二、×××支线机场规划建设是东兴实验区建设的任务目标

实验区和试验区，与上下文的表述不一致

公文一级标题不能在本页最后一行

2012年国务院批准的《国家重点开发开放试验区建设实施方案》（发改西部[2012]2222号）中的“总体思路”明确“经过10年左右的努力，东兴试验区改革开放不断深化，高度开放、富有活力的边海联动开发开放新机制基本建立；基础设施和基本公共服务设施进一步完善，以现代化港口、铁路、高速公路、民用航空为主骨架的综合运输体系和联通东盟便利快捷、功能完善、安全高效的陆海运输通道基本形成”；“主要任务”提

用直接引述的手法，很容易误导读者，这一段要改成间接引述的方法

应为六角号〔〕

与请示事项联系较远，可以删除，直接引“主要任务”

。

。

出“加强基础设施建设，构建国际综合交通运输通道”并要求“发展国际航运空运。研究×××支线机场建设”。

。在“”内

目前，根据国家和广西壮族自治区关于民航业发展的相关指导意见，我市已与广西机场管理集团达成共识，共同推进×××支线机场项目前期工作，并按照机场选址相关规范在全市范围内普选了13个机场预选址，现正委托上海民航新时代机场设计研究院研究编制《×××机场建设工程选址报告》、《×××机场建设工程选址阶段飞行程序设计报告》和《×××机场建设工程选址阶段飞机性能分析报告》。据了解，×××运输机场项目已写入正在修编的《全国民用机场布局规划》(征求意见稿)。为确保×××支线机场能在“十四五”时期全面正式启动申报建设程序，恳请总理给予大力支持，帮助将×××支线机场列入“十四五”国家民航发展规划和机场建设规划。

关于……意见应用书名号

删掉

应在书名号内

请示件不能报个人

以上请示，恳请批复。

附件：1,《×××机场建设工程选址报告》

2.×××机场建设工程选址阶段飞行程序设计报告；

3.×××机场建设工程选址阶段飞机性能分析报告

附件不用书名号

附件不用标点

空行过多

删除

用阿拉伯数字

×××市人民政府（公章）

二〇二三年十一月十一日

排版左空一字符

简称用错

本文主送机关应该是自治区人民政府，所以，抄送对象应该是自治区发改委和民航局

不是公文的主管机关，应删除

抄送：国家发改委，民航总局，自治区人民政府。

×××市人民政府办公室文秘科　2023年11月21日印发

【错情点评】

公文核稿一般从两个方面入手，一是格式审核。即从公文的文体格式入手，审查各要素是否符合《党政机关公文处理工作条例》和《党政机关公文格式》（GB/T9704–2012）的要求，上文中的批注内容，就是从公文格式方面，指出了该公文目前存在的主要错情。具体讲，版头部分，从发文机关标识开始，就有不少的问题和错误；主体部分，从公文标题到正文的一级标题以及文中内容的阐述，出现了不少错误；版记部分，也有许多不符合公文格式要求的地方。

二是内容审查。该公文是一个请示件，应该讲清楚建设机场的必要性、可行性和要请示的具体事项三方面内容，但从目前的行文看，全文只有两个一级标题，而且这两个标题都在讲必要性问题；可行性的内容在正文倒数第二段，没有凸显出来；至于请示事项，更加笼统而模糊。所以，要写好这个请示，需要重新梳理目前的内容。必要性部分，要分类整理，从区位优势、产业布局、旅游开发、政策规定等方面阐述；可行性部分，要在目前的基础上，补充已经做过的主要工作和具备的条件，坚定主送机关和主要领导的信心和决心；请示事项部分，要具体化和明晰化，如果主送自治区政府，必须把建机场需要的人财物以及相关条件列明，以利于上级机关和主要领导作出科学合理的判断。

陆

第六章 3个提升公文写作能力的关键

博学强记，完善知识储备

深思熟虑，成为行家里手

天道酬勤，敢于坐冷板凳

大到领导讲话稿、汇报材料，小到会议纪要、拟发通知等，机关人员每天都要和文字打交道。如果不掌握笔杆子，就很难发挥重大作用。机关人员要提高公文写作的能力和技巧，具备较好的文字水平和文字功底，必须在以下几个方面下功夫：

博学强记，完善知识储备

写作源于生活，生活之水积蓄到什么程度，就有什么样的写作水准。要善于从生活中学习，从领导和身边同事学习，增加生活阅历，扩大知识面。“文章合为时而著”，写作是一种应用写作，只有合时、合事、合地才能发挥作用，体现价值。提高公文写作水平，一方面，要不断扩大自己的视野，积累生活经验，更好地透过事物表象，洞察内在规律，提高笔头能力。古往今来的写作大家，无不具有丰富的人生阅历。司马迁年轻时足迹就踏遍半个中国，考察故地，收集历史资料、故事传说，亲身感受山川人物、风土民俗，正是由于这种人生阅历和生活积累，所以才能写出“无韵之离骚”的《史记》。徐霞客从22岁起开始漫游，跋山涉水，走遍16个省，终于写就了不朽的地理学名著《徐霞客游记》。另一方面，要从书本中学，扩大知识层面。古人所谓“读书破万卷，下笔如有神”“腹有诗书气自华”，充分说明了读书与写好文章的关系。目前有些机关人员忙于应酬，书读得太少，文化底蕴不足，补救的办法只有一个，就是读书、读书、再读书。

深思熟虑，成为行家里手

要善于在学习中思考。思是学习写作的关键，是获得真知灼见、写好机关公文的关键。孔子曰：“学而不思则罔，思而不学则殆。”只有经过仔细思考，反复琢磨，才能领悟书中的思想内容和精神实质。学是思的基础，思是学的深化。“思”重点有三个方面。一是思古典。古人是在什么情况下写出的文章，为什么这样写，文章揭示出了一个什么道理，在当时产生了什么影响，由近到远，由今到古深入地思索。二是思当代。结合现实生活和写作中存在的问题进行思考，展开多向思维，深入思考，释疑解惑，从中发现规律性和规则性的东西。三是思自身。“人品”即“文品”，静坐常思自己过。以书为鉴，揽镜自照，看看自身的缺点和不足在什么地方，不断修正自己的认识、观念和为人处世的方式，然后行之于文字[①]。要善于在行动中思考。机关人员要深入体验生活，绝不能只坐在办公室里纸上谈兵、坐而论道，要挤时间深入社会生活的各个领域，深入机关和企事业单位，认真思索，细心体验。要根据公文写作的内容，深入工作一线和业务前沿，开展调查研究，绝不能脱离实际去胡思乱想。只有敏锐地把握时代脉搏，捕捉生活热点，才能保持旺盛的写作激情，真正成为文字的行家里手。

天道酬勤，敢于坐冷板凳

做好文字工作需要有敢于和甘于坐冷板凳的精神，如果整天忙忙颠颠，吃喝应酬，想写好公文是不可能的。提高文字水平和能力，首先，要勤写。成功没有捷径。一个懒得动笔的人是很难学有所成的。因此，一定要在写作上下足功夫，多写多磨、多看多改。俗话说“熟能生巧”，勤写才能出成果，多作贡献。古今中外有很多关于勤写出成果的例子。唐代诗人孟郊说，“不有百炼火，孰知寸金精”，这个“炼”字充分说明了在写作上只有勤学苦练，才能增进笔力，写出好文章。其次，要勤改。文章不要怕改，确切地讲，好文章都是改出来的。有些人写文章，孤芳自赏，刚愎自用，怕别人提意见，更害怕别人提出颠覆性的意见。其实，凡是好文章，过手的人越多越全面，修改的次数越多越精到。勤改，一方面是要自己动手，反复证实自己的谋篇布局、写作技巧和遣词造句；另一方面就是要请别人指点，反复证伪文章中的内容、逻辑和修辞，这样才能打造出高质量的文章。

一般来讲，撰写完的公文，不能随意出手，公文什么时候出手，什么时

① 参见徐振宗等编著：《汉语写作学》，北京师范大学出版社1995年版。

候呈送上级领导，要把握好三条标准。一是自己不满意不出手。实践证明，自己不满意的，领导往往也不满意。任何一件公文，只要时间允许，要反复修改，只有自己满意了才出手。要挖空心思、殚精竭虑；不能囫囵吞枣、浅尝辄止。二是出手的公文问不倒。对报出的公文，自己应当没有疑惑，疑难问题上报前一定要事先解决，做到情况清、政策清、法规清，使领导问不倒，签发不犹豫。三是出手的公文无硬伤。该走的程序一定要走到，该把的关口一定要把住，确保每件公文不犯逻辑不清晰、论证不充分、格式不恰当甚至字词标点错字别字等低级错误。

附录一：常用知识导引

附录二：公文数字、标点和校对规则

（一）公文中的数字使用规则[1]

1.总的原则

凡是可以使用阿拉伯数字而且又很得体的地方，特别是当所表示的数目比较精确时，均应使用阿拉伯数字。遇特殊情形，可以灵活变通，但应力求保持相对统一。

2.应当使用阿拉伯数字的情况

阿拉伯数字是指“0、1、2、3、4、5、6、7、8、9”等。

公历世纪、年代、年、月、日、分、秒，要求使用阿拉伯数字。

例如：公元前9世纪、公元前221年、20世纪80年代、1949年10月1日、15时20分45秒等。年份要写全，不能简化。例如：2015年，不应简写成15年。

记数与计量（包括正负整数、分数、小数、百分比、约数等）。

例如：1302，1/16，4.5倍，34%，3:1，45万元，500多种，60多万斤等。

物理量量值必须使用阿拉伯数字，并正确使用法定计量单位。

例如：300kg、15cm、35℃等。非物理量，一般情况下应使用阿拉伯数字，例如：235元、11个月、100名。但小学和初中教科书、非专业书刊的计量单位可使用中文表示。例如：200kg（200千克）。

部队番号、文件编号、证件号码和其他序号，须用阿拉伯数字。

例如：38915部队、总3211号、T37/T38次快车、HP—3000型电子计算机、

---

① 节选自《收藏！公文写作中的数字使用，有何门道？》，来源：人民论坛。

90号汽油、维生素B1等。

表示数字的范围也有写法的讲究。

例如：3万～8万，不能写成“3～8万”；5%～15%不能写成“5～15%”。

3.应当使用汉字的情况

汉语数字通常是指“一、二、三、四、五、六、七、八、九、十”及其大写的“壹、贰、叁、肆、伍、陆、柒、捌、玖、拾”等数字。

数字作为词素构成定型的词、词组、惯用语、缩略语或具有修辞色彩的语句。

例如：一律、第三世界、第四季度、零点方案、十一届三中全会、“十三五”规划、“一带一路”倡议、“两学一做”主题教育、“一国两制”“两个维护”“三严三实”“四个自信”“四个意识”“四个全面”“五位一体”“八个明确”“十四个坚持”等。

概数和约数。

邻近的两个数字，并列连用表示概数时，应使用汉字，并且两个数字之间不能用顿号“、”隔开。例如：三四天、五六米、七八十岁。

带有“几”字的数字表示约数，须使用汉字。例如：十几天、几十年、一百几十次、几十万分之一。

星期几一律用汉字，例如：星期三、星期五。

中国历史纪年、干支纪年、夏历月日、各民族非公历纪年等，均使用汉字。

例如：万历十五年、丙寅年十月十八日、八月十五中秋节、正月初五。

有时为了表达得更加清楚，可以在它们的后边用阿拉伯数字括注公历。

例如：万历十五年（1587年）、藏历阳木龙年八月二十六日（1964年10月1日）。

含有月日简称表示事件、节日或其他特定意义的词组，应使用汉字。

如果涉及一月、十一月、十二月，应用间隔号“·”将表示月和日的数字隔开，并外加引号，避免歧义。涉及其他月份时，不用间隔号，是否使用引号，视事件的知名度而定。

例如："一·二八"事变（1月28日）、"一二·九运动"（12月9日）、五四运动、五一劳动节、十一国庆节、"九一三"事件等。

4. 可以灵活变通掌握使用的情况

使用阿拉伯数字或汉字数字，有的情形选择是唯一而确定的，有的如遇特殊情形，为避免歧解，也可以灵活变通使用。

用"多、余、左右、上下、约"等字表示的约数一般使用汉字。但如果公文中出现一组具有统计和比较意义的数字，其中既有精确数字，也有约数时，为保持公文局部体例上的统一，其约数也可以使用阿拉伯数字。

例1：会计学会举行全国性评奖十余次，获奖作品有一千多件。学会吸收了四千名会员，其中三分之一是有成就的中青年。另外，在三十个省、自治区、直辖市还设有分会。

例2：省金融学会召开课题调研交流会7次，共收到课题调研文章800余篇，其中有200多篇获奖。

标题涉及数字时，可以根据版面实际需要和可能，灵活掌握使用阿拉伯数字和汉字数字。

例如：《2018国际十大思潮》《金句来了！习近平这16句话催人奋进》

5. 其他需要注意的问题

尾数有多个零的整数值的写法，可改写为以万、亿作单位。

例如：345000000可写成34500万或3.45亿，但不能写成3亿4千5百万。

用阿拉伯数字书写的数值不能断开移行。

用阿拉伯数字表示数值的范围时，使用连接号"—"或波浪式连接号"～"。

例如：1990—2006年；10～50元；200—500米。

"二"和"两"的用法不同。

读数目字时，应当用"二"，例如：一二三四、零点二（0.2）、三分之二；

用作序数时，应当用"二"，例如：第二、二姐、二战。

在与量词连用时应当用"两"，例如：两本书、两个月、两次；

表示双方用"两"，例如：两便、两可、两全其美；

表示约数或不确定的数字用"两"，例如：过两天再说，他真有两下子，我跟你说两句话；

在新的度量衡单位（米、公里、公顷、平方米、立方米等）前一般用"两"，例如：两米、两公里；

在"半、千、万、亿"前多用"两"，例如：两半、两千、两万、两亿。

公文中的结构层次序数，要段落分明，前后一致。要求第一层为"一、"，第二层为"（一）"，第三层为"1."，第四层为"（1）"，第五层为"①"。

使用要统一。同一文中，前面为"3万平方米"，后面也应写为"3万平方米"，不应写为"三万m^2"。前后不一致的地方要留意。

例如：前面为"2.6千米"，后面为"3.8km"；前面为"三分之二"，后面为3/4等，这些情况要避免。

公文成文及发文日期中的数字改用阿拉伯数字。

2012年印发的《党政机关公文处理工作条例》明确指出"成文及发文日期中的数字改用阿拉伯数字"。2012年最新版的《党政机关公文格式》中也有相关说明，"用阿拉伯数字将年、月、日标全，年份应标全称，月、日不编虚位（即1不编为01）"。

例如，2012年以前用"二〇一〇年五月三日"，2012年以后用"2023年8月7日"。

在公文标题中的年份，汉语数字和阿拉伯数字都能用，视具体情况而定。

例如：《××市人民防空办公室二〇一五年党建工作要点》《2023年党建工作要点》。需要注意的是，"二〇一五"中的"〇"不是阿拉伯数字"0"。

在公文写作中，我们要重视数字的运用，注意数字运用的科学性和准确性。遵守公文写作的数字使用规范，才能够使公文更加美观得体，更加准确地表情达意，更好地发挥公文的上传下达作用。

（二）公文中常见的标点错误①

1. 多个书名号或引号并列时使用顿号分隔

例1：各中小学要积极贯彻落实《中华人民共和国预防未成年人犯罪法》、《中华人民共和国未成年人保护法》、《中华人民共和国义务教育法》及相关要求。（错误）

各中小学要积极贯彻落实《中华人民共和国预防未成年人犯罪法》《中华人民共和国未成年人保护法》《中华人民共和国义务教育法》及相关要求。（正确）

例2：公安部门要加强校园“警务室”、“护学岗”、“安全网”建设，落实护校制度。（错误）

公安部门要加强校园“警务室”“护学岗”“安全网”建设，落实护校制度。（正确）

【解析】

标有引号的并列成分之间、标有书名号的并列成分之间通常不用顿号。若有其他成分插在并列的引号之间或并列的书名号之间，宜用顿号。

2. 在标示数值和起止年限时使用连接号不规范

例3：制定并实施学校安防达标建设三年行动计划（2023~2025年）。（错误）

制定并实施学校安防达标建设三年行动计划（2023—2025年）。（正确）

例4：要加快工程进度，确保科技园3–5年内建成。（错误）

---

① 节选自《公文中常见的标点错误》，来源：新华每日电讯。

要加快工程进度，确保科技园3～5年内建成。(正确)

【解析】

标示时间、地域的起止一般用一字线(占一个字符位置)，标示数值范围起止一般用浪纹线。

3.在并列分句中使用逗号统领

例5：各职能部门在查处取缔无证无照经营工作中要各司其职、互相配合，工商部门负责查处取缔未取得有效许可证擅自从事经营活动的行为；工信部门负责依法监督管理无线电和电子电器产品维修行业；公安部门负责依法监督管理旅馆业、公章刻制业。(错误)

各职能部门在查处取缔无证无照经营工作中要各司其职、互相配合：工商部门负责查处取缔未取得有效许可证擅自从事经营活动的行为；工信部门负责依法监督管理无线电和电子电器产品维修行业；公安部门负责依法监督管理旅馆业、公章刻制业。(正确)

【解析】

隔开的几个并列分句不能由逗号统领或总结。

4.在并列分句中使用句号后再使用分号

例6：一是养老保险安置。对进入企业工作的失地农民要同企业员工一样纳入企业职工基本养老保险；二是医疗保险安置。城镇居民医疗保险制度已建立，可参加城镇居民医疗保险。(错误)

一是养老保险安置。对进入企业工作的失地农民要同企业员工一样纳入企业职工基本养老保险。

二是医疗保险安置。城镇居民医疗保险制度已建立，可参加城镇居民医疗保险。(正确)

【解析】

分项列举的各项或多项已包含句号时，各项的末尾不能再用分号。

5. 同一形式的括号套用

例7：围绕政府半年工作开展回头看，认真总结上半年工作，科学谋划下半年工作。（责任单位：各镇（街道））（错误）

围绕政府半年工作开展回头看，认真总结上半年工作，科学谋划下半年工作。［责任单位：各镇（街道）］（正确）

【解析】

同一形式的括号应尽量避免套用，必须套用括号时，应采用不同的括号形式配合使用。

6. 阿拉伯数字表示次序时使用点号不当

例8：1、督促主办单位按时办结。（错误）

1. 督促主办单位按时办结。（正确）

例9：（1）、督促协办单位按时办结。（错误）

（1）督促协办单位按时办结。（正确）

【解析】

带括号的汉字数字或阿拉伯数字表示次序语时不加点号，不带括号的阿拉伯数字、拉丁字母做次序语，后面用下角点（圆心点）。

7. 在图、表说明文字末尾使用句号

例10：（图表略）

注：以上各项数据统计截止时间为2023年12月31日；城市人口指常住户籍人口；规模工业企业个数统计为新口径。（错误）

注：以上各项数据统计截止时间为2023年12月31日；城市人口指常住户

籍人口；规模工业企业个数统计为新口径（正确）

【解析】

图或表的短语式说明文字，中间可用逗号，但末尾不用句号。即使有时说明文字较长，前面的语段已出现句号，最后结尾处仍不用句号。

8. 在标示发文年号时使用括号不规范

例11：根据×发［2023］3号文件精神，……（错误）

根据×发〔2023〕3号文件精神，……（正确）

【解析】

标示公文发文字号中的发文年份时，应使用六角括号。

9. 书名号内用顿号表示停顿

例12：根据《××省物价局、××省财政厅关于××市建制镇城市基础设施配套费征收标准的批复》（××规〔2023〕59号）文件要求，特制定本管理办法。（错误）

根据《××省物价局　××省财政厅关于××市建制镇城市基础设施配套费征收标准的批复》（××规〔2023〕59号）文件要求，特制定本管理办法。（正确）

【解析】

书名号内标示停顿时用空格。

10. 句内括号行文末尾使用标点符号不当

例13：为加强对全区查处取缔无证无照经营综合治理工作的领导，决定成立××区查处取缔无证无照经营综合治理工作领导小组（领导小组组长由常务副区长兼任，副组长由××局局长兼任。），负责该项工作的协调处理。（错误）

为加强对全区查处取缔无证无照经营综合治理工作的领导，决定成立××区查处取缔无证无照经营综合治理工作领导小组（领导小组组长由常务副区长兼任，副组长由××局局长兼任），负责该项工作的协调处理。（正确）

【解析】

括号内行文末尾需要时可用问号、叹号和省略号。除此之外，句内括号行文末尾通常不用标点符号。

11. 附件名称后使用标点符号

例14：

附件：1.××区查处取缔无证无照工作领导小组成员名单；（错误）

附件：1.××区查处取缔无证无照工作领导小组成员名单（正确）

【解析】

附件名称后不用任何标点符号。

12. 二级标题在换行分段情况下使用句号

例15：（一）整合监管职能和机构。

为减少监管环节，保证上下协调联动……（错误）

（一）整合监管职能和机构

为减少监管环节，保证上下协调联动……（正确）

（一）整合监管职能和机构。为减少监管环节，保证上下协调联动……（正确）

【解析】

二级标题在换行分段时不使用句号，如使用句号则不需要换行分段。

（三）公文校对的常识和要求①

公文校对的六个原则

先排后校。即先按照规定格式排版，打印出清样后再作校对。

逢文必校。不能因为有的文稿篇幅短、字数少、内容简单就放松校对。

每字必核。一份公文文字表述是否准确、通顺、简练，人名、地名、时间、数字、引文是否准确规范、严谨等，都要坚持一个标点一个标点地校，一个字一个字地核，不能有任何疏忽。

校写分离。公文起草和校对最好由不同的同志来进行。

急文稳校。越是急件越要沉住气、稳住劲，否则会导致一些明显的低级错误没有校出，酿成不良后果。

发前再校。

公文校对须把好“三关”

1.语言关。公文语言要保证其严肃性、权威性，因此，要尤其注意校对这几类词语，规范使用，达到公文语言权威、准确、简洁的效果。

概约词。诸如“基本上”“一般”“部分”“一些”“大多数”“少数”等不确定的词尽量少用或不用。非用不可时，要严肃对待，实事求是，切不可回避矛盾，或随意夸大。

介词。要避免介词连用。

如，关于对……的修改意见。“关于”和“对”都指向同一个对象，两词连用没有必要。去掉“对”将上句变成“关于……的修改意见”时，显得更加明快利落。

专有名词。对公文中出现的人名、地名、机关名、事物名等专有名词要尤其注意，校对时要遵循以下几个原则：

---

① 节选自《这些公文校对常识，真的很重要！》，来源：人民论坛。

★按照权威部门认定的或长期以来通用的名称使用;

★人的职务、机关单位名称、行政区划若有变化，应使用最新的名称;

★使用标准全称，不要自作主张随意缩略;

★名称在公文中的前后须保持一致;

★名称必须与所指对象的性质相符，如“中央各部委”指中共中央宣传部、组织部、统战部、政法委等党中央的组成机构，“国家各部委”指国务院所属各行政机构。

格式语。对公文写作中约定俗成的一些格式化用语，要遵守约定，不得随意更改、立异标新。

如，请示的结语用“以上妥否，请批复”;

平行文的结束语，如属知照事项不需答复的，则用“专此致函”，如属需要答复的，则必须用“专此致函，请复”;

报告的结尾，则需要使用“专此报告”。

如，请示语多用“恳请”，商洽函多用“商请”等。

词意易混淆的其他词语。如，“权利”与“权力”、“截至”与“截止”、“起用”与“启用”、“制定”与“制订”等，这些词语很容易混淆，校对时一定要分清该用哪一个，决不能含糊。

2. 逻辑关。对于公文来说，逻辑是将全文语言紧密联结为一个整体的经脉。违背逻辑原理的公文往往会出现结构混乱、词不达意、表意缺漏或者重复啰唆等问题，作用大打折扣。

概念不明确。在使用概念表达思想时，其内涵和外延一定要明确，这是基本的逻辑要求。

例：各部门间要加强协调配合，完善有关政策。

此句“间”是“之间”的省略，“各部门间”指的是各部门的相互关系，不是实体部门，不能作为主项与“完善有关政策”连用，应该改为“各部门要加强协调配合，完善有关政策”。

限制不当。限制是通过缩小概念的外延来明确概念的逻辑方法。

例：2019—2023年，4市生产总值由20480亿元，提高到53870亿元。

此句是想说，2023年4市生产总值达到多少。句中的“2019—2023年”包括“2019年、2020年、2021年、2022年、2023年”5个年份，而后面对应的生产总值只有2019年和2023年的，因此，用“2019—”来限制“2023年”是错误的，应该改为“相较于2019年，2023年4市生产总值由20480亿元提高到了53870亿元”。

自相矛盾。在表达中，相互矛盾的两个概念或判断不能都存在。

例：实现互联网与农业线上线下“双融合”发展。

“双融合”是指两组“融合”，如A与B融合、C与D融合。而句中只有“互联网与农业”一组融合，与“双融合”是自相矛盾的，应该改为“实现互联网与农业线上线下融合发展”。

不符合方位逻辑。方位逻辑指含有方位词的命题，其“真”值依赖于在什么方位说出它，随着说出方位的不同而变化，如果不注意说出它的方位，“真”可能会变成“假”。

例：市政府文件表述“明确各区市政府对查处本辖区内制售‘地条钢’等违法违规行为负总责”。

从讲述者（市政府）的角度讲，本辖区指全市区域；从被讲述对象（区市政府）的角度讲，本辖区则指区市所辖区域。例句混淆讲述者和被讲述对象的方位概念，可修改为“明确各区市政府对查处各自辖区内制售‘地条钢’等违法违规行为负总责”。

3.政策关。严把公文校核中的政策关是保证公文权威性、严肃性的关键，是公文校对的“核心”。把好政策关，应做到“上下左右前后”六面看。

“上”看。就是要校对公文是否符合国家法律法规、党的方针政策和上级文件精神。

若遇到引用国家法律法规、党的方针政策和上级文件的情况，校对时一定要与原文一一对照。

“下”看。首先，就是校对公文制定的政策有无必要性和是否具有可操作性。

具体到某一政策有无必要制发，要看其对本区域内各项事业发展有无指导意义，与本区域民情民意是否顺应，同本区域财政的承受能力是否相匹配等。

其次，要看公文制定的政策是否具有可操作性。公文中要有具体化、明确化的解决问题的办法和指导工作的措施。

如，写明要“加强协调”，却没有加强协调的具体办法，也没有明确的权力和责任，公文成了“空”对“空”式的指示。

“有关部门要严密配合”，则没有指出由哪几个部门配合，工作上如何分工协作。

“左”看“右”看。就是校对公文政策在部门间的协调性，即看公文制定的政策是否超越发文机关的职能权限；是否与其他部门的相关政策相吻合，以避免文件间出现矛盾。

“前”看“后”看。首先要校对公文与本机关已有公文之间是否相承。

如，对同一问题的不同侧面作出新规定时，前后两个公文应彼此包容。若前面的公文不太适应新的情况有待修改时，要严格查找已有公文不符合现有社会状况的因素，并认真校对待发公文对其完善和修改之处。

其次要看公文后部与前部提法是否一致，不可出现自相矛盾或表述上的偏差。

把好语言关、逻辑关、政策关，一篇公文的校对就完成了一大部分。

除此之外，还需注意错别字、标点符号、数字使用等细节。这些细节看似简单，但“小事切不可小视”，我们要注意“勤查”勘误，杜绝这些文稿硬伤。若想了解公文写作中标点符号和数字的使用门道，可参见公文写作系列课程。

附录三：中央国家机关公文写作技能大赛评分标准和获奖作品选介

（一）中央国家机关公文写作技能大赛各类公文评分标准[①]

十六类公文评分标准

种类	评分要素	要求	分值	总分
一、请示报告类	请示和报告不可混淆，事前请示、事后报告		10分	100分
	一事一请示，不可越级请示		10分	
	内容重要，对工作有重大影响		30分	
	解决问题的建议和方案明确、可行		30分	
	语言简洁，逻辑清晰，行文规范，结构完整		20分	
二、工作规划类	格式体例	格式规范，文种正确	15分	100分
	公文内容	符合政策实际，依据充分，科学预判；立意高远，重点突出；过程缜密，思路清晰，措施具体，要求明确，切实可行；生动流畅，完整准确，文风端正	50分	
	文字表达	文风朴实，文字精练；用词准确，表达清楚；字词规范，标点正确	20分	
	结构逻辑	结构严谨，逻辑清晰	15分	

① 摘录自《中央国家机关优秀公文选》，国家行政学院出版社2012年版。

续表

种类	评分要素	要求	分值	总分
三、调研报告类	格式体例	格式规范，文种正确	20分	100分
	思想内容	符合政策，依据充分	40分	
	文字表达	文风朴实，表达清楚	30分	
	符合参赛要求及其他		10分	
四、经验材料类	思想内容及主旨	主题明确，立意高远；观点正确，经验深刻	30分	100分
	文字表达	尊重事实，描述准确；事例恰当，特点鲜明	20分	
	结构逻辑	结构严谨，层次清晰；逻辑缜密，思路完整	20分	
	整体文风	生动积极，理性朴实；流畅通达，抑扬有致	20分	
	心得体会	撰写时的感受、收获，领导指示及文章影响	10分	
五、领导讲话类	思想内容及主旨		20分	100分
	文字及表达		20分	
	结构及逻辑		20分	
	整体文风		20分	
	衔接及用语		10分	
	心得体会		10分	
六、指导意见类	格式体例	格式规范，文种正确	10分	100分
	公文内容	内容合法，合乎权限，确有必要；情况确实，观点鲜明；内容实在，政策措施可行	50分	
	结构逻辑	结构严谨，逻辑清晰	20分	
	文字表达	文风朴实，文字精练，用语得体；表述清楚，用词准确，字词规范，标点正确	20分	

续表

种类	评分要素	要求	分值	总分
七、信息简报类	政治性（主题）	主题突出，观点正确	15分	100分
	信息性（内容）	信息量大，内容饱满	15分	
	逻辑性（结构）	逻辑清晰，标题新颖	15分	
	真实性（价值）	事例确凿，数据可靠	15分	
	新闻性（时效）	聚焦热点，报道及时	15分	
	典型性（效用）	深度总结，可资借鉴	15分	
	可读性（文字）	文风端正，凝练生动	10分	
八、学习体会类	格式体例	选题大小合适，形式不拘一格，视觉独特、角度新颖	10分	100分
	思想内容	主题健康，积极向上，有真情实感、真知灼见，思想深刻、富有哲理，引人入胜、发人深省	50分	
	结构逻辑	内在逻辑清晰，行文流畅，有血有肉	20分	
	文字表达	富有文采，表述准确、精当，表达鲜明生动，言约意丰	20分	
九、通知通报类	格式体例	格式规范、文种正确	10分	100分
	观点正确		10分	
	有指导意义		10分	
	主题突出		10分	
	有可操作性		15分	
	文字表达	语言朴实，行文流畅，表达清楚	10分	
	结构逻辑	结构完整，逻辑清晰	15分	
	整体文风	文风端正	10分	
	心得体会		10分	
十、决议决定类	体例稳重 格式规范	符合决议决定的文种体例，发布机构清楚明确，有高度的准确性和周知性，格式规范严谨	25分	100分
	思想内容	具有很强的权威性和政策性	25分	
	逻辑结构 整体文风	逻辑结构严谨、清晰、文风简洁流畅，不累赘、不做作	25分	

续表

<table>
<tr><th>种类</th><th>评分要素</th><th>要求</th><th>分值</th><th>总分</th></tr>
<tr><td>十、决议决定类</td><td>表述清楚
用语准确</td><td>语言表述清楚、精练、庄重，用语恰如其分，没有错别字</td><td>25分</td><td>100分</td></tr>
<tr><td rowspan="4">十一、计划方案类</td><td>格式体例</td><td>格式规范，文种正确</td><td>15分</td><td rowspan="4">100分</td></tr>
<tr><td>公文内容</td><td>符合政策，依据充分；过程缜密，措施具体；要求明确，切实可行</td><td>50分</td></tr>
<tr><td>结构逻辑</td><td>结构严谨，逻辑清晰</td><td>15分</td></tr>
<tr><td>文字表达</td><td>文风端正，文字精练；用语得体，表述清楚；字词规范，标点正确</td><td>20分</td></tr>
<tr><td rowspan="8">十二、会议纪要类</td><td>格式及规范</td><td>标题、正文字体、符号，叙事格式及分段等符合规范要求</td><td>10分</td><td rowspan="8">100分</td></tr>
<tr><td>体例及文种</td><td>标题鲜明，写明会议时间、地点、类别、次数、主持人，出席、列席、缺席人员及理由，一事一题，主题词、抄送范围、主办单位等</td><td>20分</td></tr>
<tr><td>思想内容</td><td>准确反映会议的核心内容和重点问题，基本情况概括简洁，主要精神脉络清晰，会议决议明确无误。切忌将会议纪要写成会议决议或者会议记录</td><td>30分</td></tr>
<tr><td>文字及表达</td><td>文字精练，表述准确，过程清晰，详略得当，行文流畅</td><td>10分</td></tr>
<tr><td>结构和逻辑</td><td>条理清楚，逻辑性强，层次分明</td><td>10分</td></tr>
<tr><td>整体文风</td><td>语言朴实，内容真实，叙述平实</td><td>10分</td></tr>
<tr><td>错别字情况</td><td>每错一字扣一分</td><td></td></tr>
<tr><td>心得体会</td><td>分析难点，抓住核心</td><td>10分</td></tr>
<tr><td rowspan="4">十三、总结报告类</td><td colspan="2">占有第一手材料，客观反映事物本质</td><td>20分</td><td rowspan="4">100分</td></tr>
<tr><td colspan="2">提炼与把握规律性认识</td><td>30分</td></tr>
<tr><td colspan="2">突出重点，详略得当</td><td>30分</td></tr>
<tr><td colspan="2">突出事物的特性，总结新颖、深刻</td><td>20分</td></tr>
</table>

续表

种类	评分要素	要求	分值	总分
十四、规章制度类	格式及规范	格式统一规范，符合公文要求	10分	100分
	体例及文种	符合国家规章制度，规范准确	10分	
	思想内容及主旨	政治方向正确，体现党的路线方针政策，主题突出，观点鲜明	20分	
	文字及表达	行文流畅，文风端正。语言通俗易懂，文字准确简练	20分	
	结构及逻辑	结构完整、逻辑清晰、准确严谨	15分	
	整体文风	朴实干净凝练，言之有物，实用性强，实事求是	10分	
	错别字情况	无错别字	5分	
	心得体会	真情实感，言之有物，评价得当	5分	
	参赛规定	符合技能大赛的有关要求规定	5分	
十五、公函便函类	格式体例	格式规范，文种正确	15分	100分
	公文内容	主题清晰，内容全面；生动流畅，文风端正	50分	
	文字表达	文风朴实，文字精练；用词准确，表达清晰；字词规范，标点正确	15分	
	逻辑结构	结构严谨，逻辑清晰	20分	
十六、贺词贺信类	格式及规范	发文机关、标题、主送机关、发文机关署名、成文日期等各部分完整、规范，符合公文办理要求	10分	100分
	思想内容及主旨	主题鲜明、集中，祝贺理由清楚；感情真挚热烈，能使接受祝贺的对象受到鼓舞和感到愉悦；评价与祝愿恰如其分，切合实际	60分	
	文字表达	语言简短、平实、得体；富有感染性、鼓动性；文字精练、准确，无错别字	10分	
	结构逻辑	层次分明，条理清楚；结构严谨，逻辑性强	10分	
	整体文风	实事求是，文风端正，没有形式主义和烦琐哲学	10分	

（二）中央国家机关公文写作技能大赛获奖作品选介[①]

【获奖作品之一——请示类】

关于开展“2012·国际合作社年”有关活动的请示

国务院：

2009年12月，联合国大会第64届会议通过决议，宣布2012年为国际合作社年。联合国和国际合作社联盟成立了专门工作机构，号召各国成立由政府、合作社和社会各界组成专门工作委员会，组织开展纪念庆祝活动。为响应联合国和国际合作社联盟号召，我社拟联合各有关方面共同开展“2012·国际合作社年在中国”活动。现将有关情况报告如下：

一、背景情况

国际合作社联盟成立于1895年，是全世界合作社的联合组织，目前在96个国家拥有258个会员组织，社员总数超过10亿，是世界上规模最大、历史最悠久、具有重要影响力的非政府组织。经国务院批准，我社于1985年代表中国合作社加入，从1997年起一直担任国际合作社联盟副主席和亚太地区主席，在国际合作社运动中发挥着重要作用，享有很高声誉。

这次国际合作社年是联合国成立近70年来首次确定的有关合作社的国际年，发布了“促进合作社企业，建设更美好世界”的活动口号，充分体现了对合作社事业的重视和支持。联合国于2012年10月31日举行了全球国际合作社年正式启动仪式，国际合作社联盟也于11月16日举办了启动仪式。目前，已有亚、非、欧、美和大洋洲的40多个国家成立了专门工作委员会，筹备组织本国的相关活动。

① 以下获奖作品，均摘录自《中央国家机关优秀公文选》，国家行政学院出版社2012年版。

二、我拟开展的主要活动

按照隆重、务实、有效、节俭的原则，拟开展的“2012 · 国际合作社年在中国”主要活动包括：

2012年1月中旬在北京举办“2012 · 国际合作社年在中国”启动仪式。

2012年6月在北京召开“2012 · 国际合作社年”主题报告会。

2012年7月召开全国供销合作社系统先进集体、劳动模范和先进工作者表彰大会。（中央已经批准）

其他活动。拟商有关部门发行纪念邮票：开展中国合作社理论与实践优秀论文征集评选活动等。各地供销合作社及其他合作经济组织也将结合各自工作实际开展丰富多彩的活动。

上述活动中，拟请党和国家领导人出席的，以及邀请国外嘉宾参加的活动等，将按程序另行报批。

三、请示事项

为积极响应联合国和国际合作社联盟号召，宣传合作社价值，扩大合作社影响，促进合作经济发展，进一步提升我国在国际合作社事务中的地位，建议国务院同意开展“2012 · 国际合作社年在中国”系列活动。建议成立相应的工作委员会，由供销总社党组书记、理事会主任杨传堂同志担任主任，外交部、农业部、商务部、工商总局、总工会、共青团中央、全国妇联等部门、单位领导任副主任，全国手工业合作总社、轻工业联合会、中国工合、工合国际、中国合作经济学会等单位领导为成员。委员会办公室设在我社。开展系列活动所需经费请中央财政安排专项资金解决。

妥否，请批示。

【点评】

本获奖作品在写作上有几个特点：第一，标题准确。表明请求事项。便于国务院及时决断和批复。第二，结构紧凑。正文由原因、内容、要求三部分组成，结构紧凑，层层推进，逻辑严密。第一部分背景，介绍了请示缘由，这是前提条件，也是批复根据。客观、具体、合理、充分。第二部分活动，方案具体，切实可行。第三部分请示事项，是行文目的所在。主旨鲜明集中，请示具体明确。第三，语气平实。既不能出言生硬，也不能低声下气。"恳请"换成了"建议"。第四，文字简洁。背景只留主干，使介绍显得简洁明了。文字庄重、严肃，避免华而不实。第五，沟通在前。事前协商外交部和财政部两部门同意会签。同时征求了参加工作委员会12个单位的意见。

【获奖作品之二——报告类】

关于纪念辛亥革命百年专题审读工作情况报告

署领导：

报刊专题审读是近年来我司开展审读工作的重要方式，主要通过对一段时间以来敏感程度较高的某些重点和热点理论问题进行梳理研究，归纳总结其主要观点，正确把握社会思潮，提供有益的决策参考。2009年，我司成功组织了纪念五四运动专题审读，今年是纪念辛亥革命100周年，报刊上发表的文章较比往年明显增多，尤其今年8月至10月上旬这个时段，报刊发表专题文章密集、宣传力度大、内容比较广泛。根据今年审读工作的总体部署，近期我司组织专家集中审读了近两年来部分报刊刊登的以辛亥革命为题材的文章近350篇，涉及报纸、期刊140种。现将有关情况报告如下：

一、总体情况

总体而言，在关于辛亥革命纪念活动的宣传报道中，正面宣传辛亥革命的历史意义和历史地位的文章较多。学者普遍认同并在广大读者中产生重大影响的主要观点包括：一是充分肯定辛亥革命的历史意义和历史地位。在真实客观地再现辛亥革命的历史过程中，特别是结合近代以来中国人民追求民族独立的斗争史，反映了辛亥革命爆发的历史必然性和重大意义，突出辛亥革命点燃“振兴中华”“民族复兴”的火种作用，强调辛亥革命是中国社会的一个巨大进步，对当时的亚洲乃至世界都起到了莫大的震动作用。二是突出辛亥革命在21世纪的历史传承，明确“国家统一”是辛亥革命的应有之义以及爱国主义的现实意义。三是突出中国共产党是辛亥革命坚定的支持者、继承者、发展者。相关研究还对与主流认识不同的观点进行了有理有据的分析、解释、反驳，展现了我国辛亥革命研究的水平和成果，为广泛开展爱国主义教育和革命传统教育提供了良好的教材和载体。

二、存在的主要问题

审读发现，个别期刊刊登的文章存在对辛亥革命的重大错误认识，这类文章共有20篇左右，主要集中在《炎黄春秋》《文化纵横》《读书》等重点审读期刊上。虽然总体数量不多，但涉及的问题不少，主要体现在：否定辛亥革命的历史意义、地位，认为辛亥革命的领导力量是所谓的“绅士阶层”；认为辛亥革命的原因是清朝统治者的政治不成熟，是少数人“极端感情”或“革命狂热”煽动下发生的；否定中国共产党是革命坚定的支持者、继承者、发展者；认为辛亥革命的政治遗产是西方文明及价值观取代东方专制体制。这些认识都存在重大导向偏差。这类文章作者成分也较为复杂，以研究人员和自由知识分子为主，虽然数量不多，但对教学和研究工作以及社会大众极易造成较大影响。

三、处理情况和下一步工作措施

（一）处理情况

根据今年的审读工作部署，我司年初就组织审读人员并要求各地报刊管理部门对刊登纪念辛亥革命100周年等历史题材较多的杂文随笔类报刊、历史类期刊、理论类期刊、重点报刊进行跟踪监测。从这次集中专题审读的情况看，个别存在较严重问题的期刊均为我司确立的重点审读报刊，对于大多数问题我们已经及时作出了处理。针对《文化纵横》2011年第3期“重新审视辛亥革命”专题存在的重大导向错误，我司已于7月联合中宣部出版局组织谈话，对主管、主办单位提出了严肃批评。针对《炎黄春秋》存在的未履行重大选题报备问题，我司自2009年以来逐期跟踪审读，随时关注其出版动态、上报情况，今年6月要求北京市新闻出版局暂缓通过2010年度核验3个月。

（二）下一步工作措施

第一，我司将继续关注重点期刊对于重大理论问题的研究动态，跟踪审读报刊出版内容，及时处理存在的倾向性问题，纠正内容导向错误。

第二，我司已于近期对2012年报刊审读工作进行了部署，结合当前实际，将对近年来重点和热点问题，如政治体制改革、文化体制改革等组织专题审读。

第三，我司已将宣传传播社会主义核心价值体系、引领社会思潮、形成共同的思想信念确立为明年的重点工作。将组织报刊业开展学习、宣传、践行社会主义核心价值体系活动，加强和改进报刊审读工作，抓好哲学、社会科学、文学艺术类报刊产品创新，引导哲学、社会科学期刊更好服务于巩固发展马克思主义理论，更好服务于中国特色社会主义理论体系的研究普及。

【点评】

本获奖作品写作有几个特点：一是选题较好。主要是根据每年的报刊宣传要点和工作重点，确定敏感程度较高的重点和热点问题。二是结构清晰。按照一般报告的结构特点，遵循“情况—问题—措施—打算”四个步骤，谋篇布局。三是措辞恰当。语言平实，质朴，客观公正。既不危言耸听，也不乱打棍子。四是举措明确。为了避免同类问题的发生，有针对性地提出下一步工作措施，内容具体，效果明显。

【获奖作品之三——通知类】

国家发展改革委等部门关于做好当前玉米市场调控有关工作的紧急通知

各省、自治区、直辖市人民政府：

去年我国玉米继续增产，对维护市场稳定、满足饲料养殖业发展需要奠定了较好的物质基础，但由于近年一些地方和企业违规扩大玉米深加工建设规模或生产规模，玉米深加工用量过快增长，出现与饲料争粮的情况。当前，玉米供需偏紧的矛盾比较突出，特别是去年下半年以来国际市场粮价大幅上涨，国内玉米涨价预期强烈，各类企业纷纷入市，扰乱了玉米收购秩序，进一步推高了玉米收购价格。保证玉米市场供应和价格基本稳定，对稳定肉禽蛋奶等重要副食品生产、实现今年物价总水平调控目标具有重要意义。经国务院同意，现就做好当前玉米市场调控有关工作通知如下：

一、严格限定深加工玉米用量。各地要严格落实国务院有关通知要求，逐企业（厂）核定规模以上企业今年玉米用量，对加工数量已达到2009年实际用量的或加工量和现有库存数量合计已达到2009年实际用量的，不允许其再购买玉米。国家有关部门将加强监督检查，对落实不力的地方政府和违反规定的企业予以通报批评。

二、严肃处理玉米深加工违规企业。各地人民政府要根据近期对玉米深加工已建和在建项目清查情况，对土地、环保等手续不齐备或未经投资主管部门核准的拟建、在建项目一律责令其停止建设，对未经投资主管部门核准已经建成投产的项目一律责令其停止生产，坚决遏制住玉米深加工盲目发展的势头。上述处理结果于4月底前报国家发展改革委。

三、调整玉米深加工税收政策。为控制玉米深加工过快发展，国家将适时调整玉米深加工增值税政策。

四、加大玉米深加工行业兼并重组和淘汰落后力度。各级政府要切实贯彻执行《产业结构调整指导目录》和《国务院关于进一步加强淘汰落后产能工作的通知》，采取多种方式，整合、关停并转一批生产规模小、技术落后、资源能源消耗高、环保不达标和产品不符合产业发展方向的中小型酒精、味精、柠檬酸、淀粉等玉米深加工企业。同时，各地要制定兼并重组和淘汰落后实施方案，明确具体目标，到“十二五”末将玉米深加工总产能和玉米深加工总消费量控制在合理水平。

五、收紧非储备企业玉米收购的信贷资金。考虑到前期多渠道企业已收购相当数量的玉米，农民手中的余粮不多，为稳定玉米市场秩序和收购价格，防止企业囤积，各银行业金融机构从即日起至6月底前，暂停对中央和地方储备企业以外的各类经营者发放贷款收购玉米，已发放的贷款不得展期，并督促贷款企业加快玉米销售，及时收回贷款。

六、继续加强对大型骨干企业粮源的监控。目前，部分地方已经建立对大型粮油骨干企业购、销、存各环节动态情况实行周报告并接受政府指导的工作制度。各地要继续加强对这些掌握粮源较多、市场影响较大的骨干企业的监控，要求企业服从国家宏观调控大局，必要时要按政府指令组织粮油调运和市场投放。

七、进一步规范粮食收购市场秩序。近期，国家有关部门将启动《粮食收购资格审核管理暂行办法》修订工作。从即日起至新办法公布实施前，各级粮食行政管理部门一律停止受理审核粮食收购资格申请。同时，要按照国家相关规定和政策要求，抓紧完成对辖区内经营者粮食收购资格的全面核查，并加强监督检查，规范企业收购行为。

各地务必高度重视当前玉米市场调控工作，要按照本通知要求，加大工作力度，坚决贯彻落实国家关于控制玉米深加工发展、整顿粮食收购市场秩序的各项政策措施，确保玉米市场稳定和饲料养殖业对玉米的需求。

【点评】

本获奖作品写作上有几个特点。一是内容把握到位，对于玉米市场调控的工作内容，准确把握了领导的意图，做到有的放矢。二是表达方式直接严肃恰当。要求做什么，不能做什么，表达准确，用语干脆，不拖泥带水。三是语言平实快捷。不刻意追求辞藻华丽，遣词造句精练，节奏感强。

【获奖作品之四——公函类】

关于报送中国气象局2012年基础研究重大战略需求方向的函

科技部：

根据贵部《关于征集2012年基础研究重大战略需求方向的函［国科基

函（2011）32号］》要求，围绕落实《国家中长期科学和技术发展规划纲要（2006—2020年）》任务部署，针对气象事业发展重点领域和关键环节的重大基础研究问题，我局组织开展了2012年基础研究重大战略需求方向的征集工作，经研究，遴选了5项资源环境科学领域基础研究和1项全球变化研究重大战略需求方向建议：

一、我国大气云水资源分布及降水效率研究。

二、城市（群）致灾天气监测与预测的理论和方法研究。

三、南海季风暴发期间对华南流云与强降水研究。

四、我国西北干旱半干旱地区气候变化规律及其影响机理。

五、秦岭大巴山地形对强降水和旱涝影响的野外试验及机理研究。

六、气候突变的机制及其可预测性研究。

中国气象局（盖章）

2011年12月12日

【点评】

本获奖作品逻辑清晰，文字简洁，导语部分写明了函的根据目的，所做的主要工作，衔接以下的六个结论。主题部分用6个标题叙述，明白、清晰、干脆。

【获奖作品之五——纪要类】

中共国家粮食局党组会议纪要

2011年12月14日下午，聂振邦同志主持召开局党组扩大会议，传达学习和领会贯彻胡锦涛总书记、温家宝总理在中央经济工作会议上的重要讲话，研究提出贯彻落实会议精神、做好当前和明年粮食流通工作的具体措施。党组成员出席，各司室主要负责同志列席。

会议认为，中央经济工作会议是继十七届六中全会之后召开的一次非常重要的会议，学习领会和贯彻落实好会议精神，对于做好明年各项工作具有十分重要的意义。胡锦涛同志和温家宝同志的重要讲话，准确把握国际国内形势，科学阐明我国发展面临的机遇和挑战，深刻分析经济运行的特点和规律，明确提出了明年经济工作的总体要求、目标任务、需要解决的重点和难点问题，对于保持经济社会平稳较快发展具有十分重要的指导意义。我们一定要按照中央经济工作会议的统一部署，紧密结合实际，扎扎实实做好粮食流通各项工作，迎接党的十八大胜利召开。

一是抓好粮食收购，促进粮食增产农民增收。认真落实最低收购价政策，抓好中央储备稻谷收购补库。创新收储方式，充分发挥市场机制作用，调动各方面参与托市收购的积极性，掌握粮源，为粮食宏观调控打下坚实基础。进一步强化为农务意识，改善服务方式，提高服务质量。深入一线加强督促指导，及时研究解决粮食收购中存在的矛盾和问题，确保国家粮食收购政策落到实处。

二是加强和改善粮食宏观调控，保持粮食市场和价格基本稳定。根据供求形势变化，继续分期分批安排政策性粮油竞价销售，适时调整销售品种、数量和底价，加强对价格易波动地区和重要粮油品种的监测，稳定市场预期，保证市场供应。继续调整优化中央储备粮地区分布和品种结构，加快移库进度，做好应急准备。完善军粮供应管理体制，增强综合保障能力。

三是推进依法管粮，切实维护正常粮食流通秩序。积极推进粮食立法，继续加强对《粮食法（草案）》稿的修改完善。加强粮食监督检查工作，继续开展粮油库存年度例行检查，逐步提升粮油库存监督检查工作常态化、制度化和规范化水平。重点抓好对粮食最低收购价政策、国家临时收储政策落实情况等的监督检查，规范粮食市场秩序。

四是加强粮食标准质量工作，确保粮食质量安全。加强粮食收购、储存、运输和政策性粮食购销活动中的粮食质量检验监测与监管，进一步制定和完善粮食质量安全事故应急、追溯等制度。加强粮油标准体系建设。

五是加快科技创新，推进现代粮食流通产业发展。以加快转变粮食流通发展方式为主线，积极推进科技成果的转化应用，以绿色节能技术改造粮食流通生产方式。继续加大农户科学储粮推广力度，为农户配置标准化储粮装具，减少粮食产后损失。加强政策性粮油仓储管理工作，提高粮油仓储企业规范化、标准化、科学化管理水平。

六是加强行业建设，进一步提高行业素质。继续做好“放心粮油工程”示范企业创建工作，推进“放心粮油”进农村、进社区。坚持“为耕者谋利，为食者造福”的服务理念，切实做好各项粮食流通工作，为保障国家粮食安全和国民经济平稳较快发展做出贡献。

【点评】

本获奖作品有如下几个特点：一是正文写法。第一层次写会议概况，包括时间、地点、人员及讨论事项。第二层次分析工作形势、提出需要解决的问题。第三层次写会议讨论的意见、决定的问题、提出的要求等。二是纪要质量。对会议的主要内容，即会议的意见、决定的问题、提出的要求等，表述得当，中心突出，要点明确。三是注意事项。详细记录会议，不掺杂个人好恶，夹带个人评论，按会议确定的宗旨进行综合归纳。分歧性意见一般不写入会议纪要。四是规范表述。条理化、理论化，避免复杂和琐碎。

【获奖作品之六——总结类】

全国人大常委会机关党委2011年工作总结

2011年，是全国人大机关党建工作任务非常繁重的一年，党委机关在常委会领导和机关党组的亲切关怀下，在机关党委的直接领导下，在机关各级党组织和广大党员干部的支持下，在人手少、任务重的情况下，团结协作、积极进取、勤勤恳恳、敬业奉献，为认真开展十一届全国人大四次会议精神、胡锦涛总书记“七一”重要讲话精神、十七届六中全会精神、中国特色社会主义法律体系等重大专题学习系列活动，学习成果交流、岗位承诺点评、服务技能竞赛、深入基层调研等创先争优实践系列活动，主题党日、重温入党誓词、读书征文、书画摄影等纪念中国共产党成立周年系列活动等提供了组织和服务保障工作，并认真组织完成了机关2011年度党的工作会议、党风廉政宣传教育、三峡建设学习参观、机关第五次党代会、北京市西城区人大代表换届选举、党的十八大代表选举、素质能力建设、“三新一会”系列活动等各项工作任务。工作中，我们注重继承与创新相结合，党建与业务工作相结合，学习与实践相结合，不断创新工作方式和方法，不断完善制度和机制，不断加强自身建设，不断提高工作质量和水平，取得了实实在在的效果。

一、加强实践探索，不断创新工作方式和方法

（一）搭建有效平台，丰富机关党建工作载体

一是充分利用现代网络技术手段。

二是充分发挥思想宣传阵地作用。

三是充分交流学习实践成果。

（二）创新活动形式，增强机关党建工作实效

一是精心组织“三新一会”系列活动。

二是精心组织中国特色社会主义法律体系知识竞赛活动。

三是精心组织“学先进，比技能，创一流”职工技能主题竞赛活动。

（三）改进工作方法，提高工作质量和水平

一是改进“三新一会”活动方案。

二是改进知识竞赛活动方案。

三是改进“双优”评方案。

二、注重总结经验，不断完善工作制度和机制

（一）及时建章立制，进一步构建科学合理的制度机制

一是制定《基层组织条例》的实施办法。

二是制定工作机制化安排。

三是修订《机关党建工作手册》。

四是制定党风廉政建设有关规定。

五是建立工作例会制度。

（二）加强协调配合，进一步构建共同参与的合力机制

一是构建经常性思想政治工作的合力机制。

二是构建基层党组织共同开展工作的合力机制。

三是构建专职党务队伍与延展工作力量的合力机制。

（三）健全方案档案，进一步构建规范有效的工作机制

一是制定实施方案。

二是制定工作方案。

三是规范工作档案。

三、重视队伍建设，不断提高党务工作能力和水平

（一）加强学习和实践锻炼，不断提高素质和能力

一是认真学习党的基本理论和业务知识。

二是加强实践锻炼和总结。

三是增加学习途径和渠道。

（二）坚持群众路线和观点，不断激发生机和活力

一是加强群众路线教育。

二是创造良好工作环境。

三是关心干部的成长和生活。

在看到成绩的同时，我们也清醒地看到，党委机关的工作还存在着不少有待进一步加强和改进的地方，正如机关第五次党代会所指出的那样，要进一步研究人大机关党建工作的特点和规律，进一步加强机关党建工作与业务工作的有机结合，进一步搭建基层党组织开展工作的有效平台，进一步增强思想政治工作的针对性和实效性，进一步丰富喜闻乐见的工作方式方法，进一步提高机关党建工作的计划性和协调性。机关第五次党代会期间，代表们也提出了不少意见和建议，这些都需要我们进一步深入研究，为机关党委进一步改进工作提供参谋助手服务。

新的一年，在常委会领导同志和机关党组、机关党委的领导下，在各级党组织的大力支持下，党委机关全体同志将继续围绕着机关党建工作的中心任务，进一步加强理论学习，进一步提高业务素质，进一步改进工作作风，不断提高自身工作能力和水平，以更加务实创新的精神，努力为全国人大机关党建工作当好参谋助手、做好服务保障，以新的成绩向党的十八大献礼。

【点评】

本获奖作品的写作，有几个特点：第一，在文稿的立意上，立足“一个角度”、实现“三个意图”。“一个角度”，即党委机关这个角度；“三个意图”，即总结工作、深化认识、振奋精神。这就是说，要从党委机关的角度（不是机关党委的角度），围绕服务机关党的建设，从具体工作的层面，对过去一年党委机关的主要工作进行梳理和回顾，对工作中形成的经验性认识进行总结和提炼，同时展现党委机关同志们的忘我工作热情和良好精神风貌。第二，在文稿的结构上，贯穿“一条主线”、突出“三个重点”。“一条主线”，即创新这条主线；“三个重点”，即工作方式方法、工作制度机制、干部素质能力。这就是说，用“开拓创新”这条主线，把党委机关工作层面的各项工作贯穿起来，围绕“创新工作方式方法、完善工作制度机制、提高工作能力水平”这三个重点来谋篇布局、组织文稿内容。第三，在文稿的风格上，运用“一种文风”、求取“三种效果”。“一种文风”，即夹叙夹议的文风；“三种效果”，即用工作说服人、用情感打动人、用事业激励人。这就是说，用夹叙夹议的风格，通过大量客观的事实、事例、数字等材料，通过对开展的每一项工作地位和意义的认识，通过集中描述党委机关同志的忘我工作热情，在全面回顾工作的同时，试图体现出对服务机关党建设工作科学发展坚持不懈的探索，体现出对从事机关党的建设事业的无比骄傲和自豪，使工作总结在说服人的同时，也能打动人、教育人、激励人。

【获奖作品之七——调查报告类】

“农民荒”加重粮食安全堪忧——来自全国百余村的调研报告

2011年上半年，笔者对全国17个省（自治区、直辖市）的100多个行政村的人口进行了调研。调研发现，农村人口大量外流，尤其青壮劳动力大量外流是当前“三农”问题的突出现象。农村人口外流在给经济增长与发展带来收益的同时，也给农业农村的发展带来了务农劳力缺乏的“农民荒”以及相应的连锁反应等一系列问题。

一、“农民荒”及其引起的五大连锁反应问题

近几年，在经济结构的调整下，“民工荒”问题时常引起普遍关注，关于所谓刘易斯拐点和“人口红利”问题的讨论此起彼伏。与此同时，就在公众对“民工荒”问题寄予注意的同时，却将藏匿于“民工荒”背后的另一种“劳工荒”现象——“农民荒”给有意无意地忽视和屏蔽掉了。调研中，我们发现，农村人口大量外流，尤其是青壮劳动力大量外流是当前“三农”问题的突出现象。农村人口外流在给经济增长与发展带来收益的同时，也给农业农村的发展带来了务农劳力缺乏的“农民荒”以及相应的连锁反应等一系列问题。

（一）“年轻人成了稀罕物”——种粮农民呈“高龄化”趋势。早在2006年，国务院发展研究中心《推进社会主义新农村建设研究》课题组就新农村建设现状在全国范围内进行了调查，结果显示，74%的农村已无可以进城打工的“剩余劳动力”，仅有25%的农村还有40岁以下的劳动力。五年过去了，情况更为严重。经与河北、湖南、内蒙古等其他省的“百村调研”成员交流，其所在的农村基本上是老年人和儿童。例如，山西临汾市永和县赵家沟村户籍人口数234口人，在村常住约130人，留守村庄的只有老年人和儿童。河北省崇礼狮子沟乡西毛克岭村，在册人口458人，实际常住人口216人，村里青

壮年均外出务工：除去留守儿童，村里常住劳动力最年轻的是一对46岁的夫妇，60岁以下劳动力屈指可数，种粮农民“高龄化”的趋向越来越明显。

（二）“土地谁来种”——土地撂荒面积有增无减。在全国农村尤其是欠发达地区、劳务输出地区的农村，随着农业生产成本不断上升、种植收益持续较低，以及大量农村青壮劳动力外流，土地撂荒的面积有增无减。

在山西的北徐屯村调研组询问50多岁的徐大叔：“您现在还能硬撑着下地，那10年或者20年以后您实在不能再下地的时候土地怎么办？”老人略有伤感：“我非常热爱土地，不愿意它们荒芜没人耕种，但你提的这个问题确实是个不得不考虑的现实问题，我也不知道将来的土地谁来耕种，只能希望这一天晚点到来。”在湖北省滨湖村，据村委会介绍，由于劳动力短缺、种粮收益较低等原因，农民对发展农业生产特别是粮食生产兴趣不大。2008年全村耕地抛荒面积达40％以上，并且还存在“隐性撂荒”现象，本来可以种植双季稻的水田，一半以上都只种了单季稻。在我们调研的赵家沟村目前的2500多亩耕地中，还很少有撂荒的现象，但是前景不容乐观，目前种玉米、核桃等的主要劳动力都是60岁左右的农民，纯朴的农民大叔大娘，出于对土地和耕种的自然感情依然坚守耕作，但是现在每人平均要经营20—30亩耕地，基本依靠人力和畜力，劳动力“超负荷运转”。该村已经出现种粮的农民不足现象，再过5—10年，这些老人无法劳作之时，种粮主产区的劳动力将后继无力。这些地区农田分散，土地流转实践也不成熟，社会资本进入集中耕种的积极性不高。如果若干年后“农民荒”没有得到缓解，农村已经存在的“撂荒”现象将会愈演愈烈，由于粮食生产的季节性，一次发生，影响一季，持续发生，将会恶性循环，威胁国家粮食安全和社会稳定。

（三）“村子里的娃娃越来越少”——农村义务教育形势严峻。在走访中，我们发现，近年来“村子里的娃娃越来越少”，部分校园已经“人去楼空”。据山西省永和县坡头乡校长介绍，在20世纪末，全乡小学生最多时约有800位，2009年开始减少为90位左右。现在全乡已经没有初中学校，原有的初中改成了中心小学。原来乡里建设的行政村小学，有的已经改作“养猪”、民房等其他用途。如果学生继续减少，国家对学校的教学、住宿等基础设施、教职工的经费财政投入将面临巨大的浪费，财政资金的使用绩效将受到极大影响。据调查了解，乡村小学学生数量减少的原因主要有三方面。一是农村人口出生率下降导致的适龄儿童的减少，近年来该地农村大多一户家庭只生1—2个孩子，而20世纪大多生4个孩子左右；二是农村青壮年外出务工带走了适龄儿童；三是乡村学生到县城、城市等教育条件更好的地方上学。

（四）“村干部后继无人”——乡村政权组织面临严峻挑战。“上面千条线，下面一根针”，党和国家的各项涉农政策在乡村的贯彻落实，服务群众生产、生活，维护乡村生产、生活秩序，都需要乡村基层干部具体实施。在永和县这样的农业县，伴随着农村青壮劳动力的普遍外出务工，农村基层政权组织、干部队伍建设面临严重挑战，我们所在的赵家沟村平时看不到青壮年村民，年轻的夫妇基本上都外出务工，留村的主要就是老人和儿童，村里的主要青壮劳力和主要干部就是村支书一人，村委会每年包括工作补贴在内的工作经费只有3万多元，他要服务包括赵家沟村在内的呼家庄行政村共146户、523口人，事无巨细，疲于应付。乡党委书记、乡长也同样面临这样的问题。河南省安阳市桑耳庄村村干部5个人，服务全村630户、2136口人，每个干部身兼数职，平均负责3个工作小组。

（五）“那些消逝的村庄”——每天约有20个行政村消失正摧毁着中国农村传统的文化形态。根据《中国统计摘要2010》，全国的村民委员会数目，2005年至2009年逐年减少，分别为62.9万、62.4万、61.3万、60万，全国平均每年减少7000多个行政村，每天约有20个行政村消失。在山西赵家沟村，由于人口大量外流，留守的村民除了偶尔看电视和电影下乡工程带来的电影外，目前传统文化生活基本处于空白，传统的社戏、戏曲、民俗活动已经基本上“曲终人散”，赵家沟村这样典型的黄土高原的生态村落，可能将面临“空巢”的境地，在赵家沟这样的村庄，农村的传统和文化生活形态将只能成为记忆中的往事。这样的情况在南方等经济较发达地区同样触目惊心。在广州清远的河背村，原本23户人家的村庄，如今搬迁得只剩下两户，农耕文化是中华传统文化的根基，中华文化的灵魂和精髓与农耕文化和生活形态密不可分。在工业化和城市化进程中，我们不能以“消灭”农村、消灭农耕文化作为代价，如果最终的结果是我们的传统文化和生活形态不复存在，“水泥森林”和“鸽笼生活”覆盖神州大地，那么这个城市化的代价就太大了，这将是中华民族的悲剧。

二、七大原因引发“农民荒”问题

（一）经济发展和技术进步的客观结果。中国在走向市场经济的过程中，随着经济快速发展，工业化的快速进展，尤其是总体上农业科技技术的进步，农业生产力的提高，技术替代劳动力，加上耕地的逐年减少，耕作土地对劳动力的需求也相应逐年减少，农村劳动力持续向城镇流动。

（二）单向城市化格局的影响。当前城乡一体化中呈现农村向城市的单向输出格局，在城乡二元结构之下的城市化过程中，农村的人才、劳动力、资本持续、单向地向城市流动，导致农村在城市化的进程中呈现资本和劳动力净流出的现象，这种情况在临近城市以外的农村较为明显，尤其是以种粮为主的农村。

（三）传统农业的资源配置效率潜力有限、收益率较低。传统农业在资源配置上已经达到了极限，改造传统农业最好的办法是引进现代技术。农业存在天然的弱质性，自然风险和市场风险较高。中国农业发展的基础薄弱，农业基础设施建设落后，农业劳动人员素质较低，农业生产条件相对较差，传统农业比例大，收益率低。永和县赵家沟村董维红介绍，他2010年种了24亩玉米，收获玉米约3万斤，销售收入3万元，种子化肥等成本投入1.3万元，如果计算上每天的劳动力成本70—80元，一年到头净收益几乎没有。

（四）农业机械化率低，生产条件差。由于我国农业基础设施薄弱、机械化率低，传统农业占比较高，人力和畜力耕作还是农业的主要形式，务农劳动强度大、劳动时间长。

（五）“跳出农门”，青年农民不愿意再做农民。据调查了解，“打工越来越成为农民收入增加和谋生的主要办法”“城乡流动、迁移并定居城市日渐成为农民的最高理想”。众所周知的事实是，农业的职业声望低，劳动报酬低，劳动强度高。据调查了解，青壮劳动力由于种地纯收入太低、种地条件太苦和不体面而不愿回村耕种。

（六）“想当农民不容易”，合格农民的培养周期长。在外务工遭遇困境返村，由于务农经验严重缺乏，也成不了合格的农民。三年可以培养一个研究生，十年还培养不了一个出色的农民。农民的实习机会一年只有几次。要想做一个合格农民，需要18岁开始种地，30岁才能毕业，成为一个合格农民。

（七）农村生育率下降的影响。由于经济社会发展等多方面的影响，近年来，农村生育率大幅下降，少年儿童急剧减少，农民后继乏人。永和县坡头乡在20世纪90年代末全乡小学生最多时约有800位，2007年减少为200位左右，2009年减少到90位。

三、应对“农民荒”及粮食安全问题的对策建议

中国是农业大国，更是人口大国，农村发展、农业稳定、农民幸福，则国运盛、民心稳、社会和谐。针对“农民荒”以及引起的一系列问题，要保持密切关注，未雨绸缪，要从经济社会发展全局的高度重视解决。具体建议如下：

（一）从降低投入与提高收益的角度双向调节粮食生产的“利润率”，提高农民种粮的积极性。

1.逐步提高粮食等农产品价格。调研中发现，种粮农民近年来最大的收入增长是得益于粮食价格的上涨。目前我国粮食等农产品价格依然偏低，这直接导致种粮相比其他行业的利润率低，需要逐步提高粮食等农产品价格，这是促进农业生产的一个根本性措施。粮食价格提高了，农民才能有种粮的积极性。建议逐步提高粮食最低收购价格，将稳步提高粮食市场价格作为粮食价格调控的指导思路。

2.完善农产品补贴政策，财政补贴的侧重点从“补耕地”改为“补餐桌”。种粮补贴政策是鼓励农业生产的辅助手段，当前要侧重研究粮食等农产品价格上涨对城乡的影响，补给农产品的终端消费者，这将有利于农业企业、农户等各方面的种植行为决策，有利于整体经济效率的提高。

3.完善农村土地承包权的流转制度。农村撂荒土地流转的方式有转包、转租、互换、入股等多种。建议推广一些地方建立土地入股、“反租倒包”等

土地流转做法，发挥市场配置土地的作用，使土地合理流转、规模经营。可以成立土地经营权流转服务中心等中介组织，或由村委会收集农民土地流转意向信息，将规划范围内的农民承包地“反租”过来，平整后将连片土地公开招租给经营户或社会公司，从事集约化经营。在确保农民土地承包经营权不变的情况下，农民既可以获得土地经营权流转收益，又可以外出务工或者就地务工。

4.鼓励社会资本进入。在当前粮食价格还不能较大幅度提高的情况下，对于已经出现和可能出现的撂荒土地的区域，农户和社会资本进入的积极性不高，需要弥补“市场失灵”。对于已经出现和可能出现的撂荒土地的区域，建议中央和地方出台措施，吸引产业资本，农业龙头企业或者种粮大户，组织粮食生产，确保在“有地可种”前提下的“有地必种”。同时，在企业大规模进入农业生产领域的情况下，要确保农民的土地承包经营权。

（二）统筹城乡义务教育，对农村校舍建设应具有前瞻性。由于农村适龄儿童的大幅减少，农村义务教育的出路需要随着服务对象的转移而转移，根本的解决之道是统筹城乡义务教育，进一步扩大县城、大中城市的基础教育学校规模，对城市户籍和流动适龄儿童平等提供义务教育。加强农村义务教育投入和校舍建设的前瞻性，摸清情况，提早应对，同时，加大中小学生的住宿补贴政策力度。

（三）借鉴“大学生村干部”经验，加强乡村基层政权组织建设。对于条件艰苦地区的乡村组织要加大补贴力度，以吸引合格人才从事乡村干部工作，要把乡村基层政权组织建设与解决“农民荒”问题联系起来，人气旺了，组织建设才能根深叶茂。河北省正定县等地，针对农村“两委”老龄化、学历低、后继无人的形势，借鉴“大学生村干部”等的经验，为解决农村“三缺”和“一剩”问题，通过开展“农村好青年”评比活动，按照评比、选拔、培训、教育、使用、给待遇的体系，把根在本县的返乡大中专毕业生、在乡务农人员、致富能人、外出务工经商者、复退军人等作为选拔重点，作为农村“两委”重要后备工作力量，予以安排任职村委会书记、主任助理等，这是在“农民荒”蔓延的背景下，解决农村基层组织建设的积极探索。

（四）推广江苏东海县薛团村"适当集中"的做法，拯救农村传统文化和生活形态。在外出务工人员比例大、农村的凋敝严重的农业大县，土地集中、人口集聚、资源集约是适应当前新农村建设的方向。近年来，江苏东海县薛团村，针对不断分散的自然村落，对村庄进行了整合工作，通过合并分散的邻近自然村，建立了一个规划科学的中心村，人口聚集了，土地节约了，耕地复垦了，实现了资源的重新组合和效益提升，同时也为农村人口基本公共服务均等化目标的实现降低了成本、减小了阻力。在这个进程中，要保留和恢复农村传统文化和生活形态，避免"消灭农村"、单纯以城镇替代农村、以单元楼替代村庄。

（国家行政管理学院）

【点评】

本获奖作品的写作特点，一是选题具有政策性、针对性、应用性。调研报告选题围绕工作大局和政府中心任务，紧扣现实需要，提供急需、有效的对策建议。二是行文突出主线，表达准确、鲜明、生动。①文章标题具有充分的信息量，只读标题就能了解全文思想。②把握主题，突出主线，抓住重点，给人以启迪。③文字表达准确、鲜明、生动、朴实，让人看得懂、愿意看，引人入胜。④言之有物，资料翔实，论证有力。三是建议具有可操作性。一项好的建议必须兼顾需要和可能，应有切实可行的具体措施。文中提出的4个对策建议，内容充实具体，具有可操作性。

【获奖作品之八——信息简报类】

我国已跃居世界第三大出入境旅游接待国和第三大出境旅游消费国

世界旅游组织近日正式出版2011年第二期《世界旅游业晴雨表》，公布了2010年入境旅游接待、旅游外汇收入及出境旅游消费的世界排名。

一、2010年世界入境旅游接待人数排名

2010年我国已超过西班牙，成为世界第三大入境旅游接待国。法国和美国分列第一位和第二位。中国香港、中国澳门和中国台湾分别排名第十三位、第二十位和第四十三位。

二、2010年世界旅游外汇收入排名

2010年我国是世界第四大旅游外汇收入国，美国、西班牙和法国分列前三位。中国香港、中国澳门和中国台湾分列第九位、第十三位和第三十一位。

三、2010年世界旅游消费（国际支出）排名

2010年，我国超越英国，成为世界第三大出境旅游消费（国际支出）国，德国和美国分列前两位。中国香港、中国台湾分列第十五位和第二十五位。

【点评】

旅游要闻这样的简报，不需要长篇大论，关键是信息是否切实、重要、准确，事前需要核实相关信息，做到简明扼要，条理清晰，报送及时。

【获奖作品之九——讲话稿类】

共同构建人类命运共同体
——习近平主席在联合国日内瓦总部的演讲

女士们、先生们、朋友们！

一元复始，万象更新。很高兴在新年伊始就来到联合国日内瓦总部，同大家一起探讨构建人类命运共同体这一时代命题。

我刚刚出席了世界经济论坛年会。在达沃斯，各方在发言中普遍谈到，

当今世界充满不确定性，人们对未来既寄予期待又感到困惑。世界怎么了、我们怎么办？这是整个世界都在思考的问题，也是我一直在思考的问题。

我认为，回答这个问题，首先要弄清楚一个最基本的问题，就是我们从哪里来、现在在哪里、将到哪里去？

回首最近100多年的历史，人类经历了血腥的热战、冰冷的冷战，也取得了惊人的发展、巨大的进步……

宇宙只有一个地球，人类共有一个家园。霍金先生提出关于“平行宇宙”的猜想，希望在地球之外找到第二个人类得以安身立命的星球。这个愿望什么时候才能实现还是个未知数。到目前为止，地球是人类唯一赖以生存的家园，珍爱和呵护地球是人类的唯一选择。瑞士联邦大厦穹顶上刻着拉丁文铭文“人人为我，我为人人”。我们要为当代人着想，还要为子孙后代负责。

女士们、先生们、朋友们！

让和平的薪火代代相传，让发展的动力源源不断，让文明的光芒熠熠生辉，是各国人民的期待，也是我们这一代政治家应有的担当。中国方案是：构建人类命运共同体，实现共赢共享。

理念引领行动，方向决定出路……

主权平等，是数百年来国与国规范彼此关系最重要的准则，也是联合国及所有机构、组织共同遵循的首要原则……

女士们、先生们、朋友们！

大道至简，实干为要。构建人类命运共同体，关键在行动。我认为，国际社会要从伙伴关系、安全格局、经济发展、文明交流、生态建设等方面作出努力。

——坚持对话协商，建设一个持久和平的世界……

——坚持共建共享，建设一个普遍安全的世界……

——坚持合作共赢，建设一个共同繁荣的世界……

——坚持交流互鉴，建设一个开放包容的世界……

——坚持绿色低碳，建设一个清洁美丽的世界……

女士们、先生们、朋友们！

中国人始终认为，世界好，中国才能好；中国好，世界才更好。面向未来，很多人关心中国的政策走向，国际社会也有很多议论。在这里，我给大家一个明确的回答。

第一，中国维护世界和平的决心不会改变……

第二，中国促进共同发展的决心不会改变……

第三，中国打造伙伴关系的决心不会改变……

第四，中国支持多边主义的决心不会改变……

女士们、先生们、朋友们！

对中国来讲，日内瓦具有一份特殊的记忆和情感。1954年，周恩来总理率团出席日内瓦会议，同苏联、美国、英国、法国等共同讨论政治解决朝鲜问题和印度支那停战问题，展现和平精神，为世界和平贡献了中国智慧……

女士们、先生们、朋友们！

中国古人说："善学者尽其理，善行者究其难。"构建人类命运共同体是一个美好的目标，也是一个需要一代又一代人接力跑才能实现的目标。中国愿同广大成员国、国际组织和机构一道，共同推进构建人类命运共同体的伟大进程。

1月28日，中国人民将迎来农历丁酉新年，也就是鸡年春节。鸡年寓意光明和吉祥。"金鸡一唱千门晓。"我祝大家新春快乐、万事如意！

谢谢大家。

【点评】

本讲话稿在写作上有几个特点：一是层次分明，结构清晰。全文用6个"女士们、先生们、朋友们"表达了非常鲜明的6个方面的内容。每个层次当中，又分成几个要点阐述，清晰明了。二是立论深刻，论证清晰。比如关于人类命运共同体中国方案提出的背景、内容和措施，让人一目了然。三是语言朴素，拉近距离。文中引证了重要人物的重要结论或者主张，以及重要历史事件和重要历史文稿，娓娓道来，既具有穿透力，又具有时代感。四是阐述自己，关乎他人。让与会人员和国家代表听后，感觉到平等、互助，感受到被尊重和被理解，达到了宣传、团结的目标。

【获奖作品之十——讲话稿类】

关于中国地质调查局直属机关党委2010年工作总结的报告

2010年，局党组高度重视党建工作，以服务中心、建设队伍为核心任务，以业务工作的薄弱环节为重要抓手，努力推进党建工作与业务工作的有机融合。在局党组和部直属机关党委的领导下，直属机关党建工作坚持以邓小平理论和“三个代表”重要思想为指导，深入贯彻落实科学发展观，认真学习贯彻习近平同志在我部视察指导工作时所作重要讲话精神和新修订的《中国共产党党和国家机关基层组织工作条例》(以下简称《条例》)，以深入开展创先争优活动为契机，全面推进局直属机关党的思想、组织、作风、制度和反腐倡廉建设，充分发挥党建工作在“统一思想、凝聚力量、推动工作、促进和谐”中的作用，为完成地质调查各项任务提供了有力保障。

一、精心设计，强力推进，认真组织好我局创先争优活动

创先争优活动是中央作出的重要部署，是我局2010年的重大政治任务，局直属机关党委按照中央和部、局党组的要求，认真组织，精心设计，强力推进，各项工作扎实有序。

一是抓部署，促共识，突出活动主题。

二是创新载体，突出特色，扎实推进创先争优各项工作。

三是搭建平台，加强交流，党群共建创先争优。

四是营造氛围，培树典型，认真挖掘先进典型。

二、围绕中心，夯实基础，切实加强党的基层组织和党员队伍建设

一是协调推进学习型党组织建设。

二是结合实际开展党建试点工作。

三是加强党建工作探索研究。

四是组织开展纪念建党89周年党日活动。

五是加强局系统党建工作交流和调研。

六是积极开展党建宣传。

三、凝聚力量，构建和谐，积极推进精神文明和凝聚力工程建设

一是凝聚力工程建设得到有力推进。

二是积极开展群众性精神文明创建。

三是努力做好群众组织工作。

四、全面部署，扎实推进，党风廉政建设和廉政专项行动成效明显

一是认真贯彻反腐倡廉工作部署。

二是开展反腐倡廉宣传教育。

三是扎实推进局廉政专项行动。

总的来看，局直属机关党委在2010年做了大量工作，也取得了一定成效，但也存在一些问题和不足，特别是与迅速发展的形势和任务要求相比，局直属机关党委还存在一些不适应、不符合的地方，工作中的一些问题需要进一步研究和改进，主要有：一是对党建工作“两张皮”的问题还需要很好研究解决，重业务轻党建的现象依然存在。二是对加强新形势下党建工作的探索和创新存在不足，一些支部的作用发挥不够好，基层党组织尚缺乏活力，有的单位思想政治工作还比较薄弱。三是机关党委工作中突出重点、加强检查指导、扎实推进方面力度不够，有待进一步改进，党建联系点制度没有很好向前推进等，这些问题都需要引起我们的高度重视和得到很好的解决。

五、抓住重点，体现特色，认真做好2011年各项工作

按照中央国家机关工委和部、局党组的统一部署，坚持以服务中心、建设队伍为核心任务，以业务工作的薄弱环节作为党建工作的重要抓手，以深入推进创先争优活动为主线和平台，全面推进局直属机关党的思想、组织、作风、制度和反腐倡廉建设。

一是深入推进创先争优活动。

二是大力推动学习型党组织建设。

三是开展作风建设常态化工作。

四是切实加强党的组织建设。

五是加强党建工作研究。

六是推进党风廉政建设工作。

七是认真组织开展纪念建党90周年活动。

八是积极做好群众工作。

九是大力开展精神文明建设工作。

十是推进地质文化建设。

十一是努力提高机关党建科学化水平。

【点评】

一是文字切忌华丽，讲究一个“实”字。与写小说、散文、诗歌不同，写总结关键在对文字和文风的把握上。总结不是供人们把玩鉴赏的艺术品。切记洗尽铅华、天然雕饰才是一种好的文风。二是主旨切忌繁杂，讲究一个“单”字。单一、集中、明确是应用文主旨的特点。单一，即文章只能有一个中心，只能围绕着一个主题把问题说清说透。集中，是说一篇应用文只能有一个中心，而这个中心应是全文的统帅。三是材料切忌单一，讲究一个“多”字。文章材料与主旨的最大区别在于一个讲究单一，一个讲究多样。一篇文章，必须靠多样、真实、有力的材料来表达主旨。靠材料说话，才能言之有据、言之有物。四是结构切忌松散，讲究一个“严”字。安排结构，要根据主旨表达的需要。程式化是文艺创造所应力避的一种倾向，却是应用写作所不能背离的规律。结构固定，格式规范，是实用型文章的重要特征。

【获奖作品之十一——典型材料类】

积极探索国家控股大银行党建工作新模式

中国工商银行2005年10月完成重组改制，2006年10月在上海和香港同步上市，目前是全球市值、盈利、客户存款第一的上市银行。在建立完善现代公司治理机制过程中，我们充分发挥党委领导核心作用，不断探索党建工作引领发展、支撑发展、保障发展的新模式，增强了国家控股大银行的核心竞争力。

——坚持科学、规范、有序，探索党委工作与公司治理有机结合的新机制。

转制以来，我行着力创新体制机制，使党委的领导核心作用充分体现在经营管理中。一是健全“双向进入、交叉任职”的领导体制。依照法定程序，党委成员分别进入董事会、监事会、经营管理层，并将交叉任职范围扩大到董事会专门委员会和经营管理层专业委员会，目前，经营管理层11名成员中有8名党委成员。二是完善党委集体领导与董事会依法决策的运行机制。制定党委工作规则，明确党委的职责范围和工作方式。需要董事会决策的事项，党委先集体研究，形成统一意见再上报董事会；董事会形成决议后，党委与经营管理层共同推动落实。三是形成协调顺畅的沟通机制。加强党委与股东、董事的日常沟通，涉及股东利益的事项提前与大股东协商，提交董事会的议案事先征求董事意见。股改以来，党委提出的重大决策建议在董事会和股东大会上全部顺利通过，党委领导核心作用保证了国家宏观调控政策在我行的贯彻落实。我行在经济高涨期“不踩油门”，在经济紧缩期“不惜贷”，加大中小企业信贷投入，推行“绿色信贷”，加强民生领域金融服务，有效地履行了国家控股大银行的职责。

——推进集团化、市场化、多元化，探索选人用人的新途径。

我行坚持党管干部、党管人才原则，针对管理幅度大、层级多的特点，加强对系统干部的垂直管理，建立适应现代公司治理要求的选人用人机制。一是“集团化”配置。在党委统一领导下，打破地域、机构、层级界限，统筹调配干部。两年来，从总行派出296名干部到基层锻炼，选拔212名境内外基层单位的干部到总行任职，管理行与基层行之间交流干部9600多人。二是“市场化”选用。坚持“德才兼备、以德为先”的用人标准，加大竞争性选人用人力度。近年来，通过公开选拔、竞争上岗走上总行部门和省级分行管理岗位的有近50人。我们还从海外引进120余名中高级专业人才，并成为首批引进国家“千人计划”人选的金融单位。2010年，积极配合中组部，从外资银行成功引进1名总行副行长。三是“多元化”管理。着眼于提高党管干部的科学化水平，根据银行业务特点，打破单一行政职务管理模式，构建横向包括管理、销售、专业、客服和运行5大类，纵向25个等级的岗位职级体系，使员工在网络化职级体系中“纵向可晋升、横向可交流”，激发了广大员工干事创业的热情。

——努力创先进、争优秀、促发展，探索基层党建的新路子。

作为拥有15万亿元资产、43万名员工并服务2.7亿个人客户和430万对公客户、日均业务量1.6亿笔的大型金融企业，我们注意发挥党组织的政治优势，坚持以党建促服务、以服务促发展。一是发挥党组织和党员的带头作用。在创先争优活动中，全行共设立党员责任区1.4万个、党员示范岗1.5万个，各级党组织承诺事项2.3万项、党员承诺事项19.4万项，党员下基层、进社区服务客户14万人次，带动各级机构和员工争创群众满意单位、争当优秀服务标兵。二是积极推进党群共建。发挥党的群众工作优势，树立“员工与工行同进步、共发展”的理念，深入开展中年员工轮训转岗、青年员工培养晋升、外籍雇员表彰激励、国际人才培养储备、一线员工岗位拓展、困难员工帮扶救助等工作，激发员工改善服务、推动发展的积极性、主动性。三是提升为民服务能力。扎实开展窗口单位和服务行业创先争优活动，对1万多家网点进行环境改造和功能升级，启动530项业务流程综合改造计划，切实解决网点排队问题，提高窗口服务质量。加大产品创新力度，不断满足社会公众快速增长的金融需求，建设公众满意银行。

——注重抓源头、抓重点、抓流程，探索反腐倡廉的新方法。

我们注意把党建工作与防控金融风险有机结合起来，大力加强党风廉政建设，不断完善银行风险管理和内控体系，确保全行依法合规、稳健经营，确保各级干部恪守法纪、清正廉洁。一是健全防控体系。充分发挥纪检监察、董事会内部审计、经营管理层内控部门的职能作用，形成组织监督、内审内控和业务部门的机制，各类监督资源整合有序、各有侧重、严密统一的风险防控体系。二是突出监督重点。加强对重要岗位、重要人员，尤其是各级领导班子及主要负责人的监督。把握管理人员用权行为的规范和约束，突出对信贷管理、财务管理、外部采购等重点领域和环节权力运行的监督方式。加强对各个风险环节的精确控制与硬性约束。开发运用财务管理、资产管理、利率和资金业务管理等系统，将风险管理要求和管理人员监督化到信息系统中，使权力阳光运行、网上操作、全程留痕，有效防范各类风险。全行不良贷款余额和比例连续11年双下降，内部经济案件和涉案金额逐年减少，主要风险指标均处于国际先进水平。

上市5年来，全行共上缴税收和国有股分红4682亿元，实现盈利5293亿元，整体贡献逐年扩大，经营发展持续向好，走出了一条党建工作和经营发展“两结合、两促进”的国家控股大银行建设之路。我们将继续深入贯彻落实科学发展观，努力打造“最盈利、最优秀、最受尊重”的国际一流现代金融企业，为促进国民经济又好又快发展作出更大贡献。

【点评】

本获奖作品有几个特点：一是特点“亮”。把工商银行在党建方面最具特色、最富成效、最有代表性的工作写出来，让读者通过一份经验材料，了解工商银行近年来在党建工作方面做出的积极探索和创新实践，力争让读者眼前一亮。二是总结“深”。如何在坚持党的领导基础上，按照现代企业制度完善公司治理机制，对于完善中央金融企业领导体制具有重大意义。因此，经验材料不仅要总结工作，也要有理论高度和逻辑深度，能够通过较为深入的分析，阐明党委工作如何与公司治理有机结合、互动发展。三是内容“实”。不能泛泛而谈、空洞无物，而是要把工商银行在党建方面采取的实招、取得的实效、积累的实际经验系统介绍给读者，让人能够读有所思、学有所鉴，可供其他同业或中央企业参考借鉴。四是文风“简”。用2000字左右的文字，把工商银行全行党的组织、干部、群众以及党风廉政建设等多方面的工作介绍出来，牢牢把握高度精练、简洁清晰的要求，避免穿靴戴帽、拖泥带水，做到字斟句酌。